Hans Blickensdörfer

Pallmann

Roman

Schneekluth

Von Hans Blickensdörfer

Die Baskenmütze
Bonjour Marianne
Salz im Kaffee
Alles wegen meiner Mutter
Wegen Mutter gehn wir in die Luft

CIP-Kurztitelaufnahme der Deutschen Bibliothek

Blickensdörfer, Hans
Pallmann: Roman / Hans Blickensdörfer
München: Schneekluth, 1982
ISBN 3-7951-0785-7

ISBN 3-7951-0785-7

Gesamtherstellung: Mohndruck Graphische Betriebe GmbH, Gütersloh
Printed in Germany 1982

Meinem Freund
Seppl Herberger,
der mich lehrte,
wie groß, zeitlos und
faszinierend das Spiel ist

I

Die Uhr nagte an den letzten drei Minuten des Spiels, vielleicht waren es auch vier, wenn der Schiedsrichter sich die Verletzungspausen notiert hatte. Das sind Galgenfristen, denn Fußball ist nicht Tennis. Ihn begrenzt die Zeit, und wer sie vergeudet, holt nichts von ihr zurück. Drei Minuten sind hoffnungslos kurz. Sie geben dir das miese Gefühl, eine niedergebrannte Kerze mit einem Fehlpaß auszublasen.

Er kannte dieses Gefühl. Es hockt dir im Nacken wie eine Hexe mit grünen Zähnen, die du bis zum Schlußpfiff schleppen mußt.

Und du bist nie da, wo du sein solltest. In der Hektik der Schlußminuten läuft der Ball ganz anders als in den konstruktiven und ruhigen Phasen eines Spiels. Kein taktisches Konzept lenkt ihn mehr. Es ist, als ob er aus dem Würfelbecher käme.

Genau wie der Ball, der auf der Höhe des eigenen Strafraums auf ihn zuhüpfte, getrieben von einem jener Preßschläge, die willkürlich neue Situationen schaffen.

Es war absoluter Zufall, daß ihm der Ball vor die Füße tropfte. Niemand hatte sich etwas dabei gedacht, und auch er war unfähig, einen klaren Gedanken zu fassen. Unterschwellig nur spürte er die Zeitnot im Nacken und die Angst vor einem Fehlpaß, der neuen Zeitverlust bedeutete, den man sich nicht leisten konnte.

Dreißig Meter bis zur Mittellinie. Dazwischen ein Knäuel von blauen Hemden des Gegners und zwei weiße, aber keiner der Mittelspieler in Anspielposition.

Warum liefen sie sich nicht frei, warum warteten sie auf das, was er tun würde?

Keine Zeit zum Fluchen. Das Spiel war zu alt und hatte zuviel Kraft gefressen. Und da war schon der erste Blaue. Sein Fuß stieß, halb mit der Sohle, halb mit dem Rist, wie ein Stilett nach dem Ball; aber mit einem Tupfer der Fußspitze hob er ihn an, und fast gleichzeitig sprang er über den anderen, der, nach einem schlitternden Spagat, mit den Fersen eine meterlange schwarze Furche in den Rasen ziehend, hilflos auf dem Rücken lag.

Und plötzlich hatte er Raum vor sich. Noch zwanzig Meter waren es bis zur Mittellinie, und er sah, daß er am linken Flügel durchkommen konnte, wenn er aus der Bewegung heraus dem Gegner den Weg nach rechts antäuschte. Einer ließ sich mitziehen, und wie eine Ziehharmonika zogen die anderen nach.

Die Mittellinie. Jetzt war das Abspiel fällig, aber der schnelle Raumgewinn hatte nicht nur den Gegner überrascht – kein Mitspieler war mit nach vorne gekommen. Drei Minuten vor Schluß fehlten ihnen Überzeugung und Kraft.

Und links war das Loch. Es gähnte ihn an wie die unverfrorenste aller Herausforderungen: Stoß doch rein, wenn du Mut hast, zeig, daß du noch fünfzig Meter rennen kannst, ohne den Ball zu vergessen. Es ist die allerletzte Chance!

Natürlich weiß er es. Aber er weiß nicht, ob er die Herausforderung annehmen kann. Die Schweißflekken auf dem Trikot sind groß wie Pfannkuchen, und der Atem keucht nach dem Solo.

Wenn er es fortsetzt, braucht er viel mehr Luft. Denn er muß den Rhythmus wechseln, muß noch

schneller werden, um das Überraschungsmoment nicht zu verschenken.
Ein harter, aber nicht zu kräftiger Schlag mit dem Spann treibt den Ball in das Loch am linken Flügel. Wenn er ihn vor dem Verteidiger wieder erreicht, der ihm den Winkel zum Tor verkürzen muß und deshalb das Angreifen verzögert, bleibt die Chance gewahrt.
Fußball hört in diesem Augenblick auf, ein Mannschaftsspiel für ihn zu sein. Alles hängt von ihm ab. Die Eigenen schauen zu, und den Gegner packt Panik, weil der Verteidiger am linken Flügel halbe und nutzlose Arbeit leistet.
Er umkurvt ihn und zieht nach innen mit einer Leichtigkeit, die die Leute auf den Rängen aufschreien läßt. Was er da macht, ist wahnwitzige Frechheit, und mancher ist zehn Jahre auf den Fußballplatz gegangen, ohne ähnliches erlebt zu haben.
Die weiße Linie des Strafraums. Vor fünfzehn Sekunden ist er noch am eigenen gestanden, und seither hat kein Gegner mehr den Ball berührt. Fünfzehn Sekunden und doch eine Ewigkeit, und neben ihm ist kein eigener Mann, und in ihm ist keine Kraft mehr.
Es kann nicht sein, weil es gegen alle Gesetze des Spiels ist. Umfallen muß er jetzt, und man wird ihn feiern, weil er das Unmögliche riskiert hat.
Aber er bleibt stehen, sieht, wie sich ein blaues Trikot auf ihn zuwälzt, und pariert den Angriff mit einer Körpertäuschung, die die Szene hochpeitscht zu phantastischer Unwirklichkeit.
Kann Beinen, die von Strafraum zu Strafraum gewirbelt sind, ein Treffer erlaubt sein?
Keiner glaubt es, und trotzdem hoffen es alle.
Er kann dem Rempler nur halb ausweichen, verliert Balance und Ball, den der gestreckte, haarscharf an seinem Oberschenkel vorbeistechende Fuß streift.

Hinter seinem Rücken hüpft er auf, jetzt, da er nach dem großen Solo nur noch den Torhüter vor sich hat.
Reflexartig sucht er den Ball im Vorwärtsstolpern mit der Ferse. Ein blindes Tasten ist es und dennoch gefühlvoll, weil er ihn hochspringen hört hinter sich. Wie einen Nothebel zieht er den Unterschenkel zum Hackentrick hoch, und genau am rechten Punkt trifft die Ferse. Der Ball kommt, wie vom Zauberfuß gelenkt, hinter seinem Rücken hoch, zieht im Bogen schräg an dem wie gelähmt stehenden Angreifer vorbei und fällt ihm wieder vor die Füße, genau in der richtigen Entfernung vor dem herausstürzenden Torhüter.
Vier oder fünf Sätze hat der Keeper schon gemacht, aber es ist nur der halbe Weg. Und der Mann, der vom eigenen Strafraum bis hierher gekommen ist, sieht aufgerissene Augen über einem gelben Pullover und dahinter, wie einen Trichter, die weißen Torpfosten und das grüne Netz.
Schießen könnte er jetzt. Fast jeder würde mit der letzten Kraft schießen. Aber der Torhüter hat den Winkel verkürzt, und er fühlt einen unwiderstehlichen Sog von diesem Trichter ausgehen.
Der gelungene Hackentrick zaubert Leichtigkeit in die Beine, die eben noch stolpern wollten vor Schwäche. Und der Körper schwingt mit, deutet die Täuschung nur an, die den Torhüter zum Hechtsprung auf die rechte Seite zwingt. Hilflos greifen handschuhbewehrte Pratzen ins Leere, weil er ihn mit der Geschmeidigkeit des Slalomläufers links umkurvt und dann, plötzlich provozierend langsam werdend, Kurs aufs Tor nimmt.
Kein Schuß. Er hält den Ball am Fuß, läuft mit ihm zwischen die Stangen, und dann hängt er mit ausgestreckten Händen am Netz und läßt sich von ihm auf den Rücken werfen.

Von den Rängen löste sich Beifall wie Sturm, aber Worte fand niemand. ›Traumtor‹ war zu wenig, ›Wunder‹ zu blaß. Wildfremde Menschen umarmten einander, und Hüte flogen hoch, die keiner zurück wollte. Ein solches Tor war in dem kleinen Stadion nie gesehen worden, aber es wurde nicht nur als Rarität gefeiert, sondern auch als Rettung. Der 4:3-Sieg bewahrte den FC Viktoria vor dem Abstieg. 9000 Zuschauer versicherten einander immer wieder, daß es kein Traum war, und spät am Abend bestätigten es Millionen.

Denn das Fernsehen hatte ein Team geschickt, weil es ein Abstiegskampf war, und man lieferte das Tor nicht nur dreimal in Zeitlupe in die Wohnstuben, sondern man schleppte auch den Schützen ins ›Aktuelle Sportstudio‹.

Es geschieht selten genug, daß sie einen aus der Zweiten Liga holen, und für Pall war es der erste Auftritt. Er war viel nervöser als bei seinem großen Solo, das der Moderator als »brasilianisch im besten Sinne des Wortes« anpries. Sie verkaufen unverhoffte Ware mit Geschenkpapier und Girlanden, und der Lieferant sucht nach Worten, weil sich so vieles, was auf einem Spielfeld passiert, nicht erklären läßt. Pall kam sich vor wie einer, der einen Witz erzählen soll, dessen Pointe längst alle kennen.

Je leichter dir etwas gefallen ist, um so schwieriger werden die Erklärungen für die Gaffer.

Ertappte er sich nicht sogar selbst beim Gaffen?

Die Zeitlupe ist eine unwirkliche Verrücktheit. Natürlich weiß er, was er gemacht hat. Jeden Schritt kennt er, aber die künstliche Langsamkeit der bewegten Bilder irritiert ihn. Sie gaukelt Gedankengänge vor, für die gar keine Zeit gewesen ist, aber an die die Leute glauben.

Einfach glauben müssen, weil dieser freche Alleingang von Strafraum zu Strafraum nicht nur geballte

Kraft, sondern programmierte Überlegung atmet. Dabei hat er in den Beinen nicht Kraft, sondern elende Schwäche gespürt, und was er gedacht hat, läßt sich überhaupt nicht mehr zurückholen.
Der Moderator will ihm helfen. Auch er steht unter dem Eindruck kühner Zwangsläufigkeit, die die gedehnten Bilder vermitteln. Und den Glücksfall, einen Zauberer neben sich sitzen zu haben und ihm seine Geheimnisse entreißen zu können, wird er nicht vergeuden.
Aber Pall spielt den Doppelpaß nicht mit. Er sagt nur, daß er selber staunen müsse und vielleicht nur deshalb so viel riskiert habe, weil ihm vor diesem Treffer zwei andere geglückt seien.
»Und das«, weiß der Moderator, »hat Ihnen Selbstsicherheit gegeben, den Mut zum großen Risiko.«
Pall ist froh über die abgenommene Antwort und spürt Boden unter den Füßen. Vielleicht hat der Mann sogar recht, aber man kann so eine verrückte Sache wie dieses Tor nicht in einzelne Bestandteile zerlegen. So wenig, wie man es wiederholen kann. Aber vielleicht glauben das die Leute.
Er spürt, wie sie sich fangen lassen vom Fernsehen, diesem optischen Gaukler und Rattenfänger. Und er wird sicher. Merkt, daß er ankommt beim großen Publikum, das er nicht sieht.
Und er weiß auch, daß man ihm seine neunzehn Jahre noch nicht einmal ansieht. Wie ein Bub vor seinem Lehrer sitzt er im strömenden Wohlwollen des Moderators. Wenn sie die Großen bis hinauf zu Pelé interviewt haben, sind sie zu den Kleinen wie Väter zu Hätschelkindern.
Er spielt das Spiel mit, bleibt bescheiden und sagt, daß die Sache ohne Glück nicht gelaufen wäre und das Wichtigste der gesicherte Klassenverbleib der Viktoria sei.
Bescheidenheit gefällt Moderatoren immer, und

wenn sie einen mögen, dann mögen ihn auch die meisten Leute. Pall hatte einen bemerkenswerten Auftritt.

Und er erhöhte die Wirkung. Auf die Torwand mit den beiden Löchern rechts unten und links oben mußte er schießen, und nach fünf Schüssen hatte er einen Treffer. Wenig genug für einen, der alle gültigen Gesetze des Spiels umkurvt hatte.

Den sechsten Schuß erledigte er nicht vom Punkt aus. Es war eine blitzartige Eingebung, und der Moderator riß Mund und Augen auf wie Millionen zu Hause an den Bildschirmen.

Pall ging, den Ball kurz am Fuß führend, auf die Torwand mit den beiden Löchern zu, und als er ankam, lupfte er ihn mit der Fußspitze ins untere Loch. Ein paar Sekunden war Schweigen. Aber dann rauschte der Applaus des Studiopublikums auf wie eine donnernde Kaskade.

Er hatte sein Tor symbolisch wiederholt. Das Spielfeld in den Saal verlegt. Kammerorchester gespielt. Man mußte draufkommen. Es war, als ob der Moderator einen unsichtbaren Hut zöge, und aus allen Teilen des Landes prasselten Anrufe in die Sendung hinein.

Witz wird, wenn er vielen verständlich ist, von vielen honoriert. Und viele verstehen Fußball. Es ist das Geheimnis seiner Popularität, ohne die er nie seinen Platz in der Gunst der Massen behaupten könnte.

Auch Leute, die Palls Einlage für einen abgesprochenen Gag hielten, weil man so etwas noch nie gesehen hatte, schmunzelten. Er verkauft sich gut, sagten sie.

Den Sachverständigen, denen, die tatsächlich ins Stadion und auf die kleinen Plätze gehen, hätte man das Tor mit ins Bett geben können zum Träumen. Wenn es von einem verrückten Brasilianer erzielt worden wäre, hätten sie es als eine dieser exotischen

Rosinen hingenommen, die in den hiesigen Kuchen nicht vorkommen. Und nun hatte es einer aus der Zweiten Liga, den man noch nie auf einem Bildschirm gesehen hatte, mit Lässigkeit hingelegt und war dann aufgetreten, als ob er noch mehr von dieser Sorte, die auf den goldenen Tabletts der Größten fehlte, anzubieten hätte.
Frauen fanden sein Gesicht über dem offenen, maisgelben Hemd anziehend. Von der gleichen Farbe war das volle Haar, gerade so gebändigt, daß es nicht gewollter Kopfschmuck, sondern natürliche Zugabe war. Und das jungenhafte Lachen in den blaugrauen Augen machte die Bildschirme heller.
Später im Wiesbadener Hotel, wo die Männer des ›Aktuellen Sportstudios‹ ihre Sendung mit den Studiogästen ausklingen lassen, kamen noch ein paar Anrufe für Pall, und einer davon war von Holldorf, dem Manager des FC Bavaria.
Im Gegensatz zu den anderen hielt er sich nicht mit Gratulationen auf. Er war ein Mann der Praxis, und Praxis hieß Handeln für ihn.
»Ganz schönen Auftritt gehabt, Pall, ehrlich. Wetten, daß es jetzt Klubpräsidenten gibt, die glauben, daß du jede Woche solche goldenen Eier legst? Sie werden dir Angebote machen, die höher liegen als meines. Luftschlösser werden sie dir bauen, und dann werden sie dich wie eine heiße Kartoffel fallenlassen, weil man das nicht wiederholt, was du heute gemacht hast. Das weißt du so gut wie ich, aber sie werden heute schon die Klinke bei dir putzen. Laß dir nicht den Kopf verdrehen und warte, bis ich komme. Ich kann morgen um zwölf bei dir zu Hause sein. Bei uns kriegst du am Anfang ein paar Mark weniger, aber in einem Jahr kannst du ganz oben sein und alle auslachen!«
Pall ging an den Tisch zurück, sprach aber nicht von dem Anruf. Er trank sein Glas aus und hatte nach

dem ganzen Trubel plötzlich nur noch den Wunsch, allein zu sein.
Sie hatten ein Zimmer für ihn reserviert, und durchs offene Fenster wehten die zwölf dünnen Mitternachtsschläge einer Kirchenglocke. Die Nacht hatte die Schwüle des Tages nicht vertrieben, und halb zugedeckt nur versuchte Pall, Ordnung in Gedanken zu bringen, die wie Bälle auf ihn zuhüpften und gestoppt sein wollten.
Es war soweit. Die Entscheidung, die seit Monaten langsam auf ihn zugekommen war, hatte den Endspurt eingelegt. Da war nichts mehr hinauszuzögern, und vielleicht hatte Holldorf recht mit den Präsidenten, die anmarschieren würden. Aber wahrscheinlich auch damit, daß sein Angebot das beste war.
Denn die Bavaria war ein Monument. Fußballklubs kommen und gehen, schnuppern an Titeln und Pokalen herum und schnappen sich auch mal was davon. Und dann kommen wieder die Durststrecken und die große Langeweile, weil sie nur für den Augenblick gelebt und nicht an die Zukunft gedacht haben, an das Aufforsten.
Aber die Bavaria hielt sich oben. Wenn ihre Stars älter wurden, schlüpften neue in ihre Schuhe, und es konnte kein Zufall sein, sondern nur Weitsicht. Seit Pall Zeitungen lesen konnte, und das hatte vor kaum mehr als zehn Jahren angefangen, hatte er mehr über die Bavaria erfahren als über alle anderen Klubs, weil sie sich Titel um Titel pflückte und sich nicht mit den nationalen Trophäen begnügte. Auch drei Europapokale der Landesmeister standen in der Vitrine des berühmten Klubhauses, das er nur vom Fernsehen her kannte.
Immer hatte ihn dieser Klub angezogen, und jetzt war es soweit. Und er hatte sich nicht anbieten müssen. Vor zwei Monaten schon hatte ihm Manager Holldorf ein Angebot gemacht.

Und jetzt war der Vertrag fällig. Logisch, daß Holldorf klare Verhältnisse wollte. Per Fernsehen hatte Pall die Konkurrenz aufgeweckt.
Aber plötzlich, in der Dunkelheit des Hotelzimmers, sah er die Stars der Bavaria vor sich, die so viel mehr konnten, als er sich zutraute, und auf einmal kam ihm der Hackentrick, der ihn ins Fernsehen gebracht hatte, wie eine billige Jahrmarktsprotzerei vor. Obwohl sie sagten, es sei Kunst gewesen, und obwohl der Moderator ihn vorgeführt hatte wie einen künftigen Beckenbauer.
Oder wie Furtner.
Furtner, das war der liebe Herrgott des FC Bavaria. Er konnte alles, und wenn ihn die Passionshüter von Oberammergau zum Christus machen würden, dann würde er auch in diese Rolle schlüpfen.
Nicht nur wegen seines Bartes. Dem Furtner machte keiner was vor, aber er konnte allen was vormachen.
Pall machte die Augen zu und sah ihn vor sich. Versuchte, sich den Bart wegzudenken, um mehr Fläche ins Gesicht zu kriegen. Aber er kam nicht hinaus über eine vergleichsweise große, aber dünne Nase, über der Augen standen, die denken und stechen konnten.
So sah er den Furtner im Zwielicht des Halbschlafs, und die Konturen verwischten sich. Die Nase wurde zum Säbel, und die Augen wurden Bälle, die auf ihn zuhüpften mit Aufforderungen, denen er nicht gewachsen war.
Unruhig schlief er in den Tag hinein, von dem er wußte, daß er ihn zum Mitglied des Renommierklubs machen würde.
Kein zahlendes Mitglied, sondern ein nehmendes. Allerdings auch eines, das mit Leistung zu zahlen hatte. Denn die Bavaria war kein Klub wie die anderen. Sie war erfolgreich und gnadenlos.
Aber mit neunzehn nimmst du Herausforderungen

an, ohne daß dich der Schlaf flieht wie den alternden Star, der zurückholen will, was unwiederbringlich ist. Pall wälzte sich durch die schwüle Juninacht, doch sie gab ihm genug Ruhe für einen Morgen, den die Vögel im Park des Hotels anzwitscherten wie einen jener Tage des Herrn, an denen du dankbar sein sollst.
Es war, in der Tat, ein Sonntag. Und Pall stand nicht nur früh auf, sondern auch dankbar, obwohl Fußballer um so lieber in den Sonntagmorgen hineinschlafen, wenn ihnen am Samstag ein gutes Tagwerk geglückt ist.

2

Ausruhen auf Lorbeeren, das spürte er, war jetzt kein Thema. Das konnte er sich für zu Hause aufheben, in der kleinen süddeutschen Stadt, knapp zwei Stunden mit dem Auto, das er sich zum neunzehnten Geburtstag gekauft hatte.

Es war so jung, daß es noch nach Farbe und Gummi roch, wenn man die Türen aufmachte.

Beim ersten Auto ist es ganz ähnlich wie bei der ersten Freundin. Man fährt es behutsam und ist ständig darauf bedacht, etwas Neues zu entdecken. Und man ist ein Anfänger, der ein diffiziles Verhältnis zur Konkurrenz und zu Drehzahlen hat.

Es war kein teures Auto, aber sein Verhältnis zu ihm war intensiver als das, das Abiturienten haben, die einen Wagen vom Vater fürs Reifezeugnis vor die Haustür gestellt bekommen.

Er hatte es selbst verdient. Manche sagten, mit den Beinen, und sie sagten es mit einer Dünkelhaftigkeit, die ihn ärgerte, weil er viel über die Tätigkeit eines sportlichen Profis nachdachte und der Meinung war, daß dazu auch der Kopf gehörte.

Allerdings hatte er darüber noch Vorstellungen, in denen manches verschwamm. Konturen zeichneten sich ab, aber sie waren unscharf und lösten sich auf, wenn er sie greifen wollte. Klarer und erfaßbarer war die kaufmännische Lehre gewesen, die er vor einem Jahr, halb gegen den Protest des Vaters und halb mit seinem Einverständnis, abgebrochen hatte.

Eigentlich war das typisch für den Alten. Er hatte alles immer nur halb gemacht. Eine mäßige Fußballerkarriere und dann eine von trostloser Fadheit in dem Beruf, den sie den richtigen nannten.
Richtig? Pächter eines kleinen Tabakladens war er geworden, aber nicht einmal die Lizenz für Toto und Lotto war dazugekommen, weil sich der Verein nicht drum kümmerte und der Alte keine Ellenbogen, sondern nur einen kaputten Meniskus hatte.
Er war kein Säufer. Aber manchmal trank er sich im winzigen Ladenstübchen den Kummer über den kaputten Meniskus von der schlappen Seele.
Dann wurde er stark. Erklärte jedem, der es wissen wollte oder auch nicht, daß er Nationalspieler geworden wäre ohne diese verdammte Verletzung, weil er besser als sein Sohn war, von dem jetzt schon die ganze Stadt sprach.
In einem dieser selbstherrlichen Augenblicke, er lag noch kein Jahr zurück, hatte ihn Pall zum erstenmal für einen Versager gehalten, für einen sich selbst bemitleidenden Versager. Und jetzt wollte er die Karriere seines Sohnes in die Hand nehmen. Möglichst sogar sein Manager werden und den großen Rahm abschöpfen. War es nicht genau der richtige Augenblick, zur Bavaria zu gehen, die den Alten keine Sekunde lang poussiert hatte wie andere?
Er mochte sie nicht, weil sie ihn nicht am Bart kitzelte und nicht das Phantasiespiel mit dem großen Geld trieb. Andere hatten ihn behandelt wie den großen Macher des angehenden Stars. Und plötzlich, als er den Wagen in den Zubringer zur Autobahn lenkte, kam Pall die häßliche Idee, daß der Alte schon Zuwendungen eingesteckt haben könnte, die seinen Transfer zur Bavaria erschweren würden.
Es sähe ihm ähnlich. Vielleicht hatte er sich sogar von mehreren Klubs schmieren lassen und in seiner lauen Art gedacht, daß es zu nichts verpflichtete,

wenn man sich mit der einen Hand am Kopf kratzte und die andere mit verschämter Diskretion aufhielt. Pall spürte jetzt, daß er ihn nicht haßte, sondern verachtete und bedauerte. Es war nicht nur leicht, in diesem Haus den Koffer zu packen, sondern es war auch notwendig. Auch wenn die Mutter – längst gewöhnt an einen Versager, der plötzlich in seinem Sohn das Geld roch, von dem er selbst immer nur geträumt hatte – ihm leid tat.

Er konnte ihr heimlich was zukommen lassen, wenn es mit der Bavaria klappte.

Gewiß, sie wollte gar nichts. Pulver wollte der Alte sehen, der mit seinen vierundvierzig Jahren genaugenommen noch gar keiner war.

Aber er hatte nichts mehr vor sich, der alte Pallmann. Der kleine Tabakladen ohne Lotto und Toto war schon sein Altenheim, und es gab kaum noch einen Kunden, der einen Blick auf die vergilbenden Fotos an der Wand verschwendete. Sie zeigten ihn im Dreß der Viktoria, ohne Spitzbauch und mit vollen Haaren, aber er war nie so gut gewesen, daß sie Pall zu ihm gesagt hätten.

Ihm, seinem Sohn, war der Name zugeflogen. Wenn dich die Fans lieben, zeigen sie simple, aber unheimlich echte verbale Freude. Selten genug freilich geschieht es, daß sie einem Neunzehnjährigen schon einen Kriegs- und Kosenamen geben.

Pall also, -mann weg. Aber es war keine Entmannung. Ein Phallussymbol eher, wie er es unterschwellig im Kampf mit dem Vater begriff. Und auch die griffige Assoziation mit dem Ball kam dazu. Pall gefiel den Reportern und damit den Leuten, denen Fußball gefiel. Sein voller Name war so unnötig geworden wie sein Vorname Walter.

Es war beinahe wie bei den Brasilianern, die unheimlich lange Familiennamen und ebenso kurze Kriegsnamen haben.

Das graue Band der Autobahn bot sich ihm an diesem Sonntagmorgen fast in seiner vollen Breite zum Rasen an. Aber der rechte Fuß, der den Ball gestern so über den Kopf gezogen hatte, daß Millionen von der Faszination des eigentlich Unmachbaren gepackt worden waren, gab dem Gaspedal nur den zaghaften Druck des Anfängers. Er ließ sie auf der Überholspur an sich vorbeirauschen, ohne sie wahrzunehmen, und überlegte, ob Holldorf recht hatte. Würden vielleicht heute schon die größeren Angebote kommen? Wenn er ans Fernsehen zurückdachte, an diese Zeitlupe, die seinen Alleingang aus der Wirklichkeit ins Unwirkliche zerrte, konnte es schon sein. Und damit konnte auch das Angebot der Bavaria schleifen gehen.
Vom Vater hing das nicht ab, seine aufgeflackerte Raffgier war leicht zu löschen. Aber der Präsident hatte mehr zu sagen. Es sähe dem alten Knicker ähnlich, daß er sich dieses Fernsehtor, das den Abstieg verhindert hatte, vergolden ließ. Seit Palls Freigabe eine beschlossene Sache war, weil man ihm den Weg in die Bundesliga nicht verbauen und das größte Transfergeschäft in der Geschichte des kleinen Klubs machen wollte, träumte er von einer Million.
Doch für einen Neunzehnjährigen ging die Bavaria nicht so weit. Sie hatte ihre Grundsätze, hörte auf zu bieten, wenn die anderen, die nie Meister im Spiel, aber im Zücken des Scheckbuchs waren, einander gegenseitig hochtrieben.
Aber wenn man bei der Bavaria eintrat, hatte man die Tür zur Nationalmannschaft in der Hand. Holldorf hatte es so gesagt: »Du mußt immer denken, daß wir dir mehr als Geld bieten. Du kannst einen Europapokal haben und Nationalspieler sein, ehe du zwanzig bist. Wo gibt's das? Bei der Borussia vielleicht? Sie erwarten Wunder von dir, und wenn du sie nicht

auf Anhieb lieferst, sind sie beleidigt. Bei uns wirst du aufgebaut, und du wirst sehen, daß es nötig ist, weil oben ein anderer Wind weht als da, wo du herkommst.«
Pall fuhr plötzlich schneller und ging auf die linke Spur, als ob er keine Sonntagsfahrer überholen müßte, sondern Vereinspräsidenten, die das Rennen um ihn machen wollten.
Es gab genug Beispiele in diesem Geschäft, bei dem einer verkauft war, ohne gefragt worden zu sein.

Es war halb zwölf, als er ankam, und vor dem Haus stand der Sportwagen von Holldorf.
Im Parterre mischte sich, wie immer, der kalte Tabakgeruch des Ladens mit dem von Bier und Fusel, der aus dem Hinterstübchen zog, und eine Treppe höher kamen kleinbürgerliche Düfte von Kraut und Sonntagsbraten. Ganz oben sang der Postsekretär Bachmaier in seiner Badewanne ›O sole mio‹.
Pall ging erst zur Mutter in die Wohnküche und sah, daß sie aufgeregt war, weil Holldorf zum Essen blieb. Zum Glück, sagte sie, war noch Fleisch in der Kühltruhe, um den Braten zu strecken, aber er sei sicher Besseres gewöhnt, und sie wolle nichts falsch machen.
Sie hat, dachte Pall, ihr ganzes Leben in der Angst gelebt, etwas falsch zu machen.
Aber auch Stolz war in ihren Augen. »Du bist unheimlich gut im Fernsehen gewesen, Junge, und zwei Präsidenten haben schon angerufen. Einer will um vier kommen.«
»Ich glaube nicht, daß wir ihn brauchen«, sagte Pall. »Seit wann ist Holldorf hier?«
»Seit zehn Minuten. Viel früher, als wir gedacht hatten.«
»Er will nichts dem Zufall überlassen, weißt du. Bevor andere kommen, will er das Geschäft gemacht

haben, und ich bin froh, wenn noch keiner dazwischengefunkt hat.«
Er ging ins Wohnzimmer, und Holldorf kam halb aus dem Sessel hoch, um ihm die Hand zu reichen. Der Vater nahm nur die Zigarre aus dem Mund und bewegte sie wie einen Taktstock mit gespreizten Fingern.
»Tolles Ding gewesen, Walter. Gibt's auch bei der Bavaria nicht alle Tage, was, Herr Holldorf?«
Er ließ die freie Hand flach auf den Couchtisch fallen, und es kam Pall so platt und überflüssig vor wie sein Lachen.
Der Mann mit der gut geschnittenen Sommerhose und dem blauen Sporthemd lächelte dünn zurück und nickte. »Ist ja schon besprochen, Herr Pallmann. Dreimal und in Zeitlupe.« Er warf Pall einen Blick zu, der dem Alten eigentlich hätte zeigen müssen, daß sie sich schon über seinen Hang zur Wichtigtuerei unterhalten hatten.
Aber Pallmann merkte nichts und ließ seinen Sohn wissen, daß Anrufe gekommen waren. Von der Borussia sogar.
»Gut, Herr Pallmann, aber jetzt zur Sache. Wahrscheinlich hat die Borussia dem Viktoria-Präsidenten inzwischen die Million schon angeboten. Aber ich gehe nicht über Siebenhunderttausend hinaus. Die Bavaria ist kein Wohltätigkeitsinstitut, und außerdem habe ich die Sache gar nicht mit Ihnen zu verhandeln, sondern mit dem Vereinspräsidenten Ihres Sohnes.«
Pallmann blies Rauch über den Tisch und bekam schmale Augen. »Das Geschäft macht der Präsident, da will ich nicht streiten, habe ja schließlich auch mal gespielt, wie Sie vielleicht wissen.«
»Ja, für ein Taschengeld. Und wenn dreitausend gekommen sind, hat sich der Kassierer die Hände gerieben. Heute läuft das ein bißchen anders, Herr

Pallmann. Wir müssen ein riesiges Stadion füllen, um eine teure Mannschaft bezahlen zu können, und ihr Sohn fängt bei uns nicht oben an, bloß weil er in der Zweiten Liga ein Traumtor geschossen hat.«
»Sind Sie vielleicht nicht scharf auf ihn?« Die Frage klang triumphierend, und die Augen blitzten, als ob er ein As auf den Tisch geknallt hätte, das alles wegstach.
Aber Holldorf verzog nur die Mundwinkel. Das Lächeln blieb in ihnen hängen, und als der alte Pallmann die Augen seines Sohnes suchte, fand er sie nicht.
Er wollte einen neuen Anlauf nehmen, war aber dann froh, den Wein öffnen zu dürfen, weil seine Frau das Essen brachte. Die Flasche blieb ihm fast allein, weil Holldorf und Pall mehr Wasser nahmen.
Sie kauten zuerst schweigend, weil jeder noch auf anderem herumzukauen hatte.
Holldorf vielleicht am wenigsten. Der alte Pallmann war nicht einmal ein zweitrangiger Partner in diesem Geschäft. Eine Null sogar, denn der Junge war mit seinen Neunzehn volljährig. Fragte sich nur, ob er die Geldgier seines Alten geerbt hatte oder irgendwoher eine Vernunft nahm, die bestimmt nicht von dieser Trantüte kommen konnte, die plötzlich Geschäftssinn zu entwickeln versuchte.
Vielleicht von der Mutter. Man sah, daß der Alte sie ängstlich und der Junge stolz machte. Aber man sah auch, daß sie keinen Einfluß auf die Sache hatte, um die es ging.
Beflügelt vom Wein, der nicht der erste zu sein schien, den er sich an diesem Sonntag genehmigte, durchbrach Pallmann das kauende Schweigen. »Sie wissen so gut wie ich, Herr Holldorf, daß die Ablösesumme im Grunde Wurscht für uns ist. Es kommt auf das Pulver an, das der Junge kriegt.«

Holldorf nickte und legte die Gabel weg. »Teilweise gebe ich Ihnen recht, Herr Pallmann. Aber wissen Sie, was mir nicht gefällt?«
»Und das wäre?«
»Es ist Ihr ›uns‹, wenn Sie's genau wissen wollen. Ihr Sohn ist volljährig und völlig unabhängig von Ihrer Zustimmung. Wenn er zur Bavaria will – und es gibt tausend gute Gründe für einen solchen Entschluß –, können nicht Sie ihm einen Strich durch die Rechnung machen, sondern höchstens der Viktoria-Präsident. Und mit dem bin ich um vierzehn Uhr verabredet. Wie Sie sehen, teile ich meine Zeit vernünftig ein, und dies hier sollte nach meiner Vorstellung ein vernünftiges Gespräch unter Männern sein, die ein gegenseitiges Interesse aneinander haben. Man kann Sie einklammern, aber auch ausklammern, wenn Sie verstehen, was ich meine.«
Das war deutlich, und Pallmann brauchte einen kräftigen Schluck Wein, um es zu verdauen.
Dann fragte er nach dem Gehalt für eine Arbeit, die nicht er machen sollte, sondern sein Sohn. Aber er schlug nicht mehr mit der flachen Hand auf den Tisch, und Holldorf fand, daß die Sache ins richtige Gleis kam.
»Wir haben für einen Neunzehnjährigen noch nie mehr als fünftausend im Monat bezahlt. Ohne Prämien, versteht sich. Wenn er in der ersten Mannschaft spielt oder auch nur auf der Auswechselbank sitzt, ist diese Summe schnell verdoppelt.«
»Hm.« Pallmann wackelte mit dem Kopf und spülte Wein nach. »Er hat jetzt schon dreifünf bei der Viktoria, und Sie werden doch nicht behaupten wollen, daß einer bei der Bavaria für fünftausend Grundgehalt spielt!«
»Aber sehr wohl, Herr Pallmann! Sie können gerne nachprüfen, ob wir für einen Neunzehnjährigen jemals mehr bezahlt haben. Aber ich kann Ihnen sa-

gen, daß wir zu einer Ausnahme bereit sind und auf sechstausend gehen.«
»Meinen Vorstellungen«, brummte Pallmann gespreizt, »entspricht das nicht.«
»Sie müssen es ja auch nicht verdienen.«
Holldorf sagte es mit der Gelassenheit, mit der Bosse hinter breiten Schreibtischen, vor denen Bittsteller sitzen, Themen abhaken. Ein junger Boß übrigens, dem man seine dreißig kaum ansah und der vor zwei Jahren noch Nationalspieler gewesen war. Ein Knieschaden hatte seine Karriere beendet, wie die des alten Pallmann, bloß war es eine große gewesen, und mit verblüffender Selbstverständlichkeit hatte er seine zweite eingeschlagen.
Während die Frau wortlos abräumte und ihr Mann nach neuen Argumenten suchte, blickte Holldorf auf die Uhr und sagte: »Ich habe wenig Zeit, weil der Präsident wartet, aber ich will Ihnen noch sagen, daß Sie keinen Grund haben, mich wie einen Sklavenhändler anzuschielen. Sechstausend sind ein gutes Startgeld, aber keine starre Summe, an die sich die Bavaria klammert, wenn Ihr Sohn Stammspieler wird. Sagen wir, wir machen einen Zweijahresvertrag. Selbstverständlich kann das Grundgehalt viel größer sein, wenn er ausläuft, weil wir flexibel sind bei entsprechender Leistung. Wer Leistung bringt, hat sich bei uns noch nie zu beklagen gehabt, und ich glaube, daß jetzt hier nichts mehr zu besprechen ist. Wenn Sie aber gestatten, möchte ich später noch ein paar Worte mit Ihrem Sohn reden, vorausgesetzt, daß ich mit seinem Präsidenten klarkomme. Ich werde kurz anrufen, recht so?«
Er streckte dem alten Pallmann die Hand hin, ohne auf die Bestätigung zu warten, ob es ihm recht sei.

Der Anruf kam schon nach einer Stunde vom Schloßhotel. Es war das einzige Hotel in der kleinen

Stadt mit einem bescheidenen Renommee und an einem frühen Sonntagnachmittag, wenn die örtlichen Honoratioren getafelt hatten, leer wie ein Gänsestall nach Weihnachten.
Als Pall kam, saß Holldorf in einem Plüschsessel in der Halle und blätterte in Papieren, die neben einer dünnen Ledermappe lagen. In der anderen Ecke hatten zwei ältliche Damen einen schnatternden Disput zwischen Kaffeekännchen und überhaupt keinen Blick für die beiden jungen Männer.
Und der gelangweilt über den Teppich schlurfende Ober wurde erst aufmerksam, als Holldorf Champagner bestellte. Aber er war Ausländer und kein Mann des Fußballs und dachte an einen der üblichen Abschlüsse zwischen Geschäftsleuten, als er die Papiere auf dem marmornen Tischchen sah.
»Guter Platz«, sagte Holldorf und grinste. »Ich brauche deinen Vater nicht bei unserem Gespräch, und in jedem Gasthaus hätten wir jetzt Fans am Hals.«
Das Du ging ihm ganz selbstverständlich vom Mund, aber ebenso selbstverständlich siezte ihn Pall. Es lagen mehr als zehn Jahre zwischen ihnen, obwohl er sich leicht vorstellen konnte, in einer Mannschaft mit Holldorf zu spielen. Und dieses Du tat ihm wohler als das wohlwollende des Präsidenten, weil es ehrlich und angemessen war.
»An meiner Bestellung«, sagte Holldorf, »siehst du, daß es geklappt hat. Wir feiern deinen Einstand bei der Bavaria!«
»So schnell?«
»Glaubst du, ich stehe sonntags um sieben auf, um einen Ausflug zu machen? Um Nägel mit Köpfen ging es mir, und als du gestern deinen Fernsehauftritt hattest, wußte ich, daß die Geier kommen würden. Jetzt können sie alle antanzen, angefangen vom Borussen-König bis zu den dunklen Herren Ver-

mittlern, die das Gras wachsen hören. Lauter Metzgergänge machen die, weil ich die Unterschrift habe.«
»Und die haben Sie dem alten Knicker so einfach entrissen?«
»Na ja, ganz so schlimm ist er nicht. Er weiß, daß er einen Spieler wie dich in seinem kleinen Klub nicht halten kann, und im Grunde weiß er natürlich auch, daß du bei uns eine größere Karriere machen kannst als bei der Borussia, die nachher anklopfen wird.«
»Und die Ablöse?«
Der Ober kam mit dem Champagnerkübel und einer Serviette, die er über den Korken legte, ehe er zu hantieren begann. Erst als er eingeschenkt und die Flasche wieder in die Eisbrocken gebettet hatte, fuhr Holldorf fort.
»Die Ablöse ist noch ein bißchen geklettert. Er kriegt achthunderttausend. Du bist nicht billig, Pall. Laß uns darauf anstoßen, daß du dein Geld wert bist.«
Pall war es, als stiege ihm nicht nur der Champagner in die Nase, sondern auch ein demütigendes Gefühl der Enttäuschung, weil Holldorf den großen Moment so kalt und geschäftlich anpackte. Ist es eine Gratulation, wenn man dir die Höhe deiner Ablösesumme unter die Nase reibt und dir im gleichen Atemzug sagt, daß du sie gefälligst zu rechtfertigen hast?
Holldorf stellte sein Glas mit der Andeutung eines Lächelns ab und suchte Palls Augen.
»Sieh mal, Junge, du darfst nicht den Fehler begehen, mich für einen Präsidenten zu halten. Die sehen in solchen Momenten wie pastorale Wohltäter aus und umarmen dich. Aber es gibt da Leute drunter, die weniger vom Fußball verstehen als wir beide von Atomphysik, und wenn du ihnen dein Tor von gestern im ersten Spiel nicht gleich dreimal vorführst,

halten sie dich für einen Fehlkauf. Wir Manager sind jung in der Branche, aber wir kennen sie besser, weil wir aus ihr hervorgegangen sind. Du wirst mich gelegentlich auch beim Training sehen. Aber nicht mit Hut und Sonnenbrille, sondern im Trikot. Ich mach nämlich gern mit, weil ich einen Manager mit Bauch für eine schlechte Figur halte. Und du kannst dich drauf verlassen, daß ich es noch mit allen aufnehme, wenn mein Knie mitmacht.«
Pall machte ein Gesicht wie einer, der nicht viel mit solchen Reden anfangen kann, und spielte mit den Fingern am langstieligen Glas. »Ich habe Sie oft genug gesehen und weiß, was Sie können.«
Es klang trotzig.
»Du mußt mich ausreden lassen. Ich bin im gleichen Alter wie du zur Bavaria gekommen und weiß besser als ein Präsident, was es heißt, sich in einem Klub durchzuboxen, wo du vor lauter großen Namen nicht mehr weißt, wo du hingucken sollst, und dich am liebsten in ein Mauseloch verkriechen würdest. Die machen dir keine Geschenke, die nicht. Aber wenn du sagst, du weißt, was ich kann, dann sage ich dir, daß ich auch weiß, was du kannst. Und ich gebe dir mein Wort, daß ich den Kopf für dich hinhalte und du mit jedem Problem zu mir kommen kannst. Sonst wäre ich nicht hier. Ich habe weitgehende Vollmachten von meinem Präsidenten, aber ich bin Angestellter des Klubs, wie du es jetzt sein wirst. Bloß, ich bin es nicht lange, wenn ich mit Neuverpflichtungen, für die ich mich eingesetzt habe, Mist baue.«
»Jetzt«, sagte Pall und trank sein Glas leer, »verstehe ich Sie schon besser.«
Holldorf schenkte nach und zog eine Packung Zigaretten aus der Tasche. »Ab und zu qualme ich eine, und jetzt ist der Moment dazu. Aber es ist besser, wenn du dir Zeit damit läßt.«

»Keine Sorge, Herr Holldorf. Es reicht, wenn mein Alter davon lebt.«
»Nicht gerade glänzend, schätze ich.«
»Logisch. Wenn ich wüßte, daß ich nicht mehr aus dem Fußball heraushole als einen kleinen Tabakladen, würde ich heute aufhören.«
»Klar, Pall. Aber du mußt dir auch vollkommen darüber im klaren sein, daß du eine Ausbildung aufgegeben hast und morgen als Sportinvalide herumlaufen kannst. Oder sagen wir lieber, herumsitzen. Es gibt welche, die groß angefangen haben und bald Krücken brauchten.«
»Wollen Sie mir Angst machen?«
»Unsinn. Ich habe den gleichen Grund zum Feiern wie du, weil ich die Konkurrenz ausgestochen habe, aber du mußt auch den ganzen Feierabendfußball der Zweiten Liga vergessen und den Job jetzt ganz anders sehen. Vor allem bei der Bavaria. Es ist eine verflucht harte Sache, wenn man zum Erfolg verdammt ist, glaub's mir!«
»Aber auch reizvoll, oder?«
»Natürlich. Laß uns noch einen Schluck drauf nehmen, und auch darauf, daß unser Arzt nichts gegen dich einzuwenden hat.«
Pall runzelte die Stirn. »Bin ich ein Ochse, der vor dem Verkauf zum Tierarzt geschickt wird?«
»Nicht schlecht.« Holldorf lachte und leerte den Rest der Flasche zu gleichen Teilen in die Gläser. »Besser wäre noch gewesen, du hättest gesagt, ein Stier, dem man die Hoden mißt. Aber ernsthaft: Dieses Geschäft ist gar nicht so weit von dem der Viehhändler entfernt, wie es die Leute gerne hätten. Wenn ich einen mit einer unsichtbaren Macke einkaufe, ist viel Geld kaputt. Deshalb gilt der Vertrag erst, wenn du deine Inspektion hinter dir hast.«
»Hm. Sie sind Vieh- und Gebrauchtwagenhändler in einer Person.«

Holldorf hob sein Glas, und sein Lachen wurde verbindlicher, ging vom Dünnen in eine beinahe kumpelhafte Breite, die Pall guttat.
»Du darfst das nicht so eng sehen, Pall. Ich bin überzeugt davon, daß du durch jeden medizinischen Test gehst, und außerdem hast du einen anderen schon bestanden. Ich wollte auch deshalb allein mit dir reden, um zu sehen, wie du schaltest, wenn es nicht darum geht, etwas mit einem Ball anzufangen. Es gefällt mir, daß du mehr hast als das, was wir einmal Spielintelligenz nennen wollen.«
»Das Abitur hab ich nicht.«
»Wir stellen dich auch nicht ein, damit du uns eine Doktorarbeit über Fußball schreibst, oder?«
Pall grinste. »Da würde ich wohl dem Furtner ins Handwerk pfuschen, und ich habe gehört, daß das nicht ratsam ist.«
»Du hast schon einen ganz guten Durchblick, aber du wirst auch große Unterschiede feststellen zwischen dem, was in der Presse steht und was im Klub geschieht. Du kommst doch übrigens allein, ich meine, ohne Freundin?«
Die unvermittelte Frage ließ Pall stutzen.
»Reicht es nicht, wenn ihr meinen Körper untersucht? Muß auch noch mein Privatleben unters Mikroskop?«
Holldorf angelte nach einer neuen Zigarette, und seine Frage kam halb ernst, halb belustigt: »Wunder Punkt? Hast du keine oder vielleicht zu viele? So, wie du aussiehst, laufen sie nicht an dir vorbei wie an einer Vogelscheuche!«
»Stimmt sogar. Aber was Ernsthaftes ist nie gewesen. Ich meine, zusammenleben, wie es manche machen. Ich war nie von zu Hause weg. Aber es wird wohl langsam Zeit.«
»Es wird eine Umstellung sein.«
»Sicher, ich bin der einzige, und meine Mutter hat

alles für mich getan, aber sie hat nichts zu melden, und der Alte geht mir auf die Nerven.«

»Wundert mich nicht, Pall, aber geht mich nichts an. Wir werden dir erst mal eine kleine Wohnung beschaffen, und dann sieht man weiter. Und vergiß nicht, daß du mit allen Problemen zu mir kommen kannst.«

Pall suchte Holldorfs Augen, aber sie schauten auf die Uhr. Das hatte sicher seinen Grund, denn der Mann hatte viel zu tun. Aber gerne hätte er gewußt, ob es eine Floskel oder ein ehrliches Angebot war, das ihm jetzt wichtiger war als das Geld.

Was konnte Holldorf für ihn tun, wenn die Asse der Bavaria gegen ihn waren, wenn sie ihn nicht spielen ließen, wie er es bei der Viktoria gedurft hatte?

Was heißt, gedurft: Hier war er unheimlich schnell zum Chef geworden. Mit seinen lächerlichen Neunzehn. Unter braven Kickern hatte er den Taktstock geschwungen, und kein anderer war da, der ihn ihm aus der Hand reißen konnte. So einfach war das gewesen.

Aber jetzt kamen die Etablierten. Die Großen. Die Meister. Das ging ihm durch den Kopf, als ihm Holldorf die Hand reichte und sagte, er müsse wegen eines dringenden Termins zurück und würde ihn morgen anrufen wegen des Termins mit den Ärzten. Eine Formalität natürlich nur, und gleichzeitig würde er sich um seine Wohnung kümmern.

»Die Saison ist praktisch zu Ende, Pall, und am nächsten Ersten kannst du umziehen. Am zehnten Juni geht die Bavaria ins Trainingslager, aber wir sehen uns natürlich vorher.«

3

Zu Hause wich er dem Vater aus, der sich vor dem Fernseher betrank, weil das Millionending mit der Borussia geplatzt war. Wenn es nach ihm gegangen wäre, so hatte es die Mutter hundertmal hören müssen, hätte der Junge einen ganz anderen Schnitt gemacht. Zehntausend im Monat auf Anhieb, und man dürfte überhaupt nicht daran denken, was das ausmachte, wenn man es aufs Jahr umrechnete! Und den Tabakladen hätte er zumachen können, weil er den Jungen gemanagt hätte, von Klub zu Klub, weil man mit solchen Riesentalenten andere Geschäfte machen kann als mit blödsinnigen Zigarren. Beispiele gab es genug, aber dieser verdammte Holldorf hatte nicht nur den Jungen, sondern auch einen schwachsinnigen Präsidenten um die Hand gewikkelt.
Pallmann trank sich so viel Wut in den Bauch, bis er jeden Kopf am Bildschirm doppelt sah. Es war die tumbe und eunuchenhafte Reaktion, die zu ihm paßte.
Mit Bildern, die kaleidoskopartig zusammenfielen und sich sofort neu und scharf zusammensetzten, hatte es sein Sohn zu tun. Er lag im Bett und machte im diffusen Halbdunkel seinen Strich unter die Zeit der ersten Lehrphase eines Berufs, der anders als alle anderen war und erst jetzt anfing, ihn zu fordern. Die Zeit der ersten Versuche zog an ihm vorbei, die des katzenhaften Spielens, in der der Ball noch ein

Kobold ist, den tapsige Füße zu beherrschen suchen. Du merkst, daß sie nicht greifen können wie Hände und einen weiten Weg gehen müssen zur geschmeidigen Kraft, die dem Ball Kapriolen nehmen und geben kann.
Fünf mußte er damals gewesen sein. So früh hatte ihn der Vater mitgenommen zu den Spielen. Die Viktoria gewann oft auf eigenem Platz, und immer war der Vater sein Held.
Damals spielte er auch noch mit ihm, zwischen den Mauern des schmalen Hinterhofs und manchmal auch auf einer Wiese, und es war Palls glücklichste Zeit. Jene, in der du nur vom Vater lernst und an seine Allmacht glaubst.
Später, mit acht oder neun, begriff er, ohne die Zeitungen lesen zu müssen, daß der Vater keine große Karriere machte und schon vor seiner Knieverletzung häufig auf der Auswechselbank saß. Er sagte, es sei das Alter, und fluchte über den Trainer, und wenn er von den Spielen spätabends nach Hause kam, roch er nach Bier.
Als Pall in der B-Jugend spielte, nahm er sich vor, viel mehr über das Spiel zu lernen und wirklich Karriere zu machen. Die Schule fiel ihm leicht und ließ ihm die Zeit dazu, den Füßen, in denen er sein Handwerkszeug sah, Ziele zu setzen.
Da war der Tennisball, den Gleichaltrige schon mit dem Rackett über ein Netz zu schlagen begannen. Wie es sich gehörte.
Pall konnte ihn stundenlang gegen eine Mauer schlagen. Aber nicht mit den Händen, und er bemühte sich, auch den linken Fuß mitsprechen zu lassen, ihn gefühlvoller und geschmeidiger zu machen. Das war unbequem, nicht selten sah es linkisch aus.
Aber das koboldhafte und mit dem Fuß so schwer beherrschbare Bällchen zahlte zurück. Der große Ball auf dem Spielfeld war gutmütiger und nahm das

Lehrgeld an. Mit vierzehn schoß Pall beidfüßig Tore wie kein anderer, und sein Jugendtrainer, der vielleicht deshalb nicht Cheftrainer des Klubs wurde, weil er mit ehrlicher Selbsteinschätzung wußte, daß sich der Erfolg weder erzwingen noch erkaufen läßt, erklärte, er könne ihm nichts mehr beibringen.
Es war für Pall das erste große Lob, und es spornte ihn an, noch mehr Vollkommenheit zu suchen. Er suchte sie außerhalb des Trainingsbetriebs, wurde noch mehr zum Einzelgänger und ging mit steigendem Selbstvertrauen auf sein Ziel zu, während einer nach dem anderen absprang. Es kamen die Discos und die Mädchen, und es kamen Spiele, in denen er spürte, wie neben ihm in Burschen, die durchaus Talent gezeigt hatten, das Feuer ausging.
Und es gab den Blasebalg nicht, der es wieder entfacht hätte. Vielleicht war ihnen Fußball als Beruf auch nicht gut oder sicher genug.
Vielleicht kam Pall auch aus den tieferen sozialen Regionen, wo man die Schule nicht wechselt und durchs Fabriktor marschiert, weil es auch für den Vater und den Großvater keinen anderen Weg gegeben hat.
Sicher, der Vater hatte etwas begriffen. Aber nur halb. Der Fußball hatte ihn aus der Fabrik herausgeholt, doch es war Berufsfußball zweiter Klasse, der dir keine Rücklagen erlaubt, der dich nur nährt, solange du spielst. Der Tabakladen mit Spirituosen war eine lausige Mischung von Glücksfall und Pech für ihn. Er tat eben alles immer nur halb, und eine geregelte manuelle Arbeit wäre besser für ihn gewesen. Jetzt, mit Neunzehn, konnte Pall das beurteilen. Und er konnte auch beurteilen, daß dieses Berufsspielertum ein Eisberg war, bei dem man leicht einen kalten Hintern bekam, wenn man nicht hinaufkletterte zur Spitze.
Aber es kamen auch nur ein paar Prozent dahin. Im

Schnitt weniger als das, was die Banken zur Zeit für Festgeld bezahlten.

Darüber wußte er Bescheid, weil er eine kaufmännische Lehre angefangen hatte, und wenn er sie auch bald abgebrochen hatte - ganz so, wie es sein Vater mit allem getan hatte -, so hatte er immerhin das, was sein Beruf werden sollte, voll angepackt.

Da hatte er sich keine Vorwürfe zu machen, und es konnte keinen besseren Beweis dafür geben als das Interesse der Bavaria, die über ein Angebot hinausgegangen war, das sie gestern noch als unumstößlich bezeichnet hatte.

Er fing zu rechnen an, fing an, Prämien auf ein Gehalt zu schlagen, von dem kein Gleichaltriger träumen durfte und nicht einmal viele, die doppelt so alt waren und einen guten Beruf und Familie hatten.

Aber war das ein Beruf? Hatte die Bavaria nicht einfach einen Körper gekauft, der nichts anderes konnte, als ein bißchen besser mit einem Ball umzugehen als andere? Und der Wegwerfware war, unbrauchbarer Ausschuß, wenn er eine Macke bekam? Mit einem Wackelknie oder einer schwachen Achillesferse kannst du immer noch in die Fabrik, und einer, der studiert hat, kann in seinem Klubsessel am Schreibtisch sogar darüber lachen. Aber als Profi bist du ein ausrangierter Krüppel, der vielleicht nur einen Sommer getanzt hat.

Du kannst aber auch auf der Auswechselbank versauern. Nicht so wie der Alte, der nicht auf seinen Körper geachtet hatte. Lange vor seinem Knieschaden hatte ihn das Bier kurzatmig gemacht, aber das war eigene Dummheit. Bei der Bavaria kannst du dir auf der Bank Schwielen am Hintern holen, weil Bessere da sind. Oder wenn du dem Furtner nicht gefällst. Sie sagen, daß er sich gegen Trainer und Manager durchsetzt, obwohl der Holldorf bestimmt keiner dieser windigen Typen ist, die vor den Stars

buckeln und sie hinter ihrem Rücken beim Präsidenten anschwärzen. Ist schließlich selber einer gewesen.
Aber er kaufte keine Katzen im Sack. Pall überlegte, ob die ärztliche Untersuchung noch eine Hürde sein könnte, und dann schlief er ein, als ob ihm sein Körper zeigen wollte, daß Verlaß auf ihn war.

Die Mutter weckte ihn mit der Zeitung. »Es steht schon alles drin, Walter.«
Aber er hatte keine Zeit zum Lesen. Das Telefon bimmelte, und in der Muschel schepperte die verärgerte Stimme des Sportredakteurs der ›Stimme‹.
»Warum hast du uns nicht angerufen, Pall? Der ganze Mist ist am Abend über Agentur gelaufen, aber ich war auswärts, und die Deppen haben alles kommentarlos ins Blatt genommen. Aber für uns ist das ein Aufmacher, begreifst du das nicht?«
»Entschuldige«, sagte Pall und rieb sich den Schlaf aus den Augen. »Ich habe es einfach vergessen. War ein verrücktes Wochenende, verstehst du?«
»Scheiße war's, wenn du mich fragst! Jetzt muß ich nachziehen und brauche Einzelheiten. Leg los, ich bin bereit.«
Was Pall sagte, war viel weniger dramatisch als der Aufmacher, der daraus entstand, aber wenn einer aus der kleinen Stadt zur Bavaria ging, mußte die Lokalzeitung eine Breitseite abschießen.
Erst später, als er ins Visier der Boulevardblätter der großen Stadt kam, begriff Pall, daß man mit Zeitungen noch ganz andere Sachen anstellen kann.
Um zehn rief Holldorf an und bestellte ihn für Mittwoch zur Untersuchung. Sie haben's eilig, dachte Pall und meldete sich bei seinem Präsidenten an.
Der Empfang war jovial, und der Dicke mit den beiden Brillanten an den Wurstfingern sprach ölig und verdrehte die Glubschaugen, als ob er ein großes

persönliches Opfer zu Palls Wohl gebracht hätte. Noch gönnerhafter als damals, als es um eine Gehaltsaufbesserung gegangen war, saß er hinter seinem massigen Schreibtisch und rief durch die offene Vorzimmertür, ob der Sekt schon kalt gestellt sei. Bis der kam, zündete er sich eine Zigarre an, drückte auf einen Knopf an der Sprechanlage und verbat sich Störungen.

Er macht es filmreif, dachte Pall, als die Sekretärin die Gläser füllte. Und dann kam das, was für den Präsidenten Menschlichkeit in schönster Vollendung war.

»Du bist in meinem Klub groß geworden, Pall. So groß, daß er jetzt zu klein für dich wird.« Und dann, mit Blick nach oben und einem leisen Seufzer: »Ja, so ist der Lauf der Dinge. Wenn du ein Talent geformt hast, kommen die Großen zum Absahnen. Sie säen nicht, aber sie ernten. Was soll ich machen? Soll ich ein Unmensch sein, der dir eine solche Chance verbaut?«

Gleich, dachte Pall, wird er mir noch erzählen, daß er mir mit seinen Plattfüßen Fußball beigebracht hat. Aber er war nicht zum Streiten aufgelegt, und das Klirren der Gläser beschwingte ihn mehr als ihr Inhalt. Es war billiger Sekt, wie ihn auch sein Alter im Laden hatte. Für Leute, mit denen er Geschäfte abschloß, hatte der Dicke bessere Flaschen. Er verstand es, sich Anlässen anzupassen.

Dabei war dies kein schlechtes Geschäft. Achthunderttausend waren für die Viktoria mehr als ein warmer Regen, und immerhin hatte er, der Mittelfeldspieler Pallmann, schlaflose Nächte des Präsidenten mit einem Tor beendet, das die Viktoria vor dem Abstieg bewahrte. Und was für ein Tor! Von Kiel bis Konstanz wurde darüber geredet.

Aber der Dicke redete von sich.

»Hast du die Zeitung gelesen?«

Pall nickte. »Ich habe mich gewundert, daß es schon drinstand, und ich habe mich schon in aller Frühe von unserem Käseblatt anmachen lassen müssen, weil sie keine Exklusivstory von mir gekriegt haben.«
Der Präsident schenkte nach und verzog Glubschaugen und Mund zu einem breiten Grinsen. »Solche Dinge, Pall, darf man nicht im engen regionalen Rahmen sehen. Was hätte mir die schönste Story in unserem Blättchen genützt? Hier kennt mich eh jeder, weil meine Fabrik die halbe Stadt ernährt, aber ein Transfer wie dieser muß Musik im ganzen Land machen, verstehst du?«
Er verstand sehr wohl. Präsidenten von Vereinen der Zweiten Liga, die auch noch vom Abstieg bedroht sind, backen in der großen Presse kleine Brötchen. Sie träumen wie Linienrichter, die einmal in ihrem Leben interviewt werden wollen.
»Ich habe«, fuhr der Dicke mit strotzender Selbstgefälligkeit fort, »dpa angerufen. Es ist unsere größte Nachrichtenagentur, und sie bedient alles, vom kleinsten Käseblatt bis zur größten Zeitung. Und natürlich auch den Sportinformationsdienst. Präsidenten, mein Lieber, sind nicht bloß Penner, wie ihr Spieler gerne glaubt!«
»Man hat es gemerkt.«
In Palls Lächeln lag Anzüglichkeit, denn die Zeitungsmeldung hatte nicht versäumt, die Großherzigkeit des Viktoria-Präsidenten herauszustreichen. Hatte er nicht höhere Angebote ausgeschlagen, um den Wunsch seines Jungstars zu erfüllen, den es zur Bavaria zog?
Aber der Dicke sah nicht das Blinken in Palls Augen. Er blickte hinauf zu den Gardinen, als ob sie vor dem Eingang zum Paradies hingen, den er soeben einem Burschen geöffnet hatte, der ihm eigentlich alles verdankte, was er war.

Gleich, dachte Pall, wird mich dieser sanfte Buddha mit seinen Wurstfingern streicheln.
Laut aber sprach er seinen Dank aus für das Verständnis seines Präsidenten und fügte hinzu, daß er die schöne Zeit bei der Viktoria nie vergessen werde.
Der Dicke wurde plötzlich geheimnisvoll und stieß Rauch aus, als ob er sich einnebeln wollte.
»Du bist nicht unsere einzige Schlagzeile zum Saisonschluß, Pall. Ich habe noch ein Bömbchen auf Lager, und mit den Achthunderttausend, die jetzt hereinkommen, kann ich mir's leisten.«
»Ein neuer Spieler?«
Die Wurstfinger winkten ab. »Ein Trainer, Junge, und was für einer! Aber die Sache ist noch am Kochen. Ich kann noch nichts rausrücken, aber du wirst staunen. Alle werden staunen!«
Pall verkniff sich eine Antwort. Sie lag ihm auf der Zunge, aber warum sollte er am Luftschloß des Dikken rütteln? Immer, wenn eine Saison zu Ende ging, baute er Luftschlösser für die nächste, und er war jetzt schon lange genug dabei, um zu wissen, wie schnell sie sich auflösten. Was die Viktoria brauchte, war kein neuer Trainer, sondern drei oder vier Spieler für hinten, in der Mitte und vorne. Überall gab es Löcher und Unzuverlässigkeit, Spieler, die zu alt waren und nur noch absahnen wollten, oder einfach brave Amateure, die nichts im bezahlten Fußball zu suchen hatten. Das und nichts anderes war es, was beinahe zum Abstieg geführt hätte. Zwischen Flaschen hatte er sich die Hacken abgelaufen, und nun sollte ein neuer Trainer Klasse in Flaschen füllen, die zum Wegwerfen waren. Ich gehe, dachte Pall, zum rechten Zeitpunkt.
Aber er sagte nur: »Ich wünsche Ihnen viel Glück.«
Die Wurstfinger kamen über den Tisch und griffen nach Palls Hand, die teigige, feuchte Wärme fühlte.
»Ich kann's brauchen, Junge. Jeder braucht's in die-

sem verrückten Geschäft. Auch du. Sieh zu, daß du's packst bei der Bavaria. Die Stammplätze sind dort rarer!«
»Ich weiß«, sagte Pall und stand auf, den Händedruck als Abschied betrachtend. Er war auch so gedacht.
»Wir sehen uns noch«, schnaufte der Dicke und drückte mit dem Zeigefinger auf einen Knopf seiner Sprechanlage. »Leider habe ich noch ein bißchen mehr am Hals als den Verein.«

4

Fünf Wochen später, es war schon Juli, begann die neue Saison für Pall im Trainingslager des FC Bavaria. Er reiste mit leichtem Gepäck, und alles ließ sich im Auto verstauen. Zurück blieb auch das Mädchen, das sich vage Hoffnungen gemacht hatte, mitgenommen zu werden. Er hatte viel vor, und die Schlußstriche, die er zog, waren dick.

Eine neue Saison hat auch bei der Bavaria viel Ähnlichkeit mit dem Schulbeginn nach den großen Ferien. Die Spieler kommen mit der Bräune eines kurzen Sommers, neuen Leistungsdruck verspürend und ihn dennoch wegschiebend von sich, Schonfrist beanspruchend.

Aber sie ist kurz, und sie begreifen es auch, weil ihre hohen Gehälter hereingespielt werden müssen. Wer beide Hände aufhält für die Taler wie sie, kann nicht lange Ferien machen, sondern muß seinem inneren Schweinehund Urlaub geben.

Pall fand das, was man ihm zuerst abforderte, gar nicht so ärgerlich wie die meisten. Er hatte in seinem kurzen Urlaub ganz allein trainiert und mehr Wert auf Fitneß gelegt als in allen Pausen zuvor, weil er sich dadurch insgeheim körperliche Vorteile gegenüber denen erhoffte, die ihm im Metier alles voraushatten.

Das Konditionstraining der ersten Tage bestätigte es. Er absolvierte es spielerisch, während andere fluchten und schnauften und mit profihaften Tricks

den Waldlauf langsamer und den Liegestütz bequemer machten.
Aber der Trainer war weder Feldwebel noch Turnvater Jahn. Er übersah manchen Trick und hatte sich außerdem einem Prinzip des Managers anzupassen, der auch von der Vorbereitungszeit Gewinn forderte, auch wenn er vergleichsweise bescheiden war. Er organisierte ›Bauernspiele‹. Man fuhr, statt sich im Trainingslager gewinnlos abzustrampeln, zu kleinen Vereinen aufs Land, haute ihnen das Minimum von einem halben Dutzend Treffern in den Kasten und nahm außer Spielpraxis noch einen hübschen Batzen Geld mit.
Es war wie ein Einfahren mit niedriger Tourenzahl, und es gefiel Pall nicht schlecht. Die Gegner waren schwach und nur selten rauhbeinig, weil man den Meister nicht zusammentreten, sondern von ihm lernen wollte. Und Pall lernte, daß sich sogar Training vermarkten ließ. Sie waren wie Artisten, die sich das Üben bezahlen lassen.
Die meisten wenigstens. Er begriff die Hackordnung schnell, reihte sich, wenn es Mannschaftskoffer zu tragen gab, bei den Ersatzspielern ein und leistete sich eigentlich nur beim Spiel ein Gefühl der Zugehörigkeit.
Es war eine Mischung von Lampenfieber und Berechnung. Wenn es ihn bei einem dieser Bauernspiele juckte, einen tapsigen Angreifer zu düpieren, ihn naßzumachen, wie es im Jargon hieß, zähmte er die Lust zum Solo zugunsten eines Passes, der das Spiel in Fluß hielt oder einem anderen die Gasse öffnete.
Außerdem war da die Sache mit der Raumdeckung. Schnell merkte er, daß sie nicht das Steckenpferd des Trainers, sondern das von Furtner war. Er lief wenig bei diesen Bauernspielen, wollte aber im Mittelfeld alle Fäden in der Hand haben. Um sich herum

brauchte er wuselnde Löcherstopfer, und bei den schwachen Gegnern lief das auch häufig mit verblüffender Leichtigkeit, weil es keine Kunst war, den Raum abzuschirmen und Gassen zu öffnen. Schließlich konnten sie alle kicken. Ihr technisches und taktisches Rüstzeug war dem der Amateure hoch überlegen.

Oft wechselte der Trainer aus. Pall saß mindestens so häufig auf der Bank, wie er spielte, aber einmal schoß er drei Tore bei einem 8:1, obwohl er ja zum Konstruktionsbüro des Mittelfelds gehörte.

Ein schwieriges Tor war dabei. Nicht gerade von der Brillanz des Treffers, der dreimal in Zeitlupe über die Bildschirme geflimmert war, aber eines, das jenen Kometenschweif von Witz und Wucht hinter sich herzog, den man auch bei mäßiger Gegenwehr beachtet.

Furtner hatte ihm auf die Schulter geklopft und ihm nach dem Essen einen Spaziergang vorgeschlagen.

Pall war überrascht. Bis jetzt hatte er keine drei Sätze mit ihm gewechselt und ihm ganz zweifellos mit Absicht gezeigt, wo sein Platz in der Hackordnung war. Hochdienen beim Meister war nicht beleidigend, sondern logisch.

Sie schlenderten in ihren Trainingsanzügen unter alten Bäumen durch den gepflegten Park des Sporthotels und zu Palls Überraschung durchs schmiedeeiserne Tor hinaus zum See, der wie ein silberner Spiegel in der Dämmerung glänzte. Am Steg war der letzte Dampfer der kleinen weißen Flotte fertig zum Ablegen, und ein paar Mädchen setzten sich in Trab, um ihn noch zu erreichen. Wie Enten kamen sie Pall mit ihrem Geschnatter und ihren fliegenden weißen Röcken vor.

Er wunderte sich, daß Furtner zum See ging, weil um diese Zeit keiner mehr die Umzäunung verlassen durfte. Denn der tiefere Sinn eines Trainingslagers ist Konzentration auf die Arbeit und Abkapselung vor Verlockungen.

Es hat viel Ähnlichkeit mit Kasernierung, dachte Pall, und um so mehr wunderte er sich über Furtners Lässigkeit, die ihm wie ein Ausbruch vorkam.

Er sagte es ihm, als der Kies der Uferpromenade unter den Gummisohlen ihrer Sportschuhe knirschte.

Furtners Lachen hatte den milden Anflug von Überheblichkeit, die Pall schon beim Training aufgefallen war. Anordnungen, das spürte er fast körperlich, waren Reizstoff für den Bärtigen, der einen flachen Kieselstein aufhob und ihn mit so geschicktem Effet auf den See hinausschleuderte, daß er ein Dutzend Mal übers Wasser hüpfte, ehe er versank.

»Hat er nicht schön getanzt? Normalerweise geht ein Stein unter, wenn er ins Wasser fällt. Wenn du ihn aber richtig in die Hand nimmst, kann er's weit bringen. Verstehst du, was ich meine?«

»Ich glaube schon«, sagte Pall. »Du willst sagen, daß es immer darauf ankommt, wie man eine Sache anpackt.«

»Nicht schlecht, Junge. Wir haben Leute in der Mannschaft, die das nicht begriffen hätten, obwohl wir Meister geworden sind.«

»Hm. Worauf willst du hinaus?«

»Ich will dir sagen, daß du Durchblick hast, auch wenn du noch nicht alles begreifen kannst, was in einer Mannschaft wie der Bavaria vorgeht. Bis jetzt hast du vielleicht gedacht, es geht alles ganz leicht, und es ist gar kein so großer Sprung. Aber wir haben bloß Jux gehabt und ein paar Bauernspiele gemacht, bei denen wir auch meine Großmutter ins Tor hätten stellen können. Wenn's ernst wird, sind viele von uns gar nicht so locker, wie du vielleicht denkst, weil wir zum Erfolg verdammt sind.«

»Das«, sagte Pall, »habe ich schon von Holldorf gehört.«
Sie setzten sich auf eine Bank am Ufer, und der leichte Dunst, der über dem Wasser lag, verfärbte die Lichter der Häuser auf der anderen Seite zu mattem Gelb. Von einem Seefest wehte Musik herüber.
»Ich habe dich erst eine Weile beobachten wollen«, fuhr Furtner fort, »ehe ich mit dir rede. Du hast dich nicht in den Vordergrund spielen wollen, bist vorsichtig gewesen, um keinen zu reizen, stimmt's?«
»Es stimmt«, sagte Pall. »Und du brauchst nicht lange zu raten, wen ich nicht reizen wollte.«
Der andere lachte, aber das war es nicht, was Pall überraschte, sondern das seltsam helle Glucksen.
»Natürlich haben sie dir gesagt, daß du dich vor mir in acht nehmen sollst. Jedem sagen sie das, und bald wird es noch in den Verträgen stehen. Aber ich will dir mal was sagen: Wenn es in einer Mannschaft keinen gibt, der Reibereien provoziert und gleichzeitig beweist, daß er das Recht dazu hat, kannst du den Haufen vergessen. Da bewegt sich nichts, wenn du begreifst, was ich meine. Es genügt nicht, wenn jeder brav etwas herunterspult, was er sein Pensum nennt. Nur ein Reizklima fordert die Gruppe zur Höchstleistung, und es wird da sein, solange ich da bin.«
So etwas hatte Pall noch nicht gehört, aber er begriff unterschwellig, daß es Sinn hatte, obwohl er die Arroganz nicht überhörte.
»Die meisten Trainer«, fuhr Furtner fort, »sind hochbezahlte Armleuchter. Und ich weiß, wovon ich rede. Ich bin zwölf Jahre älter als du, und das ist ein komplettes Berufsleben, wenn du an die Kurzlebigkeit einer sportlichen Karriere denkst. Ich bin dreimal deutscher Meister und auch Weltmeister mit der Nationalmannschaft geworden, und von den Europapokalen wollen wir gar nicht reden. Und als ich alles geholt hatte, was drin ist, habe ich mich mit den

Funktionären angelegt, weil ich die Reiberei brauche und ihnen beweisen wollte, daß ohne sie vieles geht, aber ohne uns nichts. Verstehst du?«

»Ich glaube schon«, sagte Pall. »Und sie haben dich in die Nationalmannschaft zurückgeholt, obwohl du sie in die Pfanne gehauen hast.«

Wieder kam das glucksende Lachen. »Siehst du, das ist es. In unserem Beruf kannst du dir mit Leistung Sachen erlauben, die in keinem anderen laufen. Wenn du bei der Behörde oder in der Industrie deinen Vorgesetzten spüren läßt, daß du besser als er bist, ist es das sicherste Mittel, deine Beförderung zu verhindern. Aber im Leistungssport gibt es noch natürliche Möglichkeiten, Beweise zu führen, gegen die keiner anstinken kann. Ich habe das begriffen und danach gehandelt.«

Pall nickte und merkte nicht, daß es der andere kaum sehen konnte, weil violettschwarze Wolkenfetzen den Mond überzogen und dem See seinen silbernen Glanz nahmen. Wie ein riesiger dunkler Teppich lag er zwischen den Lichtern, die das andere Ufer jetzt in eine Perlenkette verwandelten und mit bizarren Kurven über den Berg kletterten.

»Warum sagst du nichts?«

»Entschuldige. Ich habe gerade an meinen Vater gedacht, der das nicht begriffen und auch nicht danach gehandelt hat. Er ist auch ein Profi gewesen. Aber ein kleiner.«

»Weiß ich. Ich habe mir alles von Holldorf erzählen lassen, weil ich wissen muß, wer kommt. Wir müssen sorgfältiger einkaufen als die Hasardeure, die sich jedes Jahr wundern, warum's nicht klappt.«

Er machte eine Pause, legte die Arme über die Lehne der Bank und trommelte mit den Fingerspitzen aufs Holz.

»Was glaubst du, warum ich hier mit dir sitze?«

»Ich habe mich auch ein bißchen gewundert. Der

große Furtner und der kleine Pallmann. Nach dem, was man so über dich liest, gibst du dich ja nicht mit Kleinigkeiten ab.«

»Schmarrn.« Furtners Handflächen gingen von der Banklehne hoch, als ob sie Papier ins Wasser streuen wollten. »Zeitungen wollen gefüttert sein wie Schwäne, das wirst du bald merken. Es ist nicht wie draußen in der Provinz, wo du wahrscheinlich einen Hofberichterstatter gehabt hast und sonst nichts. Wir haben drei Boulevardzeitungen in der Stadt, und du kannst keinen Furz lassen, ohne daß er registriert wird.«

»Aber manchmal«, sagte Pall grinsend, »scheinst du auch Wert darauf zu legen.«

»Klar. Die Presse ist ein gutes Klavier. Aber nicht jeder lernt drauf zu spielen.«

»Also nichts für mich?«

»Noch nicht, meine ich. Du kannst da was lernen von mir, aber das ist nicht der Grund, warum wir hier sitzen. Ich habe dich bei den Bauernspielen beobachtet und gesehen, daß du was kannst, aber du darfst dir nicht einbilden, es wären Maßstäbe gewesen.«

»Tu ich auch nicht.«

Und dann kam, so unvermittelt, als ob ihm der See eine Fontäne ins Gesicht spritzte, die Frage an Pall:

»Willst du Mittelstürmer spielen?«

Brüsk wandte er den Kopf vom Wasser ab, aber er fand Furtners Augen nicht, die einen Punkt am anderen Ufer zu orten schienen.

»Mittelstürmer, ich?«

»Natürlich. Du bist ja nicht taub, und wenn du so clever bist, wie ich hoffe, begreifst du auch, warum wir das hier draußen besprechen und nicht dort.«

Er zog den Daumen in Richtung Hotel über seine Schulter.

»Na ja. Ich komme aus dem offensiven Mittelfeld

und kann auch Tore machen, aber ein Mittelstürmer bin ich nicht.«
»Du meinst, wegen der Größe? Nie etwas von Gerd Müller oder Uwe Seeler gehört? Wie groß bist du überhaupt?«
»Einssechsundsiebzig.«
»Dann bist du größer als die beiden. Unser Langer ist einsfünfundachtzig, und was glaubst du, wozu er seine Storchenbeine hat? Zum Stolpern, sag ich dir!«
»Immerhin hat er, glaube ich, fünfzehn Tore in der letzten Saison gemacht.«
Furtner hob die Handflächen, wie einer, der etwas abwiegt und zu leicht befindet.
»Und wer zählt die, die er nicht gemacht hat? Ich meine, die, bei denen man nicht bloß hochspringt und den Kopf hinhält, verstehst du? Der Kopf hat auch noch eine Innenseite!«
Wieder suchte Pall Furtners Augen und fand sie nicht. »Jetzt brauchst du ihn bloß noch als Blödmann hinzustellen. Er hat sein Abitur, und ich bin mit fünfzehn aus der Schule gekommen.«
»Es kommt«, brummte Furtner, »nicht darauf an, was in einen Kopf hineingetrichtert worden ist, sondern was er für dieses Spiel taugt, mit dem wir unser Geld verdienen. Das ist ein gewaltiger Unterschied, der dir auch noch aufgehen wird. Es gibt, sagen wir, eine natürliche Spielintelligenz, die mit Bildung und überhaupt mit allem, was du intellektuellen Besitzstand oder Gehabe nennen kannst, nicht das geringste zu tun hat.«
Er kann den Tönes nicht leiden, dachte Pall. Laut aber sagte er: »Er ist kein Blödmann, und er ist Mittelstürmer des Deutschen Meisters.«
»Ein Antifußballer ist er«, knurrte Furtner, »und überhaupt kannst du mir den Buckel runterrutschen, wenn du glaubst, ich haue mir eine halbe Nacht um die Ohren, um mit einem Grünschnabel über Dinge

zu streiten, die er nicht versteht! Ich habe dir den Weg zeigen wollen, der dich zum Stammspieler führt!« Und nach einer kleinen Pause, die er für wirkungsvoll und nötig hielt: »Vielleicht hast du schon davon gehört, daß die Wege über mich führen.«

Pall spürte, daß es eher eine Feststellung als eine Frage war, und er spürte auch, daß er es mit der ersten Herausforderung seiner jungen Karriere zu tun hatte, die nicht vom Spielfeld, sondern aus der Kulisse heraus kam.

Er suchte eine Antwort, aber der andere erwartete keine. Er blickte auf die Uhr und stand auf.

»Schluß jetzt. Laß dir das alles mal durch den Kopf gehen, und dann reden wir weiter. Für ein Greenhorn bist du lange genug aus dem hübschen Lager gewesen, in dem eine neue Meistermannschaft gepflanzt werden soll.«

Er redet, dachte Pall, als ob Trainingslager ein lächerlicher Krampf und Trainer Deppen wären.

Vom Kirchturm auf der anderen Seite des Sees schlug es Mitternacht, und in der leeren Halle des Hotels blinzelte sie der Nachtportier mit kleinen Augen an, in denen Pall zu erkennen glaubte, daß Furtners Sonderrechte abgesichert waren.

Fast eine Stunde noch lag er wach. Mußte er zum Duell mit dem Mittelstürmer Tönes antreten, oder war er von der Bavaria als Mittelfeldspieler geholt worden, wie es der Logik und auch den Vertragsverhandlungen entsprach?

Sicher, man wird, wenn man einmal vom Torhüter oder von jenen Abwehrspielern absieht, die als Rasenmäher geboren werden und im eigenen Angriff nur hinderlich sind, nicht in eine feste Position hineinzementiert. Im modernen Fußball muß jeder in die Haut des anderen schlüpfen können. Zumindest

in einer großen Mannschaft. Und der FC Bavaria war eine.
Aber ein paar Tage reichten nicht, um die Mechanismen zu erfassen, die die Mannschaft funktionieren ließen. Daß sie ihre Hackordnung hatte wie jede Gruppe, die Erfolg sucht, war ebenso klar wie die Sonderstellung Furtners. Der Trainer behandelte ihn wie ein rohes Ei, und wenn das Thema am Tisch knifflig wurde, flogen zuerst schielende Blicke zu ihm, und man spürte, daß er sie erwartete.
Aber warum war die Sache mit Tönes von Furtner gekommen und nicht vom Trainer? Warum sollte er, Walter Pallmann, Neuling im großen Fußballgeschäft, sozusagen von hinten in ein Feuer geschickt werden, das ihm gefährlich schien?
Wenn man eines dieser Mannschaftsfotos nahm, die die Engländer schon vor hundert Jahren machten und die immer gleich aussehen, weil sie in der ersten Reihe knien und in der zweiten die Arme auf der Brust verschränken, sah jedes Kind, wer der Mittelstürmer war. Dieser Tönes war der geschnitzte Athlet fürs Angriffszentrum. Und einer von denen, die beim Hochspringen Ellenbogenstöße in die Rippen wegstecken wie Streichelpfötchen. Pall hatte im Fernsehen Tore von ihm gesehen, die auch mit Äxten und Brechstangen nicht verhindert worden wären.
Sicher, von Eleganz war nichts zu spüren. Die Beine hatten zu lange Hebel, und was einst bei Gerd Müller ein wirbelnder Tanz war, der ihn aussehen ließ wie eine hüpfende Billardkugel, war beim langen Tönes ein Gestakse auf Stelzen, das die Galerie oft genug höhnen ließ. Nur wenn sie Tore machen, entgehen solche Typen dem Spott des Publikums, das die Bavaria anspruchsvoll gemacht hat.
Pall dachte anders. Unterschwellig bewunderte er Intelligenz und Energie eines Spielers, der seine

Grenzen kannte und sie dennoch bei jeder Gelegenheit zu sprengen versuchte. Ihm imponierte das mehr als die Berufsauffassung jener, die profitlich ihr Talent nützten, ohne es mit der gleichen Energie zu fordern. Er war fest gewillt, alles aus dem Talent, das ihm gegeben war, herauszuholen, aber die unerwartete Herausforderung Furtners irritierte ihn.
Warum sollte er Tönes verdrängen, einen, der keinen anderen Platz in der Mannschaft hatte als den des Mittelstürmers?
Es gab nichts anderes für ihn. Er war ein Vollstrekker, der am Spiel erst teilnahm, wenn die Vorbereitung für den krönenden Abschluß gediehen war, wie sie es in den Zeitungen nannten.
Furtner wußte es. Mußte es wissen. So, wie er wissen mußte, daß die Bavaria keinen Pallmann holte, um eine Bombe zu zünden, die Tönes hochgehen ließ. Neunzehnjährige, hatte Holldorf gesagt, werden bei uns behutsam aufgebaut und tragen erst mal die Koffer.
Er hatte es begriffen und auch nicht durch die große Pforte in die Mannschaft eintreten wollen, deren Stärke es seit vielen Jahren war, sich nur ein Minimum von Schwächen zu leisten. Und seit Furtner zurück war, sprach man von einer noch besseren Koordination der Kräfte.
Kurz bevor er einschlief, kam Pall noch ein anderer Gedanke, aber es gelang ihm nicht, ihn auszuspinnen. Hatte er bei der Viktoria nicht auch Macht gehabt? Nicht die Macht eines Furtner wohl, aber doch genug, um anonymes Schuften im Mittelfeld anderen zu überlassen. Man hatte die konstruktive Seite seines Spiels gelobt und es für legitim gehalten, ihm undankbare Schwerarbeit zu ersparen. Aber es war keine große Kunst gewesen, in einem bescheidenen Mittelfeld zu glänzen, und wenn er darüber nachdachte, welche Ansprüche Furtner an die Männer

stellte, die er um sich gruppierte, geriet seine Idee, ihn ins Angriffszentrum zu schicken, in ein anderes Licht.
Irgendwo hatte er einmal etwas von der Eigenpflege gelesen, mit der Stars ihre Positionen schützen, doch die Gedanken fingen an, sich zu drehen, und versanken in einem Schlaf, der tief und ruhig war.
Am nächsten Morgen, als sie vor dem Frühstück am See entlangliefen, trottete Furtner weit hinter ihm her, und auch den ganzen Tag über richtete er kein Wort an ihn.

Dafür kam Tönes. Er kam nach dem Balltraining, daß das Morgenprogramm beendete, und es war noch eine gute Stunde bis zum Mittagessen. Pall fand das Programm recht locker. Es war, als ob es den Leistungszwang verdrängen sollte, der hinter allem stand.
»Du warst heute nacht mit dem Furtner weg.«
Pall nickte und wunderte sich. Er hatte mit keinem darüber gesprochen, und Furtner konnte es ihm doch auch nicht gesagt haben.
Die Augen des Langen schickten ein dünnes Lächeln zu ihm herunter, in dem leise Ironie, aber kein Ärger stand. »So ein Hotel ist nicht taubstumm und blind, und einer wie ich muß aufpassen, was läuft.«
»Das verstehe ich nicht.«
»Du mußt noch viel lernen. Wir sind keine Mannschaft wie jede andere.«
Er zog ihn zum Uferweg hinunter wie gestern der andere, aber sie setzten sich nicht auf die Bank.
»Er hat dir den Mittelstürmerposten angeboten.«
Es klang nicht wie eine Frage. Tönes stellte fest. Und nach einer kleinen Pause, in der er gar keine Antwort erwartete: »Ich habe es gewußt. Er will zwei Fliegen mit einer Klappe fangen.«
Pall dachte an das, was ihm beim Einschlafen durch

den Kopf gegangen war. Er war hellwach. Und mit der Vorsicht des Neulings, der sich leicht die Zunge verbrennen kann, sagte er: »Du kannst in vielem recht haben, aber ich glaube nicht, daß er an falschen Fäden ziehen will. Die Meisterschaft will er halt verteidigen.«

»Weißt du auch, daß er dich verheizen kann?«

Die Frage kam schroff, und als ob er sie bedauerte, schob Tönes nach: »Glaub ja nicht, daß ich dir Probleme aufladen will. Die kriegst du früh genug. Beispielsweise als Raumdecker neben ihm. Das Geheimnis seines Erfolges ist es nämlich, daß er den zweiten Libero spielt. Dazu braucht er Arbeitsbienen um sich, und wenn ich es recht sehe, sind deine Vorstellungen ein bißchen anders. Stimmt's?«

Will er, dachte Pall, etwas aus mir herauskitzeln, daß er beim Furtner über mich stänkern kann, oder meint er's ehrlich?

Er beschloß, diplomatisch zu bleiben. Ein Kampf mit Tönes mochte angehen; einer mit Furtner war aussichtslos.

»Wo ich herkomme«, sagte er, »habe ich selber bestimmen können, was und wie ich spiele. Aber es ist logisch, daß ich bei euch zurückstecke.«

»Du weichst mir aus, weil du mich nicht kennst. Aber daß ich nicht zu Furtners Spitzeln gehöre, solltest du eigentlich jetzt schon wissen.«

»Du hast recht. Und ich habe dich auch verteidigt, wenn du's genau wissen willst.«

»Nett von dir.« Der Lange lachte und klopfte ihm auf die Schulter. Aber das Lachen blieb an den Mundwinkeln hängen, als er fortfuhr: »Einer wie du kann mich bei dem noch nicht verteidigen. Überhaupt keiner kann's. Ich bin der isolierteste Mann im Team.«

»Aber ich will dich nicht von deinem Platz verdrängen.«

»Ich glaub's dir, aber ich habe das verdammt sichere Gefühl, daß du demnächst auf ihm stehen wirst.«
Pall deutete auf eine Bank an der Uferpromenade. »Wir haben noch ein bißchen Zeit, meinst du nicht? Gestern Furtner, heute du; langsam fange ich an, mir wichtig vorzukommen.«
Sie schlenderten zur Bank und sahen dem kleinen weißen Dampfer zu, der in einer langgezogenen Kurve zum Anlegesteg schaukelte. Die Sonne stand schon hoch, aber über dem anderen Ufer lag immer noch der Dunst des Frühsommermorgens.
»Ich muß dich«, sagte Tönes, »auf andere Weise wichtig nehmen als Furtner. Wenn er mich auf die Bank bringen will, ist es ihm scheißegal, ob du ihm erklärst, du seist kein Mittelstürmer. Er wird dir sagen, daß es kleinere gegeben hat und ein paar Kopfballtore von einem langen Lulatsch noch lange nichts bedeuten.«
»Stimmt ziemlich genau. Aber es ist nicht mein Spiel, vorne drinzustehen und zu warten.«
Tönes schnaubte durch die große Nase. »Drinstehen und warten ist natürlich auch ein blödes Geschwätz. Schau mal rein, vorne in der Bundesliga, wenn dich Libero und Vorstopper einklemmen! Oder besser gleich übermorgen, wenn wir in Mailand gegen Inter spielen. Bevor du den ersten Ball am Fuß spürst, hast du zehn Ellenbogenstöße in den Rippen, und der Schiedsrichter hat keinen davon gesehen! Das ist das einzige, worauf du mit Sicherheit warten kannst!«
»Du glaubst doch nicht im Ernst, daß ich in Mailand Mittelstürmer spielen soll?«
»Und warum nicht, bitte? Sicher, du bist erst neunzehn und hast noch nie in einem Vulkan wie San Siro gespielt, aber das Märchen vom vorsichtigen Heranführen an größere Aufgaben mußt du dir aus dem Kopf schlagen. Die schmeißen dich ins kalte Wasser

wie einen jungen Hund, und du darfst froh sein, daß es nicht daheim im Olympiastadion passiert! Dort kannst du, wenn du Pech hast, ein Pfeifkonzert kassieren, das dich ein Vierteljahr zurückwirft!«
»Aber man könnte«, sagte Pall mit einem Anflug von Trotz, »auch Glück haben.«
»Richtig. Und dann verlangen sie im nächsten Vierteljahr bloß Wunder von dir. Den Traum vom grandiosen und problemlosen Einstieg solltest du lieber gleich begraben.«
Pall schaute zu, wie die Leute am Dampfersteg aus- und einstiegen, und gab keine Antwort. Ging es eigentlich um seine eigene Position, die noch unklar war, oder um die des Langen, die offenbar wackelte? Tönes schien seine Gedanken zu ahnen. Seine Hand ging, wie gestern die Furtners, zu Palls Schulter. »Glaub ja nicht, ich wollte mit dir um meinen Platz kämpfen. Mein Vertrag läuft am Ende der Saison aus, und ich habe noch ein paar hübsche Jahre in Klubs vor mir, die ich mir aussuchen kann. Ich bin kein eleganter Mittelstürmer, aber ich mache Tore, die andere nicht machen. In einer Zeit, in der Mittelstürmer eher abgeschlachtet als gezüchtet werden, sind das Referenzen. Und noch etwas, Kleiner: Wenn du Probleme hast, kannst du immer zu mir kommen. Ich habe da meine Hausmittel.«
»Wie meinst du das?«
Der Lange lachte, und diesmal lachten auch die grauen Augen mit, die aufs Gegenufer gerichtet waren, das jetzt blank unter den Strahlen der im Zenit stehenden Sonne glänzte.
»Es wird Zeit für dein Steak, Kleiner, und all die feinen Säftchen und Gemüse, die Kraft geben. Bist du schon mal so verwöhnt worden?«
Auf dem Rückweg ins Hotel wollte Pall aber weniger von den Vitaminen des Kochs als von den Hausmitteln des Langen wissen. Tönes erklärte ihm, er

habe sie sich zusammengebraut, weil er von Anfang an seine Probleme im Klub gehabt habe, aber nie einen, bei dem er sich auskotzen konnte. Da habe er sich selbst geholfen. Manchmal mit Toren, manchmal aber auch anders. Doch darüber könne man später sprechen, wenn er sich ein bißchen besser auskenne. Im übrigen sei für ihn klar, daß der Mittelstürmer in Mailand Pallmann heiße.

5

Sie flogen schon am nächsten Tag. Es war das letzte Testspiel in der Vorbereitungsphase. Generalprobe für die Bundesliga.

Es hatte keine großen taktischen Besprechungen gegeben, und die Wandtafel im Konferenzraum war schwarz geblieben, obwohl der Trainer sonst nicht ungern seine Kreidestriche auf ihr zog. Sie sah dann aus wie ein Schnittmuster, das aber nur mäßiges Interesse weckte und Furtner zu unverhohlenem Gähnen veranlaßte. Wer Raumdeckung nicht versteht, pflegte er zu sagen, kriegt sie auch mit Kreidestrichen nicht ins Hirn.

Pall fand Wahres daran, versuchte aber, sich im Gewirr der weißen Striche zurechtzufinden, und er hörte nicht auf, sich über die nirgendwo aufgezeichneten, aber überall sichtbaren Freiheiten Furtners zu wundern.

Er wunderte sich auch über das nicht gerade ausdrucksvolle Deutsch des jugoslawischen Trainers Durkovic, und er dachte, daß auch ein Fußballehrer nach zwanzigjährigem Aufenthalt im Lande männliche und weibliche Artikel richtig setzen sollte. Aber schnell merkte er, daß das längst keinem mehr auffiel. Es ging auf diesen Schulbänken ja auch um anderes.

Und schließlich wunderte er sich, daß er nicht erfuhr, ob er in Mailand spielen sollte, und er fragte Rumnick, der neben ihm saß, als die Maschine hoch

über den schneeglitzernden Gipfeln der Alpen nach Süden schwebte.
Es war ein Bild von wilder, majestätischer Schönheit, wie es Pall noch nie gesehen hatte, aber Rumnick blätterte in einer Illustrierten, als ob er bloß auf die nächste S-Bahn-Station wartete.
In einem Jahr, dachte Pall, bin ich vielleicht auch so lässig.
Erst als er seine Frage wiederholte, legte Rumnick die Illustrierte weg. Pall fand, daß er lustigere Augen hatte als Furtner, aber er spürte auch etwas von der milden Belustigung, mit der Erwachsene bohrenden Kinderfragen begegnen.
»Wenn du wissen willst, ob du spielst, mußt du schon den Trainer fragen.«
»Aber warum kommt er nicht selbst? Bei uns ist das immer so gewesen.«
Rumnick grinste. »Schau her, Junge, ich bin hier auch mal ein Neuer gewesen, und meine Arme sind vor lauter Koffertragen fünf Zentimeter länger geworden, ehe ich richtig zum Spielen kam. Da haben wir noch den Zeckenlauer gehabt, mit seinem Schwanthaler. Der war für ihn persönlicher Manager, und für uns war er der Herr Direktor. Und mich hat er nicht riechen können. Was ich unter dem mitgemacht habe, möchte ich dir nicht wünschen.«
»Zum Beispiel?«
»Mein lieber Schwan! Um dir das zu erzählen, müßten wir nicht nach Mailand fliegen, sondern nach Rio. Damals war ich noch ein Greenhorn, wir hatten im Tor den Sepp und vorne drin den Bomber der Nation. Nach diesen Kanonen kamen die Kanönchen, und ganz am Schluß ich als westfälischer Bauernbursche mit meinen Platzpatronen. Du darfst das ruhig wörtlich nehmen, denn wenn sie mich mal spielen ließen, war ich so aufgeregt, daß ich aus fünf Meter Entfernung das leere Tor nicht traf. Aber ich

will dir keine Angst machen. Heut beißt sich's bei der Bavaria leichter durch.«
»Einer wie du«, brummte Pall, »hat leicht reden. Ich habe nicht bloß Angst vor Furtner, sondern auch vor zwei, drei anderen, die mich schief angucken, weil ich ihnen einen Platz wegnehmen könnte.«
Rumnick machte eine wegwerfende Handbewegung, die fast den Orangensaftbecher von seinem Klapptischchen gefegt hätte.
»Die müssen dir Wurscht sein, wenn du deinen Weg machen willst. Es gibt sie in jeder Mannschaft, weil wir Profis sind und Heu machen müssen. Wer nicht spielt, fährt nichts ein, und die Plätze sind knapp bei uns.«
»Nicht für dich.«
»Jetzt nicht mehr, logisch. Aber ich will dir nicht nur Angst machen, sondern auch was Positives sagen. Furtner hält was von dir.«
Pall überlegte, ob er etwas von seinem Gespräch mit Tönes sagen sollte, beschloß aber dann, auf der Hut zu bleiben. »Hat er das gesagt?«
»Zunächst einmal«, sagte Rumnick und lächelte, »hat er nicht gegen dich gestänkert, und außerdem hat man in den Trainingsspielen gesehen, daß du was mitbringst. Wir merken schon, wer zu uns paßt, und reden auch darüber. Aber du darfst nicht vergessen, daß man bei leichten Spielen auch leicht bluffen kann. Deshalb wirst du, wenn du mich fragst, morgen spielen. Vielleicht nicht gleich, weil der Trainer auswechseln wird, aber mindestens eine Halbzeit. Doch das eine kann ich dir sagen: Inter ist eine harte Nuß und San Siro die reinste Hölle.«

Der Trainer bestätigte es Pall nach dem Abendessen. Es war in einem Konferenzraum des pompösen Mailänder Hotels, der mit seinen Lüstern, Ledersesseln und Mamortischen eher für den Abschluß von

Staatsverträgen als für fußballerische Mannschaftsbesprechungen geschaffen schien. Aber außer Pall wunderte sich keiner. Bei der Viktoria hatte man in schlichten Gasthöfen gewohnt und nicht in solchen Palästen.
»Eine Halbzeit«, sagte der Trainer, »du spielst auf alle Fälle. Inter hat zugestimmt, daß wir Torwart und drei Feldspieler auswechseln können, und ist gut, wenn du dich erst einmal auf Bank an die Atmosphäre gewöhnst. Du merkst gleich, das ist kein Freundschaftsspiel wie andere, und darfst dich nicht provozieren lassen. Italienische Schiedsrichter sind bei Ausländer sehr großzügig mit gelbe und rote Karten. Du sollst spielen und nicht vom Platz fliegen!«
Später nahm Rumnick Pall zur Seite: »Er hätte es dir ein bißchen väterlicher sagen können, aber das ist nicht seine starke Seite. Doch im Grunde hat er schon recht. Im Strafraum ist Grabenkrieg mit Heckenschützen. Paß gut auf, wie ich's mache. Du mußt ständig über gestreckte Beine springen und Ellenbogen ausweichen. Sie können spucken wie Lamas und dich am Trikot packen, daß du denkst, du spinnst, aber spuck bloß nicht zurück oder pack einen. Sag meinetwegen Arschloch, wenn du dich abreagieren mußt. Das versteht keiner, aber es verschafft Luft!«
»Nett von dir«, sagte Pall und lachte. Aber ein sehr fröhliches Lachen war es nicht.
Und wieder wunderte er sich: Obwohl es vergleichsweise früh am Abend war, blieben sie alle im Hotel. Die Dämmerung ging in eine laue, sternklare Nacht über, und der breite Platz vor dem Dom quoll über von flanierenden Menschen, deren Sorglosigkeit Pall nicht nur zur Schau getragen schien. Er spürte, wie diese Stimmung ihn locker machte, und er fragte Rumnick, ob er nicht Lust auf einen kleinen Stadtbummel habe.

Aber Rumnick winkte ab. »Ich verstehe dich, Junge, aber ich bin schon sechsmal von diesem Hotel runtergegangen zum Dom, und ich schätze, daß er sich nicht verändert hat. Mach's alleine. Das entspannt und bringt die Gedanken in Ordnung.«
Daraufhin mochte Pall auch keinen der Jüngeren mehr fragen. Entweder waren sie schon auf den Zimmern, oder sie saßen noch in Grüppchen in der Halle, mit den gelangweilten Gesichtern von Reisenden, die zwischen zwei Flügen herumhocken. Es kam Pall mehr antrainiert als natürlich vor, als er sich von der gläsernen Drehtür hineinschieben ließ in den Menschenstrom.
Die beeindruckende und doch feinsinnig elegante Domfassade faszinierte ihn und beruhigte ihn zugleich auf eigenartige Weise. Rumnick hatte recht gehabt, und als er später durch die Galleria Vittorio Emanuele mit ihren vornehmen Geschäften schlenderte, konnte er jeden Gedanken an den Fußball, der ihn doch nach Mailand geführt hatte, mit seltsamer Leichtigkeit verdrängen.
Er staunte über die kostbaren Auslagen in den Vitrinen, weil er viel über italienische Armut gelesen und sein Italienbild an den Gastarbeitern orientiert hatte. Freilich, hier im Norden, das wußte er, saß die Industrie des Landes, die die Leute besser leben ließ als drunten im Süden, wo der lange Stiefel zum Schuh wurde, der drückte.
Pall ging durch einen Park mit uralten Bäumen, die den brodelnden Lärm des Verkehrs aufschluckten, und setzte sich auf eine Bank. Liebespärchen spazierten an ihm vorbei, aber auch geschäftigte Männerschritte knirschten im Kies der Wege, und der Gedanke an Überfälle durchzuckte ihn, die hier häufiger sein sollten als zu Hause.
Aber nur einen Augenblick lang. Er trug den Blazer mit dem Bavaria-Wappen und fühlte unter ihm

Kräfte, die ausreichten, mehr als einen der Gesellen, die flüchtige Blicke auf ihn warfen, das Fürchten zu lehren. Und es überkam ihn sogar eine eigenartige Lust, es zu beweisen, die er nie zuvor gespürt hatte.
Doch es blieb ruhig wie zu Hause im Stadtpark des Städtchens, das er vor ein paar Wochen verlassen hatte, um bei der Bavaria Karriere zu machen.
Noch hatte sie nicht begonnen. Der Anfang sollte am nächsten Abend im berühmten San-Siro-Stadion sein, und du, Walter Pallmann, wirst auftreten zusammen mit einem ganzen Strauß von Nationalspielern auf beiden Seiten. Mit neunzehn Jahren, mein Lieber, und das ist ein Märchen, von dem sie zu Tausenden und Abertausenden träumen in jeder Nacht und in jedem Land.
Aber du kannst es nicht auf dieser Bank träumen, weil es schon halb elf ist und dir überhaupt keiner das Recht gegeben hat, die Mannschaft zu verlassen, in der du dir erst einen Platz erkämpfen mußt. Mit einem Furtner geht das, aber allein bist du noch eine Null, und vielleicht wirst du's gleich zu spüren bekommen, wenn du dich zurückschleichst.
Er verließ den Park schneller, als er ihn betreten hatte. In der Hotelhalle saßen außer dem Manager Holldorf noch der Trainer und Furtner, und auf dem halben Weg zwischen ihnen und dem Aufzug kam er sich vor wie einer, der sich die Hände gewaschen hat und kein Handtuch zum Abtrocknen findet. Sollte er etwas sagen oder gleich verschwinden?
Holldorf löste für ihn, mit der Hand winkend, das Problem. »Lampenfieber aus den Füßen getreten, Pall? Ich hoffe doch, daß es nichts anderes war?«
Er schüttelte den Kopf. »Ich hab ein bißchen Luft gebraucht und allein sein müssen.«
»Alles klar, Junge. Dann schlaf gut, damit wir morgen was zu sehen kriegen!«
Es klang gut, und Holldorf hatte dabei nicht auf die

Uhr geschaut. Als Pall zum Aufzug ging, fühlte er seine Schritte federn und seinen Kopf frei.

Im Bett dachte er nach über den Sprung, den er gemacht hatte. Wer hat schon das Glück, mit neunzehn in so einem Bett zu liegen, in einem Zimmer, dessen Luxus nur Reiche umschmeichelt, die seinen Preis zahlen können. Vom Nachttisch aus kannst du den Farbfernseher bedienen, und auf dem Marmorboden des Bads könntest du eine Tischtennisplatte aufstellen zum Doppel, und keiner würde dabei, auch beim verrücktesten Ausholen, den Spiegel zertrümmern.

Es wird dir, dachte Pall, geschenkt – und auch wieder nicht. Wenn du gut bist, wird es zur Selbstverständlichkeit wie für Furtner, der vielleicht darüber flucht, daß in der Eisbox ein Getränk fehlt, auf das er gerade Lust hat.

Wenn du aber schlecht bist, kannst du beim nächsten Mal wegbleiben. Einfach so. Gewogen und zu leicht befunden.

Und als er die Steppdecke, die er nach der Schwüle des Tages als unnötigen Ballast empfand, mit den Füßen auf den Teppichboden beförderte, dachte er: Ich muß morgen gut sein.

Kaleidoskopartig kamen und zerfielen die Bilder vor seinen geschlossenen Augen. Es war ein wahrer Wirbel, weil es im Fußball nicht nur auf die Macht des Gegners ankommt, sondern auch auf das Zusammenbündeln der eigenen Kräfte. Zehn Einzelspieler, bei denen jeder für sich eine Kleinkunstbühne aufmacht, kannst du vergessen, und es gibt diese Clowns natürlich auch nicht bei der Bavaria. Ihre Stärke ist dieses Bündeln der Anstrengungen, der rechte Paß im rechten Moment, und in den Vorbereitungsspielen waren da Ballpassagen mit einer so natürlichen Folgerichtigkeit gelaufen, die die Geg-

ner lähmten und bei denen Pall eine bisher nie erlebte spielerische Leichtigkeit genossen hatte.
Aber es waren nur diese ländlichen Spiele gegen schnaufende Feierabendfußballer gewesen, bei denen die eigene Abwehr mit dem Torhüter als Kiebitz Skat spielen kann.
Internazionale Mailand aber war nicht nur eine europäische Spitzenmannschaft, sondern auch einer der Erbfeinde der Bavaria aus den europäischen Wettbewerben. Pall hatte in den Mailänder Zeitungen Vorberichte gesehen, deren Umfang ihn erstaunte. Er konnte sie nicht lesen, aber Karikaturen ließen den Tenor ahnen. Da fuhren Panzer auf, helmbewehrte Burschen mit teutonischen Gesichtern saßen darauf, und es fehlte auch nicht der Stier, der den leichtfüßig tänzelnden Torrero anschnaubte.
Aber diese martialische Einstimmung auf ein sogenanntes Freundschaftsspiel raubte ihm den Schlaf nicht.

Zum Frühstück gab es neue Berichte, und Pall wunderte sich, daß kaum einer nach einer Zeitung fragte. Der FC Bavaria benahm sich wie auf einem kleinen Ausflug in die Provinz.
Es muß, dachte Pall, etwas mit dem zu tun haben, was sie Klasse nennen. Sie haben solche Spiele zu Dutzenden gemacht und kümmern sich einen Dreck darum, wenn sie von südländischen Zeitungen hochgegeigt werden zu nationalen Angelegenheiten. Ein Ensemble von Künstlern, von denen jeder in der kleinen Zehe mehr Gefühl für dieses Spiel hat als ein Deutscher im ganzen Leib, wird das zu beweisen wissen.
Und mindestens Fünfzigtausend wollen in San Siro diesen Beweis. Unterschwellig spürt Pall, daß das kein Hochmut ist, sondern italienische Logik, aber

er spürt auch, daß er in einem Team gelandet ist, das sich von solchen Herausforderungen nicht umschmeißen läßt.
Es ist gut, Männer frühstücken zu sehen, die nicht den Eindruck machen, als ob sie vor einem unerfüllbaren Tagwerk stünden.
Und er spürt auch Furtners Macht. Vielleicht ist sie tatsächlich das Geheimnis der lockeren Atmosphäre, an der er teilzuhaben versucht, ohne mehr zu erreichen als eine leichte Entkrampfung.
Es wirkt wie Kopfschmerztabletten, die das Hirn freimachen und den Magen belasten.
Weil es ein teuflischer Test ist. Unreife reiben sie dir unter die Nase, wenn du nichts bringst, und wenn du es schaffst, hast du erst einmal eine Sprosse erklommen, auf der dich der Furtner festhält, um dir zu sagen, daß das noch gar nichts bedeutet.
Wenn du mit tauglichen Fähigkeiten aufwartest, werden sie nicht registriert, und wenn du versagst, hauen sie dich in die Pfanne.
Intern natürlich. Er hat schon mitgekriegt, daß das zum Lernprozeß der Neulinge gehört. Es tummeln sich zu viele Prachtfische im Aquarium der Bavaria, als daß ein so kleiner Stichling wie er wichtig sein dürfte.
Anpassen also. Nützliches Glied der Kette sein, in der Brillanten funkeln müssen, weil das Glitzern zum Star gehört wie das Schuften zum Wasserträger. Du kannst beim Eintritt in ein solches Ensemble keine Hauptrolle beanspruchen.

6

Abends, in der Kabine von San Siro, hängt Pall seine Klamotten an Haken, die ihm wie Galgen vorkommen, weil ihm einfällt, daß sie vielleicht schon von Puskas, Di Stefano oder gar von Pelé benützt worden sind.
Und diese Kabinen unter der gewaltigen Haupttribüne, die ihn an das Auditorium eines Gerichtssaals erinnert, sind wie Katakomben, aus denen die Besten der Welt hinausgelaufen waren, um ihre Klasse zu beweisen.
Über ihn freilich wird nicht das Publikum richten. Furtner schon eher. Die Mailänder kennen ihn nicht. Wenn er Mist baut, riechen sie nichts, und deutsche Reporter werden kaum da sein. Eine schlechte Presse kann er folglich nicht haben.
Aber Furtners Luchsaugen wird er spüren, und auch die von anderen, die einen Stammplatz suchen und Fehlpässe zählen wie das Geld, das bei der Bavaria zwischen dem Ersatzmann und dem Stammspieler liegt.
Es ist viel Geld. Mehr als bei anderen Klubs, und es trennt. Es zieht durch den Spielerkader einen Strich, der unsichtbar ist, aber den man bei vielen Kleinigkeiten spürt, die ihm am Anfang gar nicht aufgefallen sind. Die Hackordnung funktioniert mit größerer Sicherheit als das Teamwork.
Die anderen werden so lange massiert, daß Pall gar nicht mehr drankommt und sich fragt, ob es der

Trainer überhaupt ernst meint mit dem Einwechseln. Hat man es nicht oft genug erlebt, daß sich die Ersatzleute den Hintern auf der Bank blankwetzen, wenn es gut läuft? Vielleicht hängt alles viel weniger von Durkovic ab als von Furtner, der mit einem so gelangweilten Gesicht von der Massagebank zur Decke starrt, daß es Pall nicht wundern würde, wenn er jetzt den Befehl gäbe, ihm eine Zeitung zu holen.
Von da, wo Furtners Augen ausdruckslos hängenbleiben, hört man wie durch eine Wand von Watte das Getrampel der Menschen auf der Tribüne. Holldorf, im roten Trainingsanzug so drahtig wie in seiner aktiven Zeit wirkend, kommt herein und sagt, daß mindestens fünfzigtausend gekommen sind. Eine enorme Kulisse für ein Freundschaftsspiel. Er meint, daß man ohne weiteres fünfzehntausend Dollar mehr hätte verlangen können.
Er ist, denkt Pall, immer am Rechnen. Und vielleicht wird er mir nach dem Spiel sagen, ich sei zu teuer. Der Klaps, den ihm der Manager auf die Schulter gibt, ohne daß die Augen mitmachen, verscheucht diesen Gedanken nicht, während er die weißen Bänder ganz locker an den Fußballschuhen schnürt. Erst wenn sie ihn brauchen, wird er sie fester binden.
Dann pfeift der Schiedsrichter draußen im Gang, und für einen Augenblick tritt er unter die Tür. Mit seinen schwarzen Augen und dem Schnurrbärtchen sieht er aus wie ein sizilianischer Mafioso.
Das rasselnde Tänzeln von Stollensohlen auf steinernem Boden. Inter Mailand mit schwarzen Längsstreifen auf blauen Jerseys, ein berühmter Dreß im Weltfußball. Pall, mit der Nummer 14 auf dem roten Trikot, trottet mit den Ersatzspielern hinterher. Und ein elend langer Korridor drückt ihm das Gefühl auf die Schultern, daß er noch einen weiten Weg zu gehen hat, ehe er sich vorne einreihen kann bei denen, die von den Massen erwartet werden.

Das Gefühl auf der Ersatzbank ist neu und eunuchenhaft. Bei der Viktoria ist er, aus der Jugendmannschaft heraus, durch die große Pforte getreten, war erste Wahl vom ersten Tag an. Doch nie hat er vor Fünfzigtausend gespielt, und vielleicht ist die kleine Bank in diesem gewaltigen Krater jetzt besser für ihn. Aber wie ist es, wenn man nach zwanzig Minuten oder nach einer halben Stunde kalt ins Spiel muß? Wenn schweren Füßen die leichtesten Sachen schwerfallen?

Die ersten Spielzüge sind nicht berauschend. Beide Mannschaften halten es mit der Sicherheit, obwohl Pall mehr Leichtfüßigkeit bei den Italienern zu entdecken glaubt. Oder ist es nur ein Komplex, den ihm die Karikaturen in den Zeitungen eingejagt haben? Vielleicht haben die recht, die sich das gar nicht angucken.

Beeindrucken läßt sich da draußen jedenfalls keiner. Man spürt die in vielen Europapokalspielen erworbene internationale Erfahrung der Bavaria. Und auch, daß die Italiener Zügler des Risikos sind. Abriegeln ist wichtiger als Aufreißen, und die Bavaria macht Zug um Zug mit, entblößt sich nicht in der Deckung und macht nur mäßige Anstrengungen, um die beiden Sturmspitzen Rumnick und Tönes aus dem übervölkerten Mittelfeld heraus ins Spiel zu bringen.

Gedrosselter Fußball mit gelegentlichem Aufblitzen individueller Klasse. Es ist, denkt Pall, wie ein Wasserhahn, der tropft, obwohl er einen gewaltigen Strahl von sich geben könnte.

Es muß das sein, was sie professionelles Denken nennen. Ball halten, Tempo verschleppen, Risiko klein halten. Und das Publikum murrt nicht einmal. Es muß diesen Fußball, der ihm eigentlich alles vorenthält, was die gesalzenen Eintrittspreise versprechen, viel mehr gewohnt sein als die Leute zu Hause.

Weiter kommt er nicht mit seinen Gedanken. Sie bleiben hängen wie der Ball im Knäuel der Leiber im Mittelfeld, weil ihm der Trainer die Hand auf die Schulter legt. Nicht gerade väterlich; eher ein Schubser ist es, der ihm zeigt, daß er dran ist. Am Mittelkreis krümmt sich Obermayer am Boden, aber man sieht nicht viel, weil sich der Schiedsrichter und drei oder vier Rote um ihn drängen. Der Schwarzrock winkt, und der Masseur darf mit seiner Medizintasche aufs Feld rennen, während Furtner die Hände vor der Brust dreht, zum Zeichen, daß ausgewechselt werden muß.
Muß? Es kann auch sein, daß er es wünscht, weil Obermayer für seine Begriffe nicht genug gelaufen ist. Auf alle Fälle sind solche Signale von Furtner Befehle.
Der Verletzte humpelt vom Platz, und Pall stellt an seinen Trainer die überflüssige Frage, ob er sich warmlaufen soll.
Unwilliges Kopfschütteln und neuer Klaps auf die Schulter, und schon hat er die Schuhe fester gebunden und trabt auf den kurz geschorenen weichen Rasen. Es sind 21 Minuten gespielt, und noch ist kein Tor gefallen.
Und das Spiel läuft schon wieder.
Nein, es läuft nicht. Sie zerhacken es auf beiden Seiten, und er soll wohl das gleiche tun, denn Anweisungen hat er keine mitbekommen. Mittelfeld eben, und Raumdeckung. Immer da sein, wo der Gegner ein Loch sucht. So einfach ist das.
Aber Pall fühlt sich kalt und staksig, und der erste Paß erwischt ihn auf dem falschen Fuß. Den Oberkörper weit vorgebeugt, verliert er die Balance und versucht noch, den Ball mit hochgezogenem rechtem Fuß von hinten herzuholen. Er rutscht ihm über den Spann, und er steht da wie ein Hund, der vor einem Baum das Bein hebt und nicht kann.

Es ist nie gut, wenn du kalt ins Spiel kommst und den ersten Ball so blödsinnig verpaßt. Geradezu körperlich spürt er die Verachtung des hinter seinem Rükken schnaubenden Furtner, obwohl er gesehen haben muß, daß dieser verdammte Querschläger nicht anzunehmen war.
Aber er hat nicht zu räsonieren, sondern zu laufen, weil Inter durch seinen Patzer am rechten Flügel Raum gewonnen hat. Plötzlich ist, als ob es nur des Einsatzes von Pallmann bedurft hätte, die Abwehr der Bavaria aufgerissen.
Der Rechtsaußen wirbelt in den Strafraum, und ehe sie ihn über die Auslinie drängen können, paßt er so präzis zu seinem Mittelstürmer zurück, daß der zum Führungstor nur noch den Fuß hinzuhalten braucht.
Und plötzlich ist der Rhythmus da. Die italienischen Angriffe rollen, und kurz vor der Pause heißt es 2:0 für Inter Mailand. Der Bavaria gelingt wenig, dem Mittelfeldspieler Pallmann so gut wie nichts. Aber das registriert die begeisterte Galerie nicht.

In der deutschen Kabine herrscht keine Untergangsstimmung. Man hat genug hinter sich gebracht und kann solche Rückstände bei Freundschaftsspielen mit der nötigen Gelassenheit tragen.
Aber man liebt sie nicht. Und die Hackordnung in der Kabine funktioniert besser als das Teamwork draußen. Mit Pallmann sind die Tore gekommen, aber die falschen, und den letzten beißen die Hunde, auch wenn er jetzt viel sagen könnte. Zum Beispiel, daß vorher auch nichts gelaufen sei und er fast alle Finger bräuchte, um aufzuzählen, wer außer ihm noch Mist gebaut hat.
Doch das steht keinem Neuen zu, und er wartet nur darauf, daß ihn der Trainer unter die Dusche schickt. Er hofft es sogar, weil er allein sein und im Wasserdampf verschwinden will.

Obermayer hat das schon hinter sich. Und man merkt ihm auch keine Verletzung an. Er stolziert durch die Kabine wie einer, der vor der Frühstückspause Feierabend gemacht hat. An Pall, der auf der Bank sitzt und immer noch nicht weiß, ob er die Schuhbänder lösen soll, bleibt sein Blick nur für einen winzigen Augenblick hängen. Zuckt ein Blitz von Schadenfreude mit, oder täuscht er sich?

Er kommt nicht dazu, es herauszufinden, weil einer zu reden anfängt. Es ist nicht der Trainer, sondern Furtner, und er flucht über ein beschissenes Mittelfeld und über Sturmspitzen, mit denen man sich einsalzen kann.

Pall denkt, daß er von Furtner auch nichts Umwerfendes gesehen hat, aber wieder zerhackt der Bärtige, mit der rechten Hand seine Teetasse haltend und mit der linken auf den langen Tönes deutend, seine Gedanken.

»Bis jetzt haben wir ohne Mittelstürmer gespielt, und ich mache diesen Mist nicht noch eine Halbzeit mit! Eingequetscht haben sie ihn wie die Wurst in der Semmel, und ich würde jetzt den Pallmann auf seinen Platz stellen.«

Die Überraschung trifft nicht nur Pall. Er sieht um sich herum nur Augen, die groß werden, und die größten sind die des Trainers.

Furtner scheint die Situation zu genießen wie den Tee, den er mit kleinen Schlucken schlürft. »Wenn sich einer so wenig um die Deckung kümmert wie der, ist er entweder eine Pfeife, oder er kann noch was anderes. Und das hätte ich jetzt gerne gesehen.«

Keiner antwortet. Nicht einmal der Trainer, und wortlos zieht Tönes die Schuhe aus. Seine Augen sind ausdruckslos, und Pall spürt keinen Vorwurf, als sie ihn streifen.

Er erlebt das, denkt er, nicht zum erstenmal, und er weiß, daß ich schuldlos bin. Aber ich bin kein Mittel-

stürmer. Ich kann von hinten kommen und mal reinschlüpfen in die Rolle, aber was soll ich in dieser Isolation da vorne zwischen Vorstopper und Libero? Ich werde versagen, weil es nicht mein Spiel ist, und vielleicht will es der Furtner.
Und der kleine Riedl spürt es. »Du kannst«, flüstert er, »heute für sechs Monate Kofferträger werden, aber halt die Schnauze und versuch, dich durchzubeißen!«
Dann segnet Trainer Durkovic den Wechsel ab. Ein neuer Mann kommt ins Mittelfeld, Pallmann ins Angriffszentrum.

Er geht ohne Überzeugung und mit Beinen, die nicht leichter geworden sind, auf den Platz. Der Vorstopper im schwarzblauen Dreß ist um einen halben Kopf größer, und Pall hat das miese Gefühl, von seinen scharzen Augen abgeschätzt und vermessen zu werden.
Scharfer Duft von Massageöl steigt ihm von den Schenkeln des Italieners in die Nase. Wie mächtige Maschinenkolben glänzen sie im Flutlicht, und schon hat er den ersten Kontakt mit ihnen, weil ihm Furtner von der Mittellinie aus einen scharfen, halbhohen Paß schickt.
Normalerweise nimmt er einen solchen Ball gefühlvoll an, läßt ihn am Außenrist kleben und zieht ihn in jeder gewünschten Richtung mit, aber das lange und gestreckte Bein des Vorstoppers sticht, seinen Oberschenkel rasierend, wie ein Stilett von hinten vor und nimmt ihm Balance und Ball.
Pall liegt mit dem Rücken zum Tor im Gras, aber es kommt kein Pfiff. Ein Stollen hat den Schenkel aufgerissen; nicht tief, doch es fließt Blut, und eine Sekunde lang überlegt er, ob er nicht einfach aufhören und sich vom Platz tragen lassen soll.
Denn nichts wird ihm gelingen. Es gibt diese Spiele,

bei denen du vom ersten Augenblick an leerläufst und keinen Boden unter die Füße kriegst.
Aber dann steht er wieder, humpelt ein bißchen und winkt dem von der Trainerbank aufgesprungenen Masseur ab. Furtner soll lästern, aber er wird nicht behaupten dürfen, daß er vor Inter Mailand davongelaufen sei.
Den nächsten Ball kriegt er aus dem Lauf unter Kontrolle, und er kann die Bewegung zum Dribbling nützen. Der lange Schwarze ist trotz einem verzweifelten Spagatschritt ausgespielt, aber zum Strafraum sind's noch zehn Meter, und keiner ist mitgelaufen.
Allein weitermachen? Er weiß, daß er's bei der Viktoria gtan hätte, aber hier ist Vorsicht geboten, und zwei Blicke nach links und rechts nehmen ihm den Rhythmus, den Vorteil der Schnelligkeit, mit denen du den Angreifer im großen Bogen umlaufen kannst.
Er kommt fast zum Stehen, vor ihm zieht sich der blauschwarze Wall zusammen, und noch immer ist kein eigener Mann auf seiner Höhe. Auch Rumnick nicht, mit dem er jetzt per Doppelpaß die Gasse in den Wall treiben könnte.
Doch dann läuft er von rechts heran und zieht nach innen. Der Platz wird knapp, weil es im Strafraum von Italienern nur so wimmelt, aber Palls Körpertäuschung läßt zwei Angreifer leerlaufen und reißt ein schmales Gäßchen für den Steilpaß auf.
Er kommt auch, aber er kommt für den Bruchteil einer Sekunde zu spät. Rumnick ist, vom Schwung seines Spurts getragen, ins Abseits gelaufen, und der schrille Pfiff des Schiedsrichters unterbricht den bisher besten Angriff der Bavaria.
Pall ist zwar sicher, den Ball so schnell gespielt zu haben, daß Rumnick bei der Ballabgabe noch gar nicht im Abseits sein konnte, aber es ist sinnlos, mit dem Schiedsrichter zu argumentieren.
Immerhin ist ihm eine Aktion gelungen, und er spürt

Auftrieb. Insgesamt bekommt die aggressiv werdende Bavaria Oberwasser. Nach einer Viertelstunde erzielt Rumnick im furiosen Dribbling das 1:2, und nach den taktischen Würgegriffen beider Mannschaften wird endlich richtig Fußball gespielt. Aber Pallmann versucht vergeblich, daran teilzunehmen. Hätte Furtner ihn nicht nach vorne beordert, in diesen Schraubstock zwischen Vorstopper und Libero, er könnte, das spürt er, jetzt seine Fähigkeiten ausspielen. Doppelpässe mit Rumnick, der selber die Improvisation liebt und nur auf den gleichgesinnten Partner wartet, oder Überraschungsmomente schaffen durch das kurze Dribbling und den blitzschnell folgenden Paß. Damit sind auch die Mailänder, die jetzt mehr den Vorsprung halten als Attacken reiten wollen, zu packen.
Pall will aus der Lauerstellung kommen wie Furtner, aber der hat ihn wie einen Pfahl ins Angriffszentrum hineingerammt, und es fehlt bloß noch, daß er »Hüpf« schreit, wenn Flanken hereinsegeln, die er auch dann nicht mit dem Kopf erreichen könnte, wenn ihm seine Bewacher nicht die Ellenbogen in die Rippen stoßen oder die Finger ins Trikot krallen würden.
Und Tönes, der Mann, der es mit seiner athletischen Wucht fertigbringt, da noch den Körper hochzurekken, muß sich Palls klägliche Versuche von der Bank aus ansehen.
Pall bekommt keinen Ball schußbereit vor die Füße, aber er empfindet den unbändigen Drang, Furtner mit einem Volley auf die Tribüne zu befördern.
Noch nie, seit er mit dem Ball umgeht, hat er so etwas erlebt. Immer hat er ihn laufen lassen dürfen, wie es ihm einfiel, aus dem höchst einfachen Grund, weil ihm immer etwas eingefallen ist.
Aber immer sind die Gegner auch leichter gewesen. Inter Mailand, da beißt keine Maus den Faden ab,

versteht es, Fäden durchzuhauen, die zu Hause in der Zweiten Liga wie Drahtseile halten.
Ausgekochte Profis sind das. Und die von der Bavaria auch, mit Furtner als Vorstand. Er wird jetzt schneller, und sein Gefühl für die Entwicklung des Spiels läßt ihn immer an der rechten Stelle auftauchen, sei es im vorderen oder im hinteren Mittelfeld, das die Sportreporter dessen Tiefe nennen. Oder gar die Tiefe des Raumes.
Das mag geheimnisvoll und verschroben klingen, aber Pall spürt körperlich, wie berechtigt der Ausdruck ist, wenn Furtner, wechselnd zwischen langen Sätzen und Trippelschritten, genau an der strategisch wichtigen Stelle erscheint und den Konter lanciert. Das ist kein Zufall, weil es sich zu oft wiederholt. Und er will ihm auch dafür nicht in den Hintern treten, sondern ganz schlicht deswegen, weil er ihn im Zentrum des Angriffs festnagelt für Aufgaben, die ihm nicht liegen.
Zehn Minuten noch. Die Bavaria dominiert, aber ihr Mittelstürmer, der keiner ist und keiner sein will, läuft nur noch mechanisch mit, weil er weiß, daß er in diesem Spiel nie ein Tor schießen wird, selbst wenn plötzlich alle Mailänder, die ihren Strafraum abriegeln, vom Schlag getroffen würden.
Den Schlußpfiff will er. Nichts mehr hören, nichts mehr sehen. Vor allem nicht diese vorwurfsvollen Augen, die ihn streifen, wenn sich ihre Wege kreuzen. Was, scheinen sie zu sagen, stehst du so blöd herum? Siehst du nicht, daß ich zu tun habe?
Und dann macht dieser Furtner, drei Minuten vor Schluß, auch noch den Ausgleich. Jubelnd reißen sie die Arme hoch; nur Pallmann, der keinen Fuß vor den anderen kriegt, läßt sie unten, weil es der Gipfel der Demütigung für ihn ist. Und von San Siros hohen Rängen prasseln Kaskaden des Grolls auf Inter herab wie dumpfer Trommelwirbel.

In der Kabine nur zufriedene Gesichter. Durkovic und Holldorf strahlen sogar, weil ein 2:2 bei Inter Mailand allemal Gewicht hat. Bloß an Pall gehen ihre Blicke vorbei, und statt wie die anderen nach den Wasserflaschen zu greifen, reißt er sich die Schuhe von den Füßen wie Werkzeuge, die einem Grobschmied, der sich unter Feinmechaniker verirrt hat, nicht zustehen. Als erster verschwindet er im Dampf der Duschen von San Siro.
Es gibt hier auch ein gekacheltes Entmüdungsbekken, aber als die anderen da ihr Gemeinschaftsbad nehmen und die Glieder mit jener Wollust dehnen und strecken, die nur dem zusteht, der ein ordentliches Tagwerk hinter sich hat, ist Pall schon wieder in der Kabine beim Umziehen, und er ist froh, daß sie leer ist. Durkovic und Holldorf sind bei der Pressekonferenz.
Aber es ist nur ein Aufschub. Man kann als Arbeitnehmer nicht fliehen. Auch wenn man für etwas arbeitet, was ein Spiel sein soll.

In dieser Nacht wurde Walter Pallmann von einem Traum geschüttelt, der ihm mehr Schweiß kostete als seine siebzig Minuten Fußball in San Siro. Eine Fratze erschien ihm, die, in wirrem Wechselspiel, die Züge Furtners und die des Vaters trug. Eine dämonische, häßliche und gespaltene Vaterfigur. Wie ein Boxer umtänzelte sie ihn, und er war ihr ausgeliefert als fuß- und armloser Sandsack, unfähig zu jeder Bewegung.
Und die Schläge kamen tief, als ob er kastriert werden sollte. Und während er im Spiel Furtner einen Fußtritt zugedacht hatte, hatte er nun den irrsinnigen Wunsch, einen Boxhieb in diese teuflisch doppelgesichtige Vaterfratze abzufeuern.
Sie flößte ihm unbändige Angst ein. Der Alte, dieser betrunkene Halbversager, wuchs empor zum mäch-

tigen und unnachsichtigen Tyrannen gegenüber einem Sohn, der seinem Willen nicht gehorcht und versagt hatte. Warum war er gegen seinen Rat zur Bavaria gegangen, warum einem Furtner ins Messer gelaufen, wo ihn die Borussia doch mit offenen Armen aufgenommen hätte! Und mit mehr Geld.

Aber das Gesicht zerfiel. Es bekam den Bart und die durchdringenden Augen Furtners und stieß ein höhnisches Lachen aus.

»Also zur Bavaria hast du gewollt, Bürschchen, leichtes Geld verdienen mit dem Können anderer Leute, weil du auf Dorfwiesen ein paar Tore geschossen hast! Nur die Besten sind für dich gut genug? Aber leider bist du nicht gut genug für die Besten, hörst du! Du hast deine Chance gekriegt, Freundchen. Habe ich nicht den Tönes hinausgeschmissen für dich? Und du, was hast du draus gemacht? Wie ein Osterhase bist du rumgelaufen und hast gar nicht gemerkt, daß das kein Gras zum Fressen ist, sondern ein Fußballrasen!«

Es war tatsächlich ein Traum, der Pall mit wilder Angst erfüllte. Mit der Angst des Hasen, der vor den Hunden davonläuft.

Aber die Befreiung kam nicht. Die Angst jagte Schweiß über einen Körper, der ein paar Stunden zuvor im Stadion seltsam trocken geblieben war, wie ein Fremdkörper, das einzige Rad in einer gut laufenden Maschine, das kein Öl bekam.

Die Angst steigerte sich zur Unerträglichkeit, die nur das Erwachen verscheuchen kann.

Doch Erlösung spürte er danach nicht. Der Schock saß tiefer als bei den Träumen, die du wegsteckst, wenn die Sonne durch die Gardinen blinzelt.

Pall nahm am Frühstück der Mannschaft teil wie einer, der nicht dazugehört und den es nicht gewundert hätte, wenn er zu den Dienstboten geschickt

worden wäre. Daran änderten auch ein paar aufmunternde Worte von Holldorf nichts.
Von Furtner kamen keine. Er las Zeitungen, die ihn als den besten Spieler des Feldes bezeichneten, und er konnte recht gut italienisch lesen, weil er ein paar Jahre in Spanien gespielt hatte. Auch hierin war Furtner den anderen überlegen, die sich nur die Fotos anschauten.
Pall spürte, daß er es genoß, obwohl er gern abfällig über Zeitungen im allgemeinen und Sportschreiber im besonderen sprach.
Manchmal schrieb er aber auch selber. In großen Illustrierten sogar. Und sie sagten, er bräuchte keine Hilfe dazu. Man mochte es glauben oder nicht, es verstärkte jedenfalls seine Überlegenheit.
Vielleicht wußte er sogar, was andere träumten? Pall spürte wieder das Blut im Kopf hämmern, als er sich diese Frage stellte, und wenn er die Ironie sah, die sich aus den Mundwinkeln im Bart verlief, während die Augen nur Interesse für die Zeitung hatten, mochte er fast daran glauben.
Er wußte, daß diese Ironie ihm galt, aber es gab nichts zu diskutieren oder gar zu beweisen, und außerdem behandelte ihn Furtner wie Luft. Und da die meisten mitzogen, war es, als ob sein Stuhl leer wäre.
Das Bild des Vaters, in der Nacht noch zu fast gleichen Anteilen gegenwärtig, verblaßte. Der Traum kam zurück, und nur noch der Bärtige zählte, und alle anderen Träume, in denen ihm eine Zukunft im hochklassigen und hochbezahlten Fußball erschienen war, verschwammen.
Walter Pallmann steckte in der ersten Krise einer kaum begonnenen Karriere, und er wußte nicht, wie er damit fertig werden sollte.

7

Die Saison der Bundesliga begann, aber sie begann ohne Pallmann. Zwar wurde das von den Zeitungen in keine direkte Beziehung zum Mailänder Spiel gebracht, aber es sickerte doch etwas von Differenzen zwischen dem Neuling und dem Mannschaftskapitän durch. Boulevardzeitungen hören das Gras wachsen, und es gab immerhin drei in der Stadt.
Freilich war ein Neunzehnjähriger, den man nie im Spiel und selten auf der Ersatzbank sah, noch keine griffige Figur für die Reporter. Sie hatten genug Stoff, angefangen beim verheißungsvollen Start des Meisters bis zu den Problemen der Nationalmannschaft, deren Hoflieferant die Bavaria war und in der einige Stars die Rückkehr Furtners nicht kritiklos hinnahmen. Denn Furtner regierte auch im Nationaldreß wie im Klub, und es gab Zeitungen, die fragten, ob der Bundestrainer denn nur noch für die Festlegung der Essenszeiten zuständig sei. Der Kapitän der Bavaria war auf dem Gipfel einer Machtposition, die kein Spieler vor ihm je gehabt hatte.
Auf Pall wirkte sie sich verheerend aus. Sein Selbstvertrauen war so angeschlagen, daß ihm die Routine des Trainings zur abstumpfenden Last und der geringste Kontakt mit Furtner zur Qual wurde. Mechanisch und ohne Ehrgeiz erledigte er ein körperliches Pensum, und er begriff, unterschwellig zuerst und dann mit deprimierender Klarheit, daß er jede Lust am Spiel verloren hatte.

Alle merkten es. Er redete kaum das Nötigste und war der erste, der nach dem Training verschwand. Moderne Profis singen nach getaner Arbeit zwar keine gemeinsamen Lieder, aber auf ein Minimum von Zusammengehörigkeitsgefühl wird auch bei ihnen geachtet, und ein Namenloser ist der letzte, der darauf pfeifen kann. Es wurde getuschelt, von einer Freundin, die ihm den Kopf verdrehte und die Beine schwer machte, weil so etwas schon einmal vorkommt, wenn ein Provinzler die Großstadt entdeckt. Aber Holldorf wußte es besser. Er wußte, daß er den Jungen weder in einer Bar noch im Bett eines Mädchens suchen mußte, und eines Abends läutete er, unangemeldet, in der kleinen Wohnung, die Pall von dem in seine Heimat zurückgekehrten Dänen Sörensen übernommen hatte. Es hatte sich bei der Bavaria bewährt, einige solcher möblierten Wohnungen zu unterhalten.

Eine Traumwohnung für einen Junggesellen war es, in ruhiger Lage, mit viel Grün in der Umgebung, das den Lärm der Großstadt aufsaugte und die Luft filterte.

»Ich habe nicht so schick gewohnt wie du, Pall, als ich bei der Bavaria anfing.«

Holldorf sagte es lachend und mit betonter Beiläufigkeit und ließ sich, ohne Aufforderung, in einen bequemen Sessel fallen.

Pall verbarg seine Überraschung nicht. »Kontrollgang, Herr Holldorf? Ich muß um halb neun wohl noch nicht im Bett sein, oder?«

»Quatschkopf! Du weißt so gut wie ich, warum ich komme. Es geht nicht so weiter, und ich trage Verantwortung mit, weil ich dich gekauft habe. Für viel Geld, falls du das vergessen haben solltest!«

Pall blickte mit schmalen Augen über den Couchtisch und schob Holldorf ein klobiges Tischfeuerzeug zu, weil er Zigaretten aus der Tasche nahm.

»Wenn Sie mir erzählen wollen, daß ich mein Geld nicht wert bin, hätten Sie nicht zu kommen brauchen. Das weiß ich selber. Wahrscheinlich passe ich nicht zur Bavaria.«
Die Hand, die nach der Zigarette geangelt hatte, klatschte flach auf die Marmorplatte. »Gut, daß ich keine lange Vorrede brauche. Und jetzt hör mal gut zu, Junge: Ich habe dich nicht geholt, damit du die beleidigte Leberwurst spielst, sondern weil ich überzeugt von dir bin. Und weißt du, daß ich morgen beim Präsidenten antanzen darf, weil wir schon vier Spiele hinter uns haben und er noch nichts von einem Pallmann gesehen hat. Bloß bezahlt hat er!«
»Wir haben«, sagte Pall, stützte den Ellenbogen auf und legte das Kinn in die Handfläche, »sechs zu zwei Punkte und liegen zusammen mit Hamburg an der Spitze. Ich habe weder etwas dazu beigetragen, noch habe ich das Gefühl, daß man mich braucht.«
»Und woher nimmt der junge Herr diese Weisheiten? Meinst du, wir sind ein Wohltätigkeitsverein, der dich hübsch unterbringt und ernährt und dir ein bißchen Bewegung in der frischen Luft verschafft? Nein, mein Lieber, so geht es nicht weiter, auch wenn du schon Luft holst, um mir zu erklären, daß du mit Furtner nicht kannst. Ich will dir mal was sagen: Du spielst die beleidigte Leberwurst, und das ist das Dümmste, was du machen kannst, denn selbst die gekränkte Eitelkeit eines Herrn Pallmann wird nicht verlangen, daß man wegen ihm den wichtigsten Mann aus dem Team nimmt. Folglich spielst du mit Furtner wie alle anderen auch!«
»Aber er spielt gegen mich«, knurrte Pall trotzig.
»Gegen dich? Glaubst du, der hat solche Kindereien nötig? Und überhaupt ist jetzt Schluß mit dem Geschwafel. Jetzt werden Nägel mit Köpfen gemacht! Morgen gehst du mit mir zum Psychologen. Ich bin früher, wenn ich zum Arzt mußte, immer zum Chir-

urgen gegangen, und er hat ganz schön an mir herumgeflickt, weil ich es immer an den Knochen und nie im Kopf hatte. Aber du fängst an zu spinnen, und wenn man dir deine Komplexe nicht austreibt, habe ich den teuersten Kofferträger der Welt gekauft!«
In Palls Gesicht mischten sich Staunen und Ungläubigkeit, aber instinktiv spürte er, daß es keine Argumente gegen diesen Vorwurf gab.
Es wurmte ihn, daß er gleich zum Psychologen gehen sollte, aber auf eigenartige Weise faszinierte ihn diese Anordnung. Er murmelte etwas von Komplexen und verlorener Lust und schlug vor, sich am nächsten Tag nach dem Training um einen Termin beim Arzt zu bemühen.
»Wir sind«, sagte Holldorf unter der Tür, »schon angemeldet.«

Der Arzt war ein Freund von Holldorf, trug keinen weißen Kittel, sondern ein offenes Sporthemd und schien nicht wenig vom Fußball zu verstehen. Er bot Pall keine weiße Liege an, wie man es in Büchern liest, sondern einen bequemen Sessel und sprach vom guten Start der Bavaria. Vor allem vom großen Spiel gegen Stuttgart im Olympiastadion. Einfach meisterlich sei es gewesen, und wenn er ihn frage, habe man nicht nur den alten, sondern auch den neuen Meister gesehen.
»Ohne mich«, sagte Pall.
»Ja, ohne Sie«, entgegnete der Arzt versonnen. »Aber das ist nicht schlimm. Sie sind ja auch der Jüngste, oder? Und außerdem soll das ja jetzt anders werden. Ich habe mit Holldorf darüber geredet, und jetzt wollen wir's zusammen tun.«
»Woher«, fragte Pall trotzig, »wollen Sie wissen, daß alles stimmt, was Holldorf Ihnen gesagt hat?«
Mit dünnem Lächeln zündete sich der Arzt eine Zigarette an. »Um den Dingen auf den Grund zu kom-

men, brauche ich natürlich Sie. Ist doch klar, oder?« Pall nickte. Aber die Mischung von Mißtrauen und Reserviertheit entging dem Arzt nicht.
»Wir sind schon mittendrin, Herr Pallmann. Sie erzählen mir jetzt alles von Anfang an. Nicht nur Ihre Probleme mit der Bavaria. Die bringt ein großer und erfolgreicher Klub für jeden Neuen. Ihr Leben, meine ich – Elternhaus, Schule, Beruf, Fußball, alles schön nacheinander. Und bitte, nichts auslassen und mir nichts vormachen. Wir haben Zeit, und Sie brauchen keine Angst zu haben, Holldorf draußen warten zu lassen.«
»Er ist weg?«
»Was denken Sie? Der sitzt längst wieder in seinem Büro. Schließlich hat er noch ein paar andere Problemkinder, und hergebracht hat er Sie nur, damit Sie nicht im letzten Augenblick ausbüchsen. Der Gang zu mir ist für viele schlimmer als der zum Zahnarzt. Cleverer Manager, der Junge, wirklich! Aber viele Präsidenten-Opas haben noch nicht begriffen, daß man nicht nur Spieler braucht, sondern auch solche Leute. Denken Sie nur daran, daß er noch mit vielen von der heutigen Mannschaft gespielt hat und jünger als Furtner ist. Ich sage Ihnen, in ganz Europa sind diese Jungmanager im Kommen. Die kennen sich und haben heiße Drähte zueinander. Bei den Präsidenten alter Sorte aber hat jeder für den anderen nur ein Messer in der Tasche!«
Pall fing an, auf seinem Sessel zu rutschen. »Eben sagten Sie noch, wir seien schon mittendrin, und jetzt halten Sie mir Vorträge über Vereinsführung und heben Holldorf in den Himmel. Ich kann Ihnen nur sagen, daß ich von Furtner geschnitten werde und er nicht einmal den kleinen Finger für mich rührt!«
»Nicht so stürmisch, junger Mann! Hat er Sie vielleicht nicht hierhergebracht?«

Pall zuckte mit den Schultern. »Ich habe eher das Gefühl, einen anderen Klub zu brauchen als einen Nervenarzt!«
»Und ich will für diesen Klub ein Talent retten. Wenn es stimmt, was Holldorf von Ihren Qualitäten sagt - und ich habe nicht den geringsten Grund, daran zu zweifeln, zumal ich im Fernsehen ein unglaubliches Tor von Ihnen gesehen habe -, dann hätten Sie nirgendwo besser landen können als bei der Bavaria.«
»Sehen Sie auch Bauchlandungen als geglückt an, Doktor?« Der sarkastische Unterton war nicht zu überhören, aber es schwang auch Witz mit, der den Arzt lachen ließ.
»Auf den Kopf sind Sie jedenfalls nicht gefallen, und jetzt wollen wir mal schön der Reihe nach vorgehen.«
Er zündete sich eine neue Zigarette an und schwenkte seinen schwarzledernen Drehstuhl ein wenig herum, so daß sie sich frontal gegenübersaßen.
»Wenn Sie auch eine Zigarette brauchen, bitte schön. Einmal ist keinmal, und manchmal spricht's sich leichter.«
Pall schüttelte den Kopf. »Ich spuck's auch so aus und will versuchen, es Ihnen recht zu machen. Ob's was bringt, ist eine andere Frage.«
»Das lassen Sie meine Sorge sein.«

Er sprach von Elternhaus, Schule und Lehre, von den ersten Anfängen im Fußball, und immer wieder kam er zurück auf den Vater, den er zuerst bewundert, dann aber gefürchtet und auch verachtet hatte. Der Arzt machte sich Notizen, stellte Zwischenfragen und hakte stets bei kleineren und größeren Erlebnissen mit dem Vater ein. Manchmal malte er auch Kreise und Männchen aufs Papier, und es ver-

ging weit über eine Stunde, ehe Pall zu seinen Problemen mit der Bavaria im allgemeinen und mit Furtner im besonderen kam. Aber es war ihm, als ob da Konzentration und Interesse des Arztes nachließen.
»Holldorf scheint Sie gut vorbereitet zu haben?«
»Ungefähr, Pall, ungefähr.«
Es war das erste Mal, daß er ihn mit seinem Kurznamen anredete.
»Sehen Sie, was ich gebraucht habe, waren die Dinge, die mir Holldorf nicht erzählen konnte, und das Bild ist hübsch rund geworden. Sie sind übrigens ein guter, präziser Erzähler, kein Schwafler, der sich in Nebensächlichkeiten verliert. Und Ihr Traum von Mailand hat mir die letzten Türen aufgestoßen.«
Und dann ganz unvermittelt: »Ihr Vaterkomplex hat sich erweitert auf Furtner. Will sagen, daß Sie jetzt gegen zwei Vaterfiguren kämpfen. Gegen den leiblichen Vater, oder von mir aus gegen den Halbversager, dessen Schicksal teilen zu müssen Sie mit Angst erfüllt, und gegen die Vaterfigur Furtner, dessen Macht und Können Ihnen Panik einflößen.«
Pall blickte ihn skeptisch an, sagte aber nichts.
»Ich weiß, was Sie jetzt denken, Pall. Sie glauben, zuviel gesagt zu haben, aber es nützt jetzt nichts, wenn Sie sich auf die Zunge beißen. Sie sind ausgesprochen sensibel, Pall. Alle großen Spieler sind es, und von Künstlern wollen wir gar nicht reden. Kreativität ohne Feingefühl geht nicht.«
»Mag sein, Doktor. Aber wie sieht es aus, wenn der wichtigste Spieler der Mannschaft die Kreativität für sich allein in Anspruch nimmt und man das verdammte Feingefühl hat, daß er einen nicht riechen kann?«
»Keine schlechte Frage.« Der Arzt spielte, ohne Pall anzuschauen, mit Zeige- und Mittelfinger auf der Glasplatte. »Gar keine schlechte Frage, wirklich!

Manchmal haben Sie Lust auf einen Boxkampf mit ihm, und Sie haben sogar das Gefühl, daß Sie ihn schlagen könnten, stimmt's?«
Pall nickte. »Er hat eine Art, einen herauszufordern, die einem in die Fäuste geht.«
»Aber ihr seid keine Boxer. Furtner ist groß, aber ich will Ihnen mal ein Beispiel erzählen von dem, den sie den Größten nannten.«
»Von Pelé?«
»Nein, ich meine den Allergrößten, ernannt von eigenen Gnaden und auch akzeptiert von der ganzen Welt. Er betrieb den Sport, den Sie mit Furtner nicht treiben dürfen.«
»Muhammad Ali?«
»Genau der. Aber bei der Sache, die ich Ihnen erzählen will, war er kaum älter als Sie und vollgestopft mit den gleichen Problemen.«
»Der und Probleme?« Pall schüttelte den Kopf wie ein Kind, dem man nicht mehr mit Märchen kommen darf.
Der Arzt klopfte mit den Fingern auf die Glasplatte, und es schwang Autorität darin mit. »Lassen Sie mich erzählen, und nehmen Sie mir ab, daß ich von der Psychologie von Spitzensportlern etwas verstehe. Und wenn ich sage, daß Ali mit ähnlichen Problemen vollgestopft war wie Sie, dann weiß ich, wovon ich rede. Damals hieß er übrigens noch Cassius Clay, und für ihn ging es – viel mehr als heute für Sie – um alles oder nichts.«
»Aber man kann Boxen doch nicht mit Fußball vergleichen!«
»Man kann jeden Wettkampfsport mit anderen Kampfsportarten vergleichen, und gleich werden Sie auch sehen, warum ich Sie mit dem jungen Cassius Clay vergleiche.«
»Ich bin gespannt.«
»Seien Sie's ruhig. Sein Vater war, wenn Sie so wol-

len, so ähnlich wie der Ihre, und nie hat er eine tiefsitzende Angst vor ihm überwunden. Und dann baute sich, wie ein Monument von brutaler Stärke, Sonny Liston vor ihm auf. Furtner ist Ihr Liston, Pall, auch wenn wir die Parallelen anders ziehen müssen. Schließlich war Liston ein ehemaliger Gangster, dem jeder einen Mord außerhalb und innerhalb des Rings zutraute. Für den jungen Cassius war er eine ins Gigantische übertriebene Inkarnation des ›bösen‹ Vaters, und der bloße Gedanke an den Kampf flößte ihm Furcht ein. Ich könnte Ihnen das auch noch mit anderen Beispielen belegen, aber ich will ganz einfach bei dieser Geschichte bleiben.«

»In Ordnung, Doktor. Wenn ich recht verstehe, wollen Sie sagen, daß der Cassius eigentlich keine Chance hatte, es mit Liston aufzunehmen.«

»Genauso war es. Und wenn Sie sich Ihr Duell mit Furtner betrachten, sehen Sie auch keine, stimmt's?«

»Ungefähr. Doch ein Fußballplatz ist kein Boxring.«

»Aber auch ein Platz der Herausforderung. Und Ihre Moral ist auf dem Nullpunkt, weil Sie nicht mehr daran glauben, diese Herausforderung bestehen zu können.«

»Stimmt auch.«

»Na, sehen Sie. Und sie werden auch sehen, daß die Parallelen noch weitergehen. Keiner von den Journalisten, die Meinung machen, setzt einen Pfifferling auf Sie, weil Sie im Augenblick totes Kapital der Bavaria sind. Aber ich gehe weiter, mein Freund! Sie haben Ihr gerütteltes Maß Schuld daran, weil Sie resignieren, statt sich dem Kampf zu stellen. Clay hatte auch Angst vor Liston, und es war nicht die Presse, die sie ihm genommen hätte! Die Begegnung wurde als der ungleichste Kampf des Jahrhunderts angekündigt, und von sechsundvierzig führenden amerikanischen Boxjournalisten tippten dreiundvierzig auf einen schnellen K.o.-Sieg Listons. Die Wettangebote der Buchmacher standen sieben zu eins für den Ex-Gangster mit der fürchterlichen Schlagkraft, und es gab Bürgerinitiativen, die wegen des grotesken Mißverhältnisses ein Verbot des Kampfes forderten. Clay bekam fürchterliche Angst und geriet in eine Art von Hysterie, die freilich nur von Fachärzten erkannt wurde.«

»Sie werden«, brummte Pall, »nun hoffentlich nicht auch bei mir so weit gehen!«

»Dummes Zeug! Aber ich will Ihnen zeigen, daß Sie auch nicht mehr normal reagieren, und Ihnen dazu einige Zitate präsentieren.«

Er machte sich an einem Bücherbord zu schaffen, das die ganze Längsseite des eher karg eingerichteten Zimmers einnahm, und kam mit einem dickleibigen Buch zurück.

»The Champions«, las Pall und dazu einen langen, wissenschaftlich wirkenden Untertitel.

»Ich kann nur ein paar Brocken Englisch, Doktor.«

»Ich will Ihnen auch keine Vorlesung halten. Nur zwei oder drei kleine Passagen sollen Sie hören. Ein vorzügliches Werk des englischen Wissenschaftlers Fuller übrigens.« Er fuhr sich mit dem Zeigefinger über die Zunge und blätterte ein Weilchen. »Hier, wie wär's damit:

›John Cottrell berichtet, daß Clay einmal, von Anhängern umgeben, vor Listons Trainingsquartier stand und schrie: Sonny ist groß und langsam. Er ist achtunddreißig oder vierzig und hat eine erwachsene Tochter. Aber ich bin schön und bewege mich wie der Blitz. Ich bin erst zweiundzwanzig und werde eine Million Dollar verdienen. Jemand sagte, Liston komme aus dem Haus. Clay rief aufgeregt: Laß den alten Grizzlybär nicht in meine Nähe kommen! Ich bringe ihn um! – Dann lief er davon und wurde in einem Cadillac weggebracht.‹«

»Hm«, machte Pall. »Ich bin nicht so beeindruckt, wie Sie vielleicht glauben.«
»Nicht so stürmisch, junger Freund! Haben Sie den Bärtigen nicht auch schon manchmal als Opa betrachtet, dem Sie's schon zeigen würden, wenn Sie dürften?«
»Da kann was dran sein«, räumte Pall ein.
»Und jetzt hören Sie die Geschichte vom Wiegen, das ja bekanntlich am Tag des Kampfes stattfinden muß: ›Als Liston eintraf, ging mit Clay eine dramatische Veränderung vor sich. José Torres berichtet: Er fuchtelte heftig mit den Händen, er sprang auf und ab und schrie, und seine Augen traten aus den Höhlen. Sein Körper schien geschüttelt zu werden. Es war verblüffend, es war erschreckend – Cottrell sagt, Clay habe Liston zugerufen: Ich freß dich bei lebendigem Leibe ... Heute abend wird im Ring einer sterben ... Du hast Angst, du Klotz, du hast so viel Angst, daß du aussiehst wie Floyd Patterson ... Du bist kein Riese. Budd Schulberg hörte ihn auch sagen: Du bist der Chump und ich bin der Champ!‹«
»Was ist ein Chump?«
»So etwas wie ein blöder, hohlköpfiger Klotz. – Aber hören Sie weiter: ›Immer noch schreiend, zog sich Clay in seine Kabine zurück, wo man ihm eine Strafe androhte, wenn er sich nicht beruhige. Doch im Wiegeraum begann er wieder zu schreien. Er sträubte sich und rollte erregt die Augen. Auch eine Strafe von zweitausendfünfhundert Dollar brachte ihn nicht zum Schweigen. Der Arzt stellte fest, daß Clay einen Puls von 110 gegenüber einem Normalwert von 54 hatte. Er erklärte, Clay sei von so schrecklicher Angst gepackt, daß ein totaler Zusammenbruch befürchtet werden müsse, ehe er den Ring betrete.‹«
»Aber er hat doch gewonnen, oder nicht?«
Der Arzt schob seine Lesebrille zur Nasenspitze vor und blickte ihn über die Gläser an. »Natürlich hat er

gewonnen, und Ferdie Pacheco, sein eigener Arzt, hat diese Vorfälle beim Wiegen später als einen Fall von selbstinduzierter Hysterie bezeichnet. Im übrigen hat Clay Liston so verprügelt, daß dieser, als die siebte Runde angeläutet wurde, nicht mehr in den Ring trat. Er war der zweite Schwergewichtschampion der Geschichte, der seinen Titel in der Ecke sitzend aufgab. Jetzt aber genug damit.« Der Doktor nahm die Brille ab und klappte das Buch zu. »Wenn Sie aufgepaßt haben, haben Sie Vergleiche ziehen können, und ich will jetzt wissen, ob Sie es getan haben.«

Pall nahm das Kinn aus der Hand, breitete die Handflächen aus wie Waagschalen.

»Ich weiß nicht, was ich sagen soll, Doktor. Man kann Äpfel und Birnen nicht vergleichen, oder?«

»Aber gibt es nicht genug Vergleichbares, Pall? Ich will nicht behaupten, daß Furtner Sie hysterisch macht, aber nach Holldorfs Berichten über Ihre Trainingsleistungen sind Ihr Punch und Ihr Selbstvertrauen futsch, und ich gehe keinen Millimeter von der Behauptung ab, daß es sich um einen selbstinduzierten Komplex handelt.«

»Könnten Sie das vielleicht auch auf deutsch sagen?«

»Nun, sagen wir, um ein hausgemachtes Minderwertigkeitsgefühl. Früher, bei Ihrer Viktoria, haben Sie einmal etwas zu sagen gehabt, und jetzt sind Sie sauer auf einen, der Ihnen nicht nur die Show stiehlt, sondern auch eine von allen anerkannte Berechtigung dazu hat. Das kann einen Mann schon umwerfen, und einen wie Sie noch viel leichter, da Sie noch gar kein richtiger sind.«

Wieder bekam Pall schmale Augen, und dem andern entging es nicht, weil er die Provokation wollte und die Reaktionen darauf.

Sie entsprachen seinen Erwartungen.

»Sie halten mich für einen mit leisem Ballgefühl gesegneten Deppen, Doktor, stimmt's?«
»Es stimmt nicht«, sagte der Arzt, »aber wenn Sie jetzt etwas anderes gesagt hätten, wäre ich enttäuscht gewesen. Ich habe Ihnen die Clay-Geschichte erzählt, weil ich Sie für einen Großen halte. Nicht für den Größten, notabene. Diesen Beweis müssen Sie selber führen, und es steht Ihnen eine Menge Zeit dazu zur Verfügung.«
»Und wenn ich keine Lust dazu habe?«
»Dann wären Sie ein Schwachkopf – aber das sind Sie gerade nicht! Im übrigen, und ich wünsche jetzt keinen Widerspruch, habe ich Ihnen Ihre Hausaufgaben gestellt. Wenn Ihnen die Lust fehlt, sich damit zu beschäftigen, können Sie den Berufsfußball aufgeben und ein Feierabendkicker werden. Das mag Spaß machen, ist aber nicht das, was Sie wollen, wenn ich es richtig sehe. Sie haben Ehrgeiz. Sie wollen und können es zu etwas bringen. Zu mehr als ich mit meiner Praxis – die nicht zu den schlechtesten in dieser Stadt gehört. Und Sie sind kein psychiatrischer Fall.«
»Die Zwangsjacke«, knurrte Pall, »habe ich schon. Die wird von Furtner verpaßt.«
Diesmal blieb das Lächeln des Arztes in den Mundwinkeln hängen. »Ich will Ihnen mal was sagen.«
Er kam nicht dazu, weil das Telefon läutete. Er griff nach dem Hörer und sagte bloß: »Soll reinkommen, wir sind sowieso fertig.«
Ein paar Sekunden später stand Holldorf unter der mit weißem Leder überzogenen Polstertür und grinste.
»Ziemlich lange Sitzung. Fast wie ein Pokalspiel mit Verlängerung.«
»So ungefähr«, meinte der Arzt nur.
Er zeigte keinen Ärger, weil er daran gewöhnt war, keine strahlenden Glückskinder vor sich sitzen zu

sehen. »Wir haben uns gut unterhalten, und wenn's nach mir ginge, würde er am Samstag spielen.«
Pall wollte etwas sagen, biß sich aber auf die Zunge und merkte, daß sie trocken war.
Draußen stand die Sonne tief, und es war zu warm für einen Septembertag. Es mußte Föhn sein.
»Ich habe Durst«, sagte er.
Holldorf lachte. »Trifft sich gut, Pall. Ich auch, und es gibt einen kleinen Biergarten um ein paar Ecken. Wenn er nicht voll ist von Fans, packen wir zwei Krüge, was meinst du?«
»Ich hätte nichts dagegen.«

Zu Palls Verwunderung fanden sie im Biergarten einen freien Tisch, dem ein alter Kastanienbaum Schatten spendete. Sie konnten ungestört reden. Pall versuchte, sich kurz zu fassen, und wenn er auch erst dabei war, etwas Abstand von einem nie gehabten Erlebnis zu gewinnen, so spürte er doch einen Druck weichen, der ihn seit Wochen belastet hatte. Vieles, was er in sich hineingepreßt hatte, verlor seine verschwommene Schwere und fiel von ihm ab. Und Holldorf fand Pall wieder ansprechbar und so, wie er ihn brauchte.
»Ich bin froh, Pall, daß du wieder das Maul aufkriegst. Weißt du, daß du angefangen hast, zu einer harten Nuß für mich zu werden?«
»Besser als eine taube!«
»Sicher, aber der Unterschied ist nicht groß, und viele Leute merken ihn nicht. Es wird Zeit, daß man etwas anderes von dir sieht als ein beleidigtes Gesicht. Und außerdem habe ich die Schnauze voll von den süffisanten Fragen des Präsidenten nach meinem Wunderknaben.«
»Hat der sich eigentlich«, brummte Pall und wischte sich Bierschaum vom Mund, »auch schon mal überlegt, wie schwer es Neulinge in seinem Klub haben?«

»Jetzt fang bloß nicht wieder mit der alten Leier an! Wenn dir der Doktor diesen Zahn nicht gezogen hat, dann reiß ihn dir eben selber aus mit Leistungen, gegen die auch kein Furtner anstinken kann! Du weißt, daß du es kannst, verdammt noch mal!«

»Aber nicht als Mittelstürmer. Was man in Mailand mit mir gemacht hat, war eine Gemeinheit, davon gehe ich keinen Millimeter ab!«

»Schluß jetzt damit! Daß es bei der Bavaria nicht zugeht wie in dem Provinzklub, aus dem ich dich geholt habe, hast du vorher gewußt. Jetzt reiß dich gefälligst zusammen und zeig, was du kannst. Bis jetzt gibt es dich überhaupt nicht. Unsere Fans glauben, daß ich eine Katze im Sack gekauft habe und mich nicht traue, sie vorzuzeigen. Ich an deiner Stelle würde ihnen zeigen, was ich kann.«

»Den Flickschuster für den großen Meister im Mittelfeld machen?«

Holldorfs Faust sauste auf den Tisch und ließ die Krüge wackeln.

»Und mit beleidigtem Sauertopfgesicht herumstehen, wenn er dir was sagt, was? Nein, Freundchen, so haben wir nicht gewettet. Spielen mußt du, daß sie nicht nur Autogramme von dir wollen, sondern den Kaugummi aus deiner Schnauze!«

Pall grinste. »So deutlich hab ich's noch nie gehört. Klingt aber gut und macht direkt Lust.«

»So höre ich dich lieber. In den letzten Tagen bist du auf dem Trainingsplatz herumgelaufen wie der Vorstand des Klubs der Taubstummen und der Fußkranken zugleich!«

»Morgen lauf ich und mach sogar's Maul auf.«

»Das wäre«, sagte Holldorf, »nicht schlecht. Und es wäre auch kein Fehler, ein paar Worte mit Furtner zu reden. Du wirst sehen, daß du dir da ein Feindbild zusammengebastelt hast, das hinten und vorne nicht stimmt. Ich habe lange genug mit ihm gespielt, um das behaupten zu können. Und jetzt gehn wir, weil wir nicht zum Saufen hergekommen sind. Das überlaß denen, die am Samstag eine Leistung von dir sehen wollen.«

»Moment mal«, sagte Pall. »Ich habe gesagt, daß ich morgen laufe, aber auch's Maul aufmache. Ich will keinen Krach mit Furtner anfangen, aber zu entschuldigen habe ich mich auch nicht. Wenn einer, dann er!«

Über Holldorfs Gesicht huschte ein dünnes Lächeln, das kalt war wie frisches Bier. »Wenn du bei dem eine Entschuldigung erwartest, kannst du genausogut auf Prämien warten, ohne zu spielen. Dem mußt du einfach zeigen, daß du deinen Platz in der Mannschaft hast, basta. Und ich lege verdammt Wert darauf, daß du es endlich tust!«

»Vielleicht«, sinnierte Pall, »hat der Doktor recht gehabt.«

»Wie meinst du das?«

»Man kann einen heißen Haß kalt abreagieren.«

»Aber bitte«, sagte Holldorf, »nicht mit einer Keilerei. Wir sind kein Boxklub! – Mir fällt da eine Geschichte ein, die du dir merken solltest. Du hast von Di Stefano und Puskas gehört?«

Pall nickte. »Real Madrid. Ein riesiges Gespann, aber ich glaube, da war ich noch gar nicht geboren.«

»Stimmt. Aber sie sind nicht auf Anhieb ein riesiges Gespann gewesen. Puskas kam als Flüchtling aus Budapest. Muß neunzehnhundertsiebenundfünfzig oder achtundfünfzig gewesen sein, und Puskas war schon über dreißig. Und Di Stefano mußt du dir als Reals Furtner vorstellen – größer noch. Sie nannten ihn den besten Spieler der Welt. Ein Mittelstürmer, der überall war und jeden Grashalm zwischen den beiden Strafräumen berührte. Aber auch ein Diktator, mein Lieber, mit dem verglichen der Furtner ein Seelsorger ist.«

Pall hatte Mühe, seinen letzten Schluck Bier nicht über den Tisch zu prusten.
»Lach nicht und hör weiter. Di Stefano war jedes Jahr Schützenkönig von Real Madrid, aber Puskas war das zu Hause in Budapest auch gewesen, und er hatte nichts verlernt. Und in seiner ersten spanischen Saison haute er so viele Dinger rein, daß ihn die Fans Pancho nannten und Di Stefano stocksauer wurde. Aber dieser Puskas Ferenc konnte nicht nur schießen, sondern auch denken. Als er merkte, daß Di Stefano zu seinem Feind wurde, machte er ihn sich zu seinem Freund. Er verzichtete auf eigene Chancen und bereitete so viele Treffer für Di Stefano vor, daß der wieder Schützenkönig wurde. So und nicht anders ist das riesige Gespann entstanden. Am Anfang Reibereien und dann Klugheit. Ich würde mir das gut merken, Pall, und dazu noch bedenken, daß du ein Anfänger bist und Puskas schon fast hundert Länderspiele hinter sich hatte, als er sich mit seinem Diktator arrangierte!«
Sie standen auf, und auf dem Weg zu Holldorfs Wagen meinte Pall, daß es tatsächlich Nützlicheres gäbe, als mit verbissenem Gesicht und angestauten Aggressionen zu trainieren.

8

Es ist ein Spätsommertag wie Samt und Seide, und das olympische Zeltdach bündelt Sonnenstrahlen aus weiß-blauem Himmel wie eine gewaltige Lupe. Silberne Fäden des Altweibersommers schweben in der warmen Luft der gläsernen Kuppel, die mit vibrierender Spannung geladen ist. Siebzigtausend sind gekommen, weil Hamburg kommt, und sie haben ohne zu murren ihren Topzuschlag bezahlt, weil der Sieger dieses Spiels alleiniger Tabellenführer wird. Und die Ehrentribüne ist nicht groß genug für alle Würdenträger, die sich um den bayerischen Landesvater scharen, und für die eitle Schickeria, die zur Halbzeit in einem Ehrenraum abgefüttert wird, damit sie sich standesgemäß vom Volk in den Kurven absetzen kann.
Jetzt aber, beim Nahen des Anpfiffs, in diesen Minuten, die sich knisternd dehnen, brodelt Verbundenheit im gewaltigen Betonkessel und schwappt über seine Ränder.
Und der Oberbürgermeister denkt, daß er niemals so viel freudige Erwartung von seinem Rathausbalkon aus erzeugen kann.
Da, wo die Ehrengäste sitzen, schreit der Wurstfabrikant Hudak über vier Reihen hinweg einem anderen Fabrikanten etwas zu, der gewissermaßen sein Kumpel ist, aber eine solche Titulierung wie Essig schlucken würde. »Komm nach dem Spiel rüber zu mir, nach Grünwald, wenn du Lust hast. Die halbe

Mannschaft hat schon zugesagt, und wenn sie gewinnen, wird's vielleicht die ganze! Und viele lustige Leute. Der Champagner ist kaltgestellt, und es wird bärig im Garten!«
Zustimmend nickt der andere mit der Halbglatze und dem Doppelkinn und macht das V-Zeichen mit den Wurstfingern, an denen ein hochkarätiger Brillant in der Spätsommersonne funkelt.
Man versteht sich auf der Nobelgalerie. Und die Privilegien, die man dem Volk in der Kurve voraus hat, tun sattem Selbstverständnis gut.
Bloß, und da ist sie wieder, die standeswidrige Gemeinsamkeit des Augenblicks: Was das Gewinnen angeht, sitzt man nicht auf einer Yacht, sondern mit den anderen in einem hundsgemeinen Boot, und die Notwendigkeit, gemeinsam Wasser zu schöpfen, damit es unter höchster Belastung am Schwimmen bleibt, prallt wie ein kalter Wasserstrahl auf angestammte Eitelkeit.
Der Fußball ist auch ein großer Gleichmacher.
Drüben, in der Kurve, wo sich auch sehr häufig die gleichen Leute am gleichen Platz treffen, schreit der Huber Edi dem Wolfbauer Sepp zu, daß man sich nach dem Spiel im Augustiner trifft.
Von Sieg sagt er nichts. Vielleicht deshalb, weil die kleineren Leute mit kleinerem Marschgepäck kommen, in dem immer auch Platz zum Einpacken der Enttäuschung ist.
Die Spinner, die sich mit rhythmischem Klatschen Blasen an die Hände schlagen und nach neunzig Minuten Gebrüll nur noch das Gekrächze heiserer Raben hervorbringen, gehören zu einer anderen, herdenhaften Kategorie, die so viel Bier vorwegnehmen, daß sie hinterher keines mehr vertragen.
Und diese unüberschaubar riesige und doch in Klassen geteilte Masse von Zuschauern erlebt den Einmarsch einer Bavaria, in deren Mittelfeld zum er-

stenmal bei einem Bundesligaspiel der Neuzugang Walter Pallmann steht.
Das Publikum ahnt weder etwas von seinen Nöten noch von der nur wenige Tage zurückliegenden Sitzung beim Psychologen. Gut, ein Neuer. Man hat wenig von ihm gehört und wird sehen, was er taugt. Und bei der Bavaria muß einer schon was zeigen, um für tauglich befunden zu werden.
Keiner weiß es besser als der, der über den Psychologen ins Team gekommen ist. Es ist nichts darüber in den Zeitungen gestanden, und Holldorf hat ihm auch versichert, daß die Mannschaft nichts erfährt, weil nicht jeder soviel Hirn hat zu begreifen, daß auch belastete Köpfe Erleichterung brauchen können.
Er ist froh darüber, aber er hat in der Kabine auch das Zwinkern in Furtners Augen gesehen. Na, hat der Doktor unserem Knäblein die Angst vor dem schwarzen Mann ausgetrieben?
Oder ist es nur ein kumpelhaftes Grinsen gewesen, ein Versöhnungsangebot, weil jede Reiberei zurückstehen muß, wenn es gegen den HSV geht?
Man kann, hat Pall gedacht, diesen Kerl nicht ausrechnen. Eher schon die Hamburger, die ihr Angriffsspiel von der rechten Flanke her auf ihren langen Mittelstürmer Urbesch zuschneiden. Sie haben im Trainingsquartier draußen am See Video-Aufzeichnungen studiert und Pall eine Sonderaufgabe auf der linken Seite des Mittelfelds gegeben: Wenn der rechte Verteidiger zu seinen Vorstößen ansetzt, soll er ihn übernehmen.
Es ist nicht das, was man sein Spiel nennen könnte. Er will nicht den Terrier spielen, sondern konstruieren. Das ist immer seine Vorstellung von Fußball gewesen, aber die Bavaria ist nicht die Viktoria vom Lande, und er will in seinem ersten Bundesligaspiel nicht ausgewechselt werden.

Tu, was sie verlangen, sagt der Verstand, und unter dem roten Trikot klopft das Herz ein wenig schneller als sonst, als sie am Mittelkreis Aufstellung nehmen und die Hände zum Gruß für eine brodelnde Kulisse heben. Von der Haupttribüne wird zurückgewinkt, und im Fahnenmeer der Kurven hüpfen sie schon.
Auch die Fernsehkameras sind da. Logisch, es ist das Spitzenspiel des Tages, und für einen winzigen Moment denkt Pall an sein Tor für die Viktoria, dem sie drei oder vier Wiederholungen in Zeitlupe gewidmet haben.
Dann eröffnet ein Pfiff, der ihm schriller vorkommt als jeder, den er bisher auf einem Spielfeld gehört hat, sein erstes Spiel in der Bundesliga.

Es läuft besser an als in Mailand. Schon nach Sekunden springt der erste Ball auf ihn zu, und er kommt von Furtner. Keine Zeit zum Nachdenken, ob es Zufall ist oder Starthilfe sein soll. Ein guter Ball auf alle Fälle, der dich nicht dastehen läßt wie einen verlassenen Köter. Kinderleicht anzunehmen im Lauf, und der nächste Gegner ist nicht nahe genug, um eingreifen zu können.
Aber nicht gleich ins volle Risiko rennen! Ruhe bewahren und lieber erst einmal Alibi-Fußball spielen, der vielleicht nicht viel Raumgewinn, aber auch keine Pfiffe bringt.
Pall schiebt den Ball, mehr quer als steil, zu Rumnick und spürt unterschwellig, daß er es recht macht und ein uraltes Gesetz dieses Spiels befolgt: Nahtloses Einfügen läßt die Galerie zwar nicht jauchzen, aber sie hat leisen und erwartungsvollen Gefallen daran.
Anpassung ist für einen Neuling besser als ungestümes, beweisgieriges Drängen.
Besonders, wenn man Furtner neben sich hat.
Pall spürt ihn, als ob er ein Stück von ihm tragen

müßte. Er weiß, es ist Einbildung, aber auch eines jener Prinzipien, die zum Mittelfeldspiel der Bavaria gehören.
Furtner ist der Konstruktionschef. Er darf nicht mit dem Geschäft von Arbeitsbienen belastet werden, die mit beflissener Emsigkeit um ihn herumzuschwirren haben. Ein Auge auf den Gegner, aber das zweite auf ihn.
Das Spiel macht er. Und er macht es so gut, daß es aussieht, als ob ihm als einzigem das dritte Auge gegeben wäre.
Der Start ist gut für die Bavaria, und Pall kann ihm nach fünf Minuten eines jener Lichter aufsetzen, die die Galerie nicht nur mit mäßigem Wohlgefallen, sondern mit Jauchzen aufnimmt.
Er hat etwas geahnt, als ob er Furtners drittes Auge hätte. Der Hamburger Libero hatte getändelt, und dann ist plötzlich der rechte Verteidiger nach vorne zur Mittellinie gestartet.
Einen Dreißig-Meter-Paß will der im Lauf mitnehmen, aber diese Rechnung ist ohne den Wirt gemacht, der Pallmann heißt und die Sendung abfängt. Mit drei schnellen Schritten hat er das eben noch offene Loch gestopft, und der Mann, der am rechten Hamburger Flügel davonlaufen wollte, stoppt ab und haut wütend mit dem Absatz ein Loch ins olympische Gras.
»Gut so«, keucht Furtner hinter ihm, und wenn er jetzt vor ihm wäre, könnte er einen jener Steilpässe kriegen, die keine Gasse aufreißen, sondern einen ganzen Boulevard.
Pall sieht Unordnung und Zögern in der Hamburger Abwehr, und er sieht vor allem das ungestopfte Loch am linken Flügel.
Selber gehen? Für den Bruchteil einer Sekunde reizt es ihn, und bei der Viktoria hätte er es gemacht. Aber dann denkt er ans Anpassen und auch daran,

daß bei der Bavaria andere mitdenken. Schon stößt Rumnick in das Loch an der Flanke, und so gefühlvoll schiebt ihm Pall den Ball in den Lauf, daß er keinen Zentimeter vom Weg abweichen muß.
Er spürt für seinen ersten Szenenbeifall ein Glücksgefühl hochsteigen, das mehr wiegt als drei Tore für die Viktoria. Auch wenn der Beifall kurz ist und sich ausweitet in die Anfeuerung für Rumnick.
Es ist nicht die Direttissima zum Tor. Mit wirbelnden Schritten nähert er sich der linken Ecke des Strafraums, und genau da, wo die weißen Linien rechtwinklig zusammenlaufen, läßt er den herbeigeeilten Vorstopper mit einer Körpertäuschung leerlaufen.
Rumnick ist ein Meister der fast nur angedeuteten Finte und der Balance. Brüsk stoppt er ab, während der andere auf dem Rücken übers Gras schlittert, und zieht mit beherrschter und kurzer Ballführung nach innen.
Nur noch der Libero steht vor dem Torhüter, und ein neuer Haken stellt ihn auf den falschen Fuß. Und jetzt gibt es auch auf dem Spielfeld nur noch Zuschauer, weil nichts anderes mehr kommt als das Duell zwischen Rumnick und dem Torhüter.
In seinem grünen Pullover sieht der Mann zwischen den Pfosten aus wie ein Ochsenfrosch, der sich aufbläst.
Und dann macht ihn Rumnick ganz klein und hilflos. Aus acht Meter Entfernung und aus dem Fußgelenk heraus schlägt sein Flachschuß zum Führungstor der Bavaria in der rechten Ecke ein.
Die Menge hat ein feines Gefühl für die Treffer des Zufalls und für jene, die mit Einfallsreichtum und Technik herausgespielt werden. Sie bezieht Pall genauso in ihre Ovationen ein wie den Torschützen, der ihn auch spontan umarmt, ehe er unter einer roten Menschentraube verschwindet, weil ein solches

Tor in einem solchen Spiel auch bei der verwöhnten Bavaria ein Fest ist.
Am meisten aber genießt Pall beim Zurücklaufen zur Mittellinie Furtners Schulterklaps. Er kommt ohne Kommentar, wie zufällig, und er weiß trotzdem genau, daß er viel sagen will. Furtner hat gesehen, von wem die Vorarbeit kam, auch wenn Rumnick den Rest ebenso raffiniert wie kaltblütig besorgt hat. Von nichts kommt nichts.
Aber die Hamburger wissen das auch. Sie schalten auf Risiko, weil man ein 0:1 nicht verteidigen, sondern ausgleichen muß, wenn man im Rennen um die Meisterschaft bleiben will.
Oh, es ist kein ungestümes Anrennen, sondern das beherrschte Risikospiel einer Mannschaft, die ihre großen internationalen Kraftproben genauso hinter sich hat wie die Bavaria. Druck im Mittelfeld macht sie und versucht, ihren langen Mittelstürmer aus der Isolation zu lösen. Er bekommt Unterstützung von hinten, und Pall zieht sich instinktiv zurück, um den roten Wall dichter zu machen.
Gelegentlich tut es sogar Furtner. Aber er lauert mehr auf die Konterchance, sucht den Augenblick, in dem er Rumnick oder Tönes, die von Abwehraufgaben dispensiert sind, mit Steilpässen losschikken kann. Wie kein anderer beherrscht er den plötzlichen Rhythmuswechsel nach verschlepptem Tempo.
Fast zahlt es sich nach einer halben Stunde aus, als er sich am rechten Flügel durchmogelt. Wie eine Katze schleicht er sich an, und den Sprung nach der Flanke muß dann der lange Tönes machen. Zwischen Libero und Vorstopper wuchtet er sich hoch, reckt sich über ihre Köpfe und bringt auch die Stirn zum Ball. Nur athletische Kraft schafft so etwas, aber er bekommt Ellbogen in die Rippen gewuchtet, und das Timing mißglückt. Um zwanzig Zentimeter zu hoch

streicht der Ball über die Querlatte, weil er ihn nicht genug nach unten drücken kann.
Hamburgs Mittelstürmer aber gelingt drei Minuten vor der Pause aus einem wilden Gedränge im Strafraum heraus der Ausgleich, just zu dem Zeitpunkt, den die Reporter den psychologisch wichtigsten getauft haben.

Auf jeden Fall macht der Ausgleichstreffer ganz unterschiedliche Stimmung in den Kabinen. Der Tee schmeckt nebenan besser als bei der Bavaria, weil die Hamburger ein Tor mitschlürfen, das laut Furtner so überflüssig wie ein Kropf ist. Aber er hält sich nicht auf damit und läßt den Trainer reden.
Ein großer Redner ist Durkovic freilich ohnehin nicht. Und das Umsetzen seiner Gedanken ins Deutsche fällt ihm in Situationen wie dieser noch schwerer als sonst. Aber Pall hat es zu schätzen gelernt, daß er nicht mit fletschenden Zähnen in der Kabine herumrast, als wolle er lieber Köpfe abbeißen, als sie zum Denken anzuregen.
Überhaupt, was soll er eigentlich sagen? Die Bavaria ist das, was man eine reife Mannschaft nennt, und bei der kommt das Gebrüll eines Scharfmachers nicht an. Furtner würde es mit der simplen Frage abdrehen, ob der Herr Trainer vielleicht sein Trikot übernehmen wolle.
Und Pall ertappt sich dabei, plötzlich eine viel beruhigendere Vaterfigur in Furtner zu sehen. Und nur mit halbem Ohr hört er die Worte des Trainers, weil er wieder Furtners Schlag von vorhin auf die Schulter spürt.
Das zählt mehr als Worte. Was er hört, verletzt nicht, weil es logisch ist, daß man nach dem 1:1 wieder Druck macht und sich von den Hamburgern vor eigenem Publikum nicht einwickeln läßt.
Und es ist auch logisch, daß ihn Durkovic nicht aus-

wechselt. Er hat sich gut in die Abwehr eingefügt und auch in die Offensive, und er hat ein Tor vorbereitet. Gegen ihn liegt nichts vor, und als der Schiedsrichter draußen im Gang pfeift, reißt er sich von der Bank hoch mit dem Gefühl, daß es auch nach dem Spiel so sein wird.

Selbstvertrauen ist da, von dem er gar nicht mehr gewußt hat, daß es das gibt. Mehr noch: Er spürt, daß es sein Spiel wird, weil man ein 1:1 nicht verteidigt, sondern in die vollen geht. Mit Risiko, sicher. Aber auch mit Überblick. Und als sie, vom rot-weißen Fahnenmeer der Kurven begrüßt, hinausgehen aufs Feld, spricht er mit dem kleinen Riedl. »Ich will ein bißchen mehr nach vorne jetzt. Paß auf die linke Flanke auf, wenn sie kontern.«
»Okay, Pall, aber verdirb's nicht mit Furtner!«
Doch diesmal löst der Name bei Pall keine Angst aus.
Es läuft gut an, auch wenn sich Tönes gleich Pfiffe holt, als ihm an der Strafraumgrenze ein Ball von den langen Beinen springt.
Es wirkt ungelenk wie das Tapsen des Storches im Salat, und Pall denkt, daß er nie Beifall kriegen kann, wenn er nicht ein Tor macht. Es ist eine Mischung von Spott und Haßliebe, die sie auf ihn niederprasseln lassen, und man braucht verdammt gute Nerven, um das immer wieder zu schlucken.
Aber das spürt Pall nur unterschwellig. Die Gedanken sind beim Kampf, in den der Gegner jetzt Härte pumpt. Die Wucht der Tacklings steigert sich, und das ist der beste Beweis dafür, daß die Hamburger das Risiko drosseln und aufs Unentschieden ausgehen.
Und das Mittelfeld verlagert sich deutlich in die Hamburger Hälfte. So eng wird es, daß man glauben könnte, die Blauen hätten unerlaubte Verstärkung

geholt, und zum erstenmal erlebt Pall, daß die üblichen Maßstäbe nicht für ein Spitzenduell der Bundesliga gelten.
Es fehlen die schwachen Punkte, an denen man zum überraschenden Sieg ausholt.
Das macht ihn vorsichtig, obwohl sein Selbstbewußtsein intakt ist wie noch nie, seit er dieses rote Trikot übergestreift hat.
Und Furtner bläst die große Angriffstrompete, ein Solist, der gleichzeitig dirigiert. Für ihn ist der Trainer ein Zuschauer wie jeder andere, der nicht auf dem Rasen steht.
Recht hat er, denkt Pall. Ob der da draußen auf seiner Bank schreit oder bloß die Fäuste ballt, ändert am Lauf des Balles so gut wie nichts. Auch der Fahnenträger in der Kurve schreit und ballt die Fäuste. Und er läßt sich in die Offensive treiben. Nicht bloß, weil es jede Geste von Furtner fordert, sondern auch, weil er in der Härte des Gegners die Schwäche sucht.
Es gibt sie, sonst hielte er das Spiel offen. Aber man muß sie finden und hineinstoßen in dem Moment, in dem es ihm besonders weh tut.
Es ist die Art von Fußball, die Pall am meisten liebt, weil sie das Leben widerspiegelt. In seiner Urform: Überliste den anderen da, wo er am schwächsten ist.
Und es gibt verheißungsvolle Ansätze. Es ist, als ob Furtner Funken sprühte, die überspringen, und während einer ganzen Viertelstunde werden die Hamburger in ihrer Hälfte zusammengedrückt wie Obst in der Presse.
Nur: Sie lassen den Saft nicht, der hier alles bedeutet. Ganze Bündel von Flanken verpuffen in ihrem Strafraum wie naß gewordene Raketen, und die Kopfballversuche von Tönes zerplatzen wie die Dribbelversuche von Rumnick.
Es ist ein Anrennen, das hektisch wird und deshalb

gefährlich, weil die anderen, wenn der unkontrollierte Befreiungsschlag vermeidbar ist, den Konter suchen. Dann kann Urbesch, ihr Mittelstürmer, von Aufräumungsarbeiten entbunden, schon mal mit einem präzisen Paß rechnen.
Und nach siebzig Minuten kriegt er den, auf den er gelauert hat. Drehung und Schuß sind eine einzige Bewegung, und der Ball kracht in der kirchhofartigen Stille des Olympiastadions unter das Dach des Netzes.
Es dauert eine Weile, bis sie in der Kurve Luft zum Pfeifen und auf der Ehrentribüne Luft zum Schimpfen kriegen. Der Wurstfabrikant Hudak sagt bei denen, die er über ein paar Reihen hinweg erreichen kann, die Gartenparty in Grünwald ab, weil man nach einem solchen Mist nicht feiern kann, und der Landesvater läßt seinem Chauffeur bestellen, daß heimgefahren wird.
Aber unten auf dem Rasen haben sie noch zwanzig Minuten Dienst. Es sind jene Minuten, die verteufelt kurzlebig sind bei einem Gegner, der weiß, wie man einen Vorsprung über die Zeit bringt, und der die Mittel dazu hat.
Nicht, daß er die Härte überzöge, wie es in solchen Fällen die grauen Mäuse tun. Der Große erniedrigt sich nicht zu solcher Gangart und behält Noblesse im Spiel. Abwehr verstärken, Ball halten und Tempo verschleppen: alles erlaubte, profihafte Mittel, an denen sich die in Zeitnot geratene Bavaria die Zähne ausbeißen kann.
Vielleicht, denkt Pall, bin ich mitschuldig, weil ich zu offensiv gewesen bin, und der Furtner wird mich wieder in die Pfanne hauen.
Aber die Lähmung dauert keine halbe Sekunde. Die Zeit läuft davon, und er läuft ihr nicht rückwärts nach, sondern nach vorne, schüttelt Anweisungen ab und spürt um sich herum einen Willen, der ansteckt.

Und er hört Furtners antreibende Stimme in einer Arena, die lauter wird, weil sie an dieses Sich-Aufbäumen glauben will.
Es kommen die Außenverteidiger nach vorne und der Libero, aber die Doppelpässe, die durch den Abwehrwall flutschen, reißen nur kleine Löcher und keine Gassen auf. Am Strafraum wird dieses Powerplay zerhackt und auf die Flügel abgedrängt.
Noch zehn Minuten. Pall spürt, daß er große Wege gegangen ist und in den verdammten letzten Wochen nicht konzentriert genug trainiert hat. Die Lungen sind unter dem schweißnassen Trikot am Bersten, und immer schwerer wird es, Beine wirbeln zu lassen, in die Blei zu rutschen scheint.
Daß Furtner langsamer wird, hört er mehr als daß er es sieht, weil die helle Stimme immer häufiger von hinten kommt.
Aber der bärtige Dreiäugige behält seinen klaren Blick. Da ist plötzlich, aufgerissen von einem furiosen Dribbling Rumnicks, ein Loch auf der rechten Flanke. Doch Rumnick wird abgedrängt und schafft, mit dem Rücken zum Tor, nur einen Rückpaß an Furtner.
Im gleichen Moment spurtet Pall in die Gasse. Und wie an der Schnur gezogen kommt Furtners Paß. Es ist ein so blitzschnelles Direktspiel, daß die Hamburger Abwehr für einen Augenblick festgenagelt scheint. Und im Zentrum steht Tönes wie einer, den man vergessen hat.
Pall hat Zeit, seine Flanke präzis anzusetzen, und unbehindert fast wuchtet der Mittelstürmer den Ball zum 2:2 unter den Querbalken.

Es ist, als ob der Bauch des Stadions vor Jubel platzen müßte. Neun Minuten bleiben noch und Siebzigtausend brüllen weiter, um die Bavaria in den Sieg hineinzutreiben.

Obermayer schafft das 3:2 in der vorletzten Minute. Und ob man es glücklich nennen mag oder nicht, weil er einen Abpraller aus zwanzig Meter Entfernung unters Lattenkreuz donnert – das Olympiastadion schwappt über von einer Begeisterung, wie sie Walter Pallmann in seiner jungen Karriere noch nie erlebt hat.
Und auf der Ehrentribüne macht der Wurstfabrikant Hudak die Rücknahme seiner Gartenparty wieder rückgängig. Gleich wird er mit Manager Holldorf und auch mit dem Präsidenten reden, daß möglichst die ganze Mannschaft kommt. Feste muß man, kruzitürken, feiern, wie sie fallen. Heiser ist er auch geworden, der Hudak. Wie ein ganz gewöhnlicher Mann in der Kurve. Und dann spricht er seine Party im Ehrenraum der Prominenz mit Holldorf ab und einem Präsidenten, der aus einem vor Aufregung durchschwitzten Hemd herauslacht.
In der Kabine haben sie die nassen Hemden schon weggeworfen. Der Zeugwart ist am Einsammeln und muß neues Mineralwasser herbeischleppen, weil die von Kampf und Hitze ausgelaugten Körper nicht genug kriegen. Diese ersten Minuten des Aufatmens und der primitiven Genüsse nach dem Erfolgserlebnis sind die schönsten.
Und dann die Dusche. Pall sitzt, während die meisten schon unter den prasselnden Strahlen stehen, immer noch auf der Bank, die Füße mit den offenen Schuhbändern so weit von sich gestreckt, wie es geht, die Hände hinter dem Kopf verschränkt. Die Stutzen hat er hinuntergestreift, und zwischen Knie und Knöchel sieht man noch das Waffelmuster der Schienbeinschützer. Aber keinen Kratzer; nur einen dunklen Fleck, der farbig zu werden beginnt, und jetzt, da er ihn sieht, tut er auch weh.
Eine Kleinigkeit, und nach einem solchen Spiel gar nicht der Rede wert. Trotzdem hinkt er, als er die

Schuhe abgestreift hat, zum Duschraum hinüber. Es wäre nicht nötig, aber in der Intimität der Kabine bietet die frische Blessur dem ausgelaugten Erfolgreichen masochistischen Genuß.

Er denkt, daß sie im kleinen Duschraum der Viktoria jetzt gesungen und noch einmal die ganze Partie durchgespielt hätten, bis ihnen der Platzwart Verschwendungssucht vorgeworfen und das heiße Wasser abgestellt hätte.

Aber bei der Bavaria wird weder gesungen noch gespart, und es wird auch nicht mehr durchgekaut, was vorbei ist. Da fängt jeder schon unter der Dusche wieder an, sich von der vollzogenen Mannschaftsarbeit zu lösen und zum Individuum zu werden.

Pall ist zum erstenmal richtig dabei, weil alles, was vorher gewesen ist, nicht zählt. Und er merkt, daß man bei der Bavaria anders siegt als bei anderen Klubs. Vielleicht, denkt er, gewinnen sie zu oft. Dann erst fällt ihm ein, daß er seine erste Prämie verdient hat.

Später, beim Anziehen, haben's einige eilig, und als Holldorf in die Kabine kommt, um zur Party des Wurstfabrikanten Hudak in Grünwald einzuladen, werden mehr Köpfe geschüttelt als Hände gehoben.

Aber der Manager läßt nicht locker. Die Sache scheint ihm wichtiger zu sein als Einladungen anderer Art, und er bestellt auch den Wunsch des Präsidenten, die Mannschaft zu sehen. So kommen doch noch zwei Drittel zusammen, aber einige wollen erst später mit ihren Frauen nachkommen.

Wer die ARD-Sportschau sehen will, soll gleich losfahren, und der kleine Riedl, Junggeselle wie Pall, nimmt ihn auf die Seite. »Laß uns zusammen rausfahren, wenn du nichts Besseres vorhast. Es ist bärig beim Hudak, und dein erstes richtiges Spiel willst du doch sowieso sehen, oder?«

»In Ordnung«, sagt Pall, »ich komme mit.«

9

Obwohl fast eine Stunde seit Spielende vergangen war, wälzte sich durch den Olympiapark noch immer eine nur wie durch Nadelöhre zäh abfließende Blechlawine. Aber nicht diese motorisierte Evakuierung war es, die Pall in Erstaunen versetzte, sondern die Zahl der jungen Autogrammjäger, die den Ausgang der Spieler umlagerte.
Und es gab keinen Zweifel: viele lauerten auf ihn. Er bekam so viele Hefte, Alben und Zettel hingestreckt, daß er sich schämte vor dem kleinen Riedl, der hier und da zusätzlich unterschreiben durfte, obwohl er mit seinen zwei Meisterschaften kein heuriger Hase war.
Von allen Seiten hörte er seinen Namen, und sie ließen die zweite Silbe weg, als ob er kein Neuling, sondern ein alter Bekannter wäre.
Es tat gut, dieses ›Pall‹ von hellen Jungenstimmen. Aber aufs Papier schrieb er Walter Pallmann, denn man war schließlich nicht in Brasilien, wo nur die Kriegsnamen der Spieler zählen.
Es gelang ihm erst, sich aus der Umklammerung der jungen Fans zu lösen, als Furtner am Ausgang erschien.
Er fing sofort an, in die Hefte zu schreiben, die sich ihm entgegenreckten, und Pall wunderte sich. Oft genug hatte er ihn mit verbissenem Gesicht durch die Autogrammsammler rudern sehen.
Er griff nach der Sporttasche, die er abgesetzt hatte,

und fragte Riedl auf dem Weg zum Parkplatz, was er davon halte.
Riedl grinste. »Er hat dir zeigen wollen, daß es immer noch gefragtere Autogramme gibt als deines. Den kennst du noch lange nicht richtig!«
Pall schluckte, aber diesmal spürte er keinen Stich in der Magengrube.
Noch war der Verkehr zähflüssig, und der junge Mann, der den großen Wagen fuhr, zuckte bedauernd mit den Schultern. »Zur Sportschau kommt ihr leider nicht mehr zurecht. Es kann sieben werden, bis wir draußen sind.«
»Auch egal«, sagte Riedl. »Gewonnen ist gewonnen, was, Pall?«
Pall nickte. Aber völlig egal war es ihm nicht, weil jeder seine Premiere nur einmal feiert und nicht jeder eine große hat.
Der Mann am Steuer war ein Freund von Riedl, und man brauchte nach den Heimspielen solche Abholer, weil die Mannschaft vom Trainingslager am Tegernsee mit dem Bus anreiste.
»Sie hatten«, sagte der Abholer zu Pall, »ein großes Debüt. Zwei Tore vorbereitet und ein Riesenlaufpensum dazu. Ich wundere mich nur, daß Sie so lange auf Eis gelegen sind.«
Es tat Pall gut, aber er fand es besser, mit den Schultern zu zucken, als sich den Mund zu verbrennen. Noch nie hatte er sein Herz vor Leuten ausgeschüttet, die er nicht kannte.
»Wenn man aus der Zweiten Liga kommt«, sagte er nach einer Weile, »braucht man Geduld bei der Bavaria.«
Der Fahrer grinste. »Und auch bei Furtner, stimmt's?«
Jetzt lachte Riedl. »Ganz falsch liegst du nicht, Conny, aber laß ihn jetzt in Ruhe. Ich meine, daß er heute mehr gewonnen hat als ein Spiel.«

»Da kannst du recht haben. Wenn ihn der Trainer im nächsten Spiel nicht aufstellt, müßte man ihm die Augen ausstechen!«
»Bei Blinden«, feixte Riedl, »ist das ziemlich sinnlos, meinst du nicht?«
Und sie blödelten noch ein Weile weiter. Typischer Spielerflachs nach einem erfolgreichen, über das Normale hinausgehenden Gewaltakt.
Endlich kam die Einfahrt zur Villa des Gastgebers, und es gab schon keine Parklücken mehr davor.
Als Kies unter seinen Füßen knirschte, überkam Pall wieder diese seltsam unwiderstehliche Lust zu hinken; aber er spürte, daß es nur die Schwere der Beine war nach einem anstrengenden Spiel, das sich einfach nicht mit dem Training vergleichen ließ. Ich habe, dachte er, mehr gebracht, als ich drinhatte.
Riedl sah ihn von der Seite an. »Du gehst ja wie auf Stelzen.«
»Ich habe lange nicht gespielt.«
»Morgen früh nach der Massage ist alles vorbei.«
Für Sonntag um neun war Pflege im Klubheim angesetzt, und Pall fand es gut, nur zu früh. Er konnte nach schweren Spielen lange schlafen, und bei der Viktoria hatte er es immer so gehalten. Aber die wollte und konnte auch nicht Deutscher Meister werden.
An den Autos sah er, daß keine kleinen Leute eingeladen waren, und der Park mit den weit ausladenden alten Bäumen hinter der weißen Villa kam ihm wie eine Filmkulisse vor.
»Wurst müßte man machen statt Tore«, sagte er zu Riedl.
»Du wirst«, sagte der, »auch Halbseidene sehen mit Schulden wie Sautreiber, aber die fallen immer wieder auf die Füße.«
»Aber es sind mehr Gestopfte dabei, oder?«
»Klar. Um einen großen Klub schwirren sie herum

wie die Motten ums Licht. Schickeria, da brauchst du keine Brille!«
Pall merkte schnell, daß der kleine Riedl recht hatte. Es waren schon zwischen vierzig und fünfzig Leute da, aber von der Mannschaft nur Obermayer und zwei Ersatzspieler. Es waren auch viele Damen da, und obwohl sie sich in der Kleidung so sommerlich leger gaben wie die Herren, sah man, daß sie nicht aus der U-Bahn gestiegen waren.
Der Hausherr, im offenen Sporthemd wie die meisten Männer, stoppte die schnatternde Ungezwungenheit, indem er Pall mit einem jovialen Schlag auf die Schulter begrüßte. »Walter Pallmann, meine Damen und Herren, einer der Helden des Tages!«
Sektgläser wurden auf weißgedeckte Tische gestellt, damit die Hände frei wurden zum Klatschen. Auch Bravo-Rufe gab es, und von hinten rief ein glatzköpfiger Dicker, daß es ein Skandal sei, ein solches Talent so lange zu verstecken.
Pall spürte Verlegenheit hochkommen, aber auch Erleichterung, daß Furtner nicht da war. Dann schüttelte er Hände und war froh, als ihm auf einem Tablett Sekt angeboten wurde.
Ein junger Mann mit einem goldenen Kettchen auf der braunen Brust unter dem weit offenen Hemd stieß mit ihm an und fragte, ob er die Sportschau gesehen habe.
Pall schüttelte den Kopf. »War leider nicht möglich. Wir sind zu spät aus dem Stadion raus und waren eingekeilt.«
»Ich gehe immer zehn Minuten früher, da flutscht man problemlos durch«, sagte der Typ mit den schwarzen Locken, »aber das geht ja bei dir leider nicht.« Und er lachte wie über einen guten Witz, daß das Kettchen auf der Brust zitterte. »Du bist groß rausgekommen im Fernsehen!«
Es störte Pall ein wenig, daß er ihn duzte. Von Älte-

ren war er es gewöhnt, und er siezte sie selbstverständlich, aber er wußte nicht, wie er es mit diesem Playboy halten sollte.
Und dann sah er Madou. Madou, die Schlagersängerin. Ein Künstlername natürlich, gewissermaßen wie Pall, nur daß er exotisch klang. Französisch wohl.
Er sah sie mit burschikosen Schritten unter einem alten Baum hervorkommen und erkannte sie sofort, obwohl sie fast aus dem Dunkeln kam, weil das Laub die letzten tiefstehenden Strahlen der Sonne schluckte. Jeder kannte Madou vom Fernsehen. Ihre Karriere war jung, aber steil.
Die smaragdgrüne Bluse saß nicht so eng wie die okkergelbe Hose und war so weit aufgeknöpft wie das Hemd des Kettenträgers. Man sah fast alles vom Busen, der so braun war wie der Arm, den sie schon von weitem ausstreckte.
»Gratulation, Pall, das nenne ich ein Debüt!«
Er blickte in lachende braune Augen, deren Unbefangenheit ihn störte, weil alles so plötzlich kam und er auch alle anderen Augen auf sich gerichtet fühlte.
Ihre Hand fühlte sich weich und warm an.
Aber es fiel ihm nicht viel mehr ein, als sie zu schütteln. »Danke«, sagte er und wußte nicht, ob dem ein Fräulein oder Frau Madou hinzuzufügen war.
Doch sie zog ihn zur Seite und half ihm. »Darauf müssen Sie ein Glas mit mir trinken. Ich habe Sie bewundert, ehrlich!«
»Sie waren im Stadion?«
»Klar war ich. Ich gehe immer zur Bavaria, wenn ich in München bin, aber so spannend wie heut war's noch nie!«
Sie nahm zwei volle Gläser von einem Tablett. »Auf eine große Karriere, Pall!«
Ein Ruck ihres Kopfes ließ das lange blonde Haar von Schulter zu Schulter schwingen, und sie kam ihm noch schöner vor als auf den Plakaten. Er trank

sein Glas in zwei Zügen leer und fühlte Sicherheit zurückkommen. »Ihnen braucht man keine große Karriere mehr zu wünschen, Madou. Sie haben's mit einem Riesentempo geschafft!«

Ihr Kopfschütteln ließ das Haar wieder schwingen, und ihr Lachen war hell, aber es drang nicht bis zu den braunen Augen hinauf. »Nicht so schnell, wie Sie denken. In Ihrem Alter konnte ich keine Note lesen und mich kaum satt essen. In der Gosse bin ich gesessen, wenn Sie's genau wissen wollen.«

»So schlimm kann's nicht gewesen sein, wenn man Sie anschaut.«

Sie legte ihre Hand auf seine Schulter, mit einer Natürlichkeit, die ihn irritierte. »Sie sind ein kleiner Junge, Pall, und von diesem Geschäft sehen Sie nur die glitzernde Seite.«

»So viel jünger«, protestierte er, »bin ich gar nicht. Und ich kenne auch schon in meinem Geschäft die anderen Seiten!«

»Das«, sagte Madou mit lächelnder Nachsicht, »ist noch zu wenig. Bevor Sie ein Star sind, und ich glaube, daß Sie einer werden, kommt noch einiges dazu. Vieles ist ähnlich in unseren Jobs.« Und nach einer kleinen Pause: »Du bist viel jünger als ich, aber ich mag dich.«

Dann drehte sie sich brüsk um und wandte sich einer Gruppe von Herren zu, die sie mit lauter Begeisterung begrüßten.

Pall nahm vage das Katzenhafte ihres wiegenden Ganges wahr; viel mehr beschäftigten ihn ihre Worte. Sie waren leise und keine Spur zweideutig gewesen, und das Du war auf ihn zugeflogen wie einer jener Bälle, die dich im Spiel so überraschen, daß du ohne Reaktion bleibst. Aber warum hatte sie sich auf dem Absatz umgedreht, ohne den Doppelpaß abzuwarten? Vielleicht weil sie gespürt hatte, daß er ihn nicht schaffen würde?

Er fand keine Antwort darauf, als er an den Männern vorbeiging, die sie in ihre Mitte genommen hatten und alle gleichzeitig auf sie einredeten.
Viele Spieler waren inzwischen gekommen, auch Furtner, und drei oder vier hatten ihre Frauen dabei. Er sah Holldorf und Durkovic, und der Präsident stand mit strotzender Zufriedenheit neben dem Hausherrn, der plötzlich in die Hände klatschte und bat, zum Spanferkelessen Platz zu nehmen. Es gab Bier vom Faß, aber auch Wein und Säfte, und Pall hatte bei seinem ersten Fest mit der Bavaria nicht den Eindruck, daß die Spieler bei der Wahl ihrer Getränke überwacht wurden.
Madou saß nicht an seinem Tisch, aber so, daß er ihr Gesicht im flackernden Schein der Kerzen, die sie jetzt anzündeten, sehen konnte. Ihr gegenüber erkannte er den Schwarzhaarigen mit dem Goldkettchen, und er spürte, daß es kein Zufall war und daß es ihn ärgerte.
Der kleine Riedl, der neben ihm saß, riß ihn aus seinen Gedanken. »Paß auf«, sagte er grinsend, »jetzt kommt das Tischgebet.«
Tatsächlich klopfte Hudak mit der Gabel an sein Glas und erhob sich. Er sprach von einem großen Tag, den es zu feiern gelte, und von seinem Stolz, einen bescheidenen Beitrag dazu liefern zu dürfen. Dann kam das Hipp-hipp-hurra auf die Bavaria, dreifach und von allen Seiten so laut und markig, daß der kleine Riedl ungeniert und ungehört »amen« sagen konnte, und es werde langsam Zeit für seinen Kohldampf.
Aber er mußte warten, bis der Präsident im Namen aller gedankt hatte.

Pall aß mit gutem Appetit und schüttete dem knusprigen Spanferkel keinen Saft nach, sondern Bier, weil kaum einer zu den farbigen kleinen Fläschchen griff und der Trainer, ohne die Stirn zu runzeln, allen zuprostete.

Aber das zweite Bier spürte er. Nicht nur, weil er es nicht gewöhnt war, sondern weil er Sekt gegen den Durst getrunken hatte, den ein Spiel von dieser Intensität macht.

Er trank sein Glas nur halb leer und griff zum Mineralwasser, ohne das leise Schwindelgefühl damit zu vertreiben.

Unangenehm war es nicht, zumal es sich mischte mit etwas undefinierbar Prickelndem, das vom Nebentisch herüberkam wie Funksignale, die nur ihm zugedacht waren.

Immer weniger interessierte ihn seine nähere Umgebung, und immer häufiger schaute er hinüber. Er sah, daß ihr Weinglas nie leer war und stets von dem Goldkettchenfritzen nachgefüllt wurde. Und ihr Lachen perlte aufreizend und seltsam unbeteiligt zugleich.

Plötzlich aber – er hatte gerade zum x-tenmal überlegt, warum sie ihm das Du hingeworfen hatte und weggelaufen war – hob sie das Glas in seine Richtung, und in den großen braunen Augen stand mehr als das Prosit harmloser Freundschaft.

Ein komplizenhaftes Zeichen eher, denn der Kopf drehte sich um eine winzige Nuance nach rechts, wo es dunkel war und die alten Bäume standen. Und die braunen Augen sprachen dazu.

Dann stand sie auf wie jemand, der die Freuden des Tisches kurz unterbrechen muß, und sie ging nicht zu den alten Bäumen hinüber, sondern ins Haus. Auf dem Weg aber streifte ein kaum angedeuteter Blick, den außer Pall niemand erhaschte, die Bäume.

Es wurde viel und laut an allen Tischen geredet, und er sah, daß es leicht war, unbemerkt ins Dunkel des Parks zu kommen. Zwei Minuten wartete er noch, dann ging er hinüber.

Sie kam fast gleichzeitig von der anderen Seite, und er ahnte ihr Lachen mehr, als er es hören konnte. Sie legte den Zeigefinger an den Mund, und ihre Stimme war leise. »Bist ein kluger Junge, Pall, aber darüber können wir später reden. Ich verschwinde in zehn Minuten, und du gehst mit.«
»Ich?«
Mehr brachte er nicht heraus, und als er Luft holen wollte, kam sie ihm mit einer ungeduldigen Handbewegung zuvor. »Kein Palaver jetzt. Wir nehmen mein Auto, und du kannst schon vorausgehen. Es wird deinem Trainer sogar gefallen, wenn du abhaust, ehe alle hinüber sind. Du nimmst einfach die Straße nach rechts und gehst bis zur nächsten Kreuzung.«
Er wollte noch etwas sagen, aber sie ließ ihn im Dunkeln stehen und ging zu ihrem Tisch zurück.
Pall machte einen Umweg übers Haus und sah, daß einige Spieler am Aufbrechen waren. Er konnte sich ohne weiteres verdrücken, aber er brauchte noch ein Bier, weil die Überraschung den Hals trocken gemacht hatte. In drei Zügen war das Glas leer, und auf dem Kiesweg zum schmiedeeisernen Tor spürte er federnde Leichtigkeit in den Beinen.

10

Ein zweisitziges Kabriolett stoppte neben ihm, noch ehe er die Kreuzung erreichte. Sie fuhr mit offenem Verdeck, obwohl der Nachtwind auffrischte. Es fiel ihm ein, daß er eine Jacke in der Sporttasche hatte und daß die Tasche in der Villa zurückgeblieben war.

»Ich habe meine Tasche vergessen«, sagte er.

Madou zuckte mit den Schultern und gab Gas. »Hat sich der Bub so erschreckt, daß er nichts mehr behalten kann?«

Es klang spöttisch, und er ärgerte sich darüber, aber wie zur Beruhigung legte sie ihm die Hand aufs Knie. »Ich kann jetzt nicht zurück. Zu viele Leute fahren weg und könnten uns sehen. An der nächsten Telefonzelle halten wir. Du wirst einen Freund finden, der die Tasche mitnimmt.«

Die Zelle kam schnell, und er bat Riedl an den Apparat. »Nimm bitte meine Tasche mit. Sie steht neben deiner in der Halle.«

»Ist gemacht, Pall, aber warum bist du so plötzlich abgehauen?«

»Ich vertrage Bier und Sekt zusammen nicht.«

Ein kullerndes Lachen ließ die Muschel vibrieren. »Hast gut gespielt, Pall, aber mußt noch was lernen, bevor du ein richtiger Mann bist, was?«

»Blödmann«, brummte Pall. »Und vergiß die Tasche nicht!«

»Alles okay?« fragte sie, als er wieder neben ihr saß.

Er nickte. »Riedl bringt die Tasche. Aber ich glaube, er hat schon einen in der Krone.«
»Dir«, sagte sie lachend, »wird der Fahrtwind auch nichts schaden!«
Er blickte sie von der Seite an, entdeckte aber unter dem flatternden Haar nichts, was an die Gläser erinnert hätte, die nie lange voll vor ihr gestanden hatten.
»Ich glaube, du verträgst einen ganzen Stiefel.«
»Mehr als du schon! Aber ich muß auch keine Tore schießen.«
»Na, eine Art von Kondition ist bei euch ja wohl auch nötig, oder?«
»Sicher. Und wie du siehst, kann ich sie steuern, und den Wagen dazu.«
Sie legte den Gang ein und ließ den Wagen mit einem quietschenden Satz, der ihn an die Kopfstütze des Ledersitzes drückte, wegsausen.
Und plötzlich fühlte sich Pall stocknüchtern.
»Wenn du«, sagte er, »mir deine Fahrtüchtigkeit beweisen willst, dann tu's lieber vernünftiger. Glaubst du, ich habe nicht gesehen, was du mit dem schwarzlockigen Heini weggeputzt hast?«
»Sieh mal an, der Herr kontrolliert mich schon, ohne daß wir uns kennen!« Wieder klang es spöttisch, und wieder ärgerte es ihn.
Aber er spürte, daß es nicht der Augenblick war, sie zu reizen. Man soll Leute, dachte er, die getrunken haben, nicht zwingen, ihre Nüchternheit zu beweisen. Und tief atmete er den Fahrtwind ein, und er fühlte, daß er seinen Kopf freimachte.

Sie hielten vor einem dieser Appartementhäuser des gehobenen Stils, deren Terrassen und Balkone mit ihrer Geräumigkeit komfortables Interieur erwarten lassen. Und dennoch mußte er, als sie aufgeschlossen hatte, Luft holen.

Die großzügige Diele ging in eine jener Wohnlandschaften über, in die man mit einem Hechtsprung hineinfliegen kann, ohne sich weh zu tun. Breite Sessel auf flaumigem, weichem Teppich, aber auch kissenartig zerknautschte Polster, auf denen man sitzen und liegen konnte; neben einer riesigen Bücherwand ein Flügel, auf dem Noten verstreut waren wie hingewehte fliegende Blätter.

Madou öffnete an der Bücherwand eine Bar. »Such dir aus, was du magst, Pall. Ich bin gleich wieder da. Eis bringe ich dir aus der Küche.«

»Ich weiß nicht recht«, sagte er. »Ich bin das nicht so gewöhnt wie du. Am liebsten wäre mir Wasser.«

Aus der offenen Tür drangen helles Lachen und das Tapsen nackter Füße. »Warum nicht gleich Milch für den Bubi? Nimm einen Scotch mit viel Soda, das schmeißt keinen um!«

Er goß ein paar Tropfen Whisky und viel Wasser in ein hohes Glas, trank einen Schluck und ließ sich in einen der weichen grünen Sessel fallen. Das Zeug schmeckte lauwarm und fad, aber es tat gut, die Beine auszustrecken.

Dann kam Madou wieder, barfuß und in einem kurzen weißen Bademantel, der die Knie freiließ. Darunter trug sie nichts. Da brauchte Pall keine Brille.

»Soll ich Eis holen?«

Er schüttelte den Kopf, und die Augen blieben am Ausschnitt des Bademantels hängen, der den Ansatz ihrer festen Brüste freigab.

»Auch recht. Dann halten wir uns nicht mehr mit Vorreden auf. Komm mit.«

Sie drehte sich auf dem nackten Absatz um und ging mit federnden Schritten über den Flauschteppich zur Tür, aus der sie gekommen war.

So konnte sie weder sein dummes Gesicht sehen noch seine tapsige Hand, die beinahe viel Wasser und ein wenig Whisky verschüttet hätte.

Pall hatte seine ersten Erfahrungen in der Kleinstadt gesammelt, wo die Betten kleiner sind und auch die Mädchen, verglichen mit der großen Sängerin Madou. Und genommen hatte er immer selbst. Und in einem Bett von solcher Breite hatte er bis jetzt nur einmal gelegen, aber allein. Es war in Mailand gewesen, und es war ihm wie der Anfang vom Ende seiner Laufbahn beim FC Bavaria vorgekommen.
Aber dies war nicht der Augenblick, über den Weg zu sinnieren, den er seither zurückgelegt hatte.
Madou ließ ihm keine Zeit, darüber nachzudenken, warum ihn ein großes Spiel in ihr großes Bett geführt hatte, in dem sie nackt lag. Sie wollte ihn, und sie wollte nicht warten.

Es war vorbei, ehe es richtig angefangen hatte.
»You scored«, sagte sie mit einem glucksenden Lachen, und erst jetzt knipste sie das Licht aus. Durch das offene Fenster wehte der Wind.
Sie angelte nach einer Zigarettenpackung auf dem Nachttisch und bot sie ihm an, aber er schüttelte den Kopf.
»Was heißt ›you scored‹?«
»Du hast ein Tor geschossen. Hast du nicht gewußt, daß es die Engländer sagen? Ich habe es von einem englischen Nationalspieler in London gelernt.«
»Im Bett?«
»Wo sonst?« Sie sagte es lachend und knipste ihr Feuerzeug an. Der Widerschein der im Wind flakkernden Flamme huschte über belustigte braune Augen.
»Gleiche Tour wie heute, was?«
Das Lachen hörte auf, und sie fuhr mit einem Ruck herum, der ihre Brüste schwingen ließ. »Paßt dem Herrn Jungstar nicht, wie ich mein Englisch lerne? Für Moralpredigten liegst du am falschen Platz, Junge!«

»Entschuldige, Madou, so war's nicht gemeint. Ich . . . ich hätte nie gedacht, daß ich einmal an diesem Platz liegen würde.«
»Klingt schon besser, Pall. Wenn du damit sagen willst, daß ich mir meine Männer aussuchen kann, liegst du richtig. Du warst nicht der einzige auf dieser Party, der gern mitgekommen wäre.«
»Der Schwarzlockige, der dir immer nachgeschenkt hat?«
»Richtig, der auch. Ist Häusermakler oder so was, der Junge, und hat Pulver. Aber er ist mir zu ölig und quatscht zuviel rum. Du kannst den Mund halten, oder? Außerdem mag ich dich.«
Sie schmiegte sich an ihn und ließ die Finger über seine Brust gleiten, als ob sie Klaviertasten streichelte. Er empfand es wie ein elektrisches Knistern und zog sie fest an sich.
»Du bist eine wunderbare Frau, Madou, und du hast recht. Ich kann's niemand erzählen. Wenn sie's im Klub erfahren, sitz' ich wieder auf der Bank, und wer weiß, ob nicht gar der Furtner auf dich steht!«
»Der Furtner?« Die braunen Augen zogen sich zusammen. »Hast du Angst vor dem?«
»Er ist«, sagte Pall und lockerte den Griff, der sie an ihn preßte, »der unbestrittene Boß. Was er sagt, zählt, und der Trainer richtet es so ein, daß er das gleiche meint.«
Sie zog ihren Arm unter seinem Kopf weg und zischte etwas, das er nicht verstand.
Sie mag ihn nicht, dachte er, aber er empfand keine Freude darüber.
»Sieh mal, Madou, dieser Klub ist anders als alle anderen. Und ich bin neu. Viel zu neu, um nicht von Furtner abzuhängen, auch wenn ich tatsächlich so gut gewesen wäre, wie alle heute abend behauptet haben. Wenn er will, war ich eine miese Pfeife.«
»Und wenn er eine ist?«

»Du weißt so gut wie ich, daß er ein Großer ist. Ohne ihn hätten wir heute nicht gewonnen.«
Sie schob sich, den Arm an seinen Rücken pressend, wieder an ihn heran. »Du hast Angst vor ihm, Pall. Aber hast du's nötig? Vergiß es und zeig, daß du ein Mann bist!«
Ehe er überlegen konnte, wie das gemeint war, drängte sie sich mit einer Macht an ihn, die ihn nicht nur Furtner vergessen ließ. Alles verschwand, und er nahm sie mit einem Ungestüm, das sie erwiderte und das jeden anderen Gedanken verdrängte.
Später, als sie noch eine Zigarette anzünden und reden wollte, faßte Pall keine Gedanken mehr. Nach ein paar Zügen hörte sie sein gleichmäßiges Atmen, und er spürte nicht mehr die Hand, die über seine Haare strich. Er ist, dachte Madou, noch ein halbes Kind und kein Nachtmensch wie ich. Der Wind, der durchs offene Fenster kam, war kühl geworden, und behutsam schob sie die Decke über ihn.

Es war Viertel vor neun, als ihn die Sonne und die Vögel weckten, und er begriff erst, wo er war, als er auf einem zerwühlten Kissen die langen blonden Haare sah. Sonst war nichts zu sehen von Madou, die bis zum Hals in die Decke gewickelt war und das Gesicht dem Fenster zuwandte. Ihr Atem ging tief und ruhig, und sie bewegte sich nicht, als er sich aufrichtete.
Eine weitere Minute dauerte es, bis er wußte, daß Sonntagmorgen war und er um neun zur Massage im Klubhaus sein mußte.
Mit einem Satz war er aus dem Bett. Er hatte keine Ahnung, in welcher Gegend er in dieser verrückten Nacht gelandet war, aber auch ungewaschen und unrasiert konnte er es mit dem schnellsten Taxi nicht mehr schaffen. Und man hatte, wenn man nicht Furtner hieß, allen Grund, pünktlich zu sein.

Sie erwachte, als er ins Bad ging.
»Was ist, Pall? Komm zu mir, es gibt nichts Schöneres, als sich am Morgen zu lieben.«
»Unmöglich, Madou, wir haben die Massage verschlafen!«
»Massage? Was soll der Quatsch. Ich mach dir die beste Massage, die du je gehabt hast, Pallmann. Komm her, sei kein Frosch!«
Er schüttelte den Kopf und spürte den lächerlichen Drang, seine Nacktheit verbergen zu müssen. »Es gibt Ärger, Madou, glaub's mir. Ich kann mich nicht einmal rasieren und brauche sofort ein Taxi!«
»Zuerst wird gefrühstückt! Was ist das für ein Mann, der sich wegen so was verrückt macht und nüchtern aus dem Haus rennt! Und rasieren kannst du dich auch. Ist alles da. Du bist schließlich nicht der erste, der sich hier rasiert.«
Er stampfte mit dem nackten Fuß in den weichen Flaum. »Bestimmt nicht! Aber ich bin auch kein Häusermakler mit Goldkettchen und habe schon genug Ärger mit meinem Klub gehabt. Bitte, ruf ein Taxi und gib mir das Rasierzeug!«
»Naß oder trocken?«
»Trocken, bitte.«
Sie schob die Decke zurück und warf die langen Beine mit einer Art von Parallelschwung über die Bettkante.
Ihre Nacktheit war aufreizend genug, ihn zögern zu lassen, und er überlegte, ob er sich nicht mit einem Anruf von der Massage befreien lassen sollte. Man kann krank werden in einer Nacht. Jedem kann das passieren.
Aber das war nicht die richtige Nacht gewesen. Alle würden sagen, daß er sich besoffen habe, und das ist nie gut für Neulinge, auch wenn sie ein gutes Spiel gemacht haben.
Scheißegal. Lieber später kommen als gar nicht.

Während Madou, immer noch nackt, ins Bad ging, um ihm den elektrischen Rasierer zu richten, entnahm er dem Eisschrank eine Flasche Soda und trank sie bis auf einen unbedeutenden Rest leer. Dann stellte er sich unter die Dusche und ließ sie, anders als im Stadion, mit Eiseskälte sprühen.
Zwei Minuten später rasierte er sich, und als er Hemd und Hose anhatte, war es fünf nach neun.
»Hast du das Taxi bestellt?«
Sie machte, jetzt im weißen Bademantel, einen ironischen Hofknicks. »Kommt in spätestens fünf Minuten, mein Herr.« Und dann säuerlich und ohne Ironie: »Ich frühstücke nach einer solchen Nacht nicht gerne allein.«
Sein Schulterzucken war von linkischer Hilflosigkeit. »Ich hätte heute nacht daran denken und nicht mitkommen sollen, Madou.«
»Idiot!«
Ehe ihm etwas darauf einfiel, klingelte das Telefon. Sie hob ab und meldete sich mit einem knappen »Ja«. Er sah ihrem Gesicht an, daß es ein ungewöhnlicher Anruf war. Falten traten auf ihre Stirn, und die Stimme wurde wütend.
»Wer hat Ihnen diesen Quatsch erzählt, Mann! Sie wissen es nicht? Anonym? Und deshalb werfen Sie mich am Sonntagmorgen aus dem Bett! Ich will Ihnen mal was sagen, verehrter Herr Durkovic: Mein Privatleben geht sie einen Dreck an, und Ihren Pallmann können Sie von mir aus suchen, wo der Pfeffer wächst. Ende!«
Sie knallte den Hörer auf die Gabel, aber der Blick, den sie Pall zuwarf, war nicht so resolut wie ihre Sprache.
»Dein Trainer sucht dich bei mir. Hat einen anonymen Anruf bekommen und geniert sich nicht einmal, gleich einzusteigen wie ein Scharfrichter! Manieren sind das!«

In Palls großen Kinderaugen stand blankes Staunen. Aber er brachte kein Wort heraus, und das machte sie noch wütender.
»Sag doch was zu dieser Frechheit!«
Aber sie mußte noch ein Weilchen warten. Er ließ sich in einen Sessel fallen, um sich die Schuhe zuzubinden.
»Soll ich es abstreiten oder zugeben?« fragte er schließlich, ohne den Kopf von den Schuhen zu heben.
Sie ging auf nackten Füßen zum Fenster und riß die dichten Vorhänge mit einem wütenden Ruck auf. Gleißende Morgensonne zerschlug das Halbdunkel und machte ihn noch unsicherer.
»Du kannst das halten, wie du willst. Ich habe immer gemacht, was ich will, und kümmere mich nicht um Idioten, die mir nachspionieren. Mein Ruf ist mir egal!«
Und dann etwas ruhiger: »Aber dein Job ist anders, ich weiß es. Du spielst in einer Mannschaft und hast einen Termin versäumt. Genaugenommen allerdings nicht. Du gehst ja hin zu dieser blöden Massage, und verspäten kann sich jeder.«
Sie setzte sich neben ihn, und aus den braunen Augen wich der Zorn.
»Du wirst es zugeben, Pall.«
»Warum?«
»Weil es dir eine ganz windige Type eingebrockt hat und nicht lockerlassen wird. Du kannst sicher sein, daß er uns nachgefahren ist.«
»Der Häusermakler?«
Sie nickte. »Er hat aufgepaßt, weil er unbedingt zu mir wollte. Wir hätten noch vorsichtiger sein sollen. Vielleicht steht er sogar hinter einem Baum und fotografiert dich, wenn du gehst. Der Kerl platzt vor Eifersucht.«
»Er ist schon hier gewesen, ich meine . . .«

»Du meinst richtig. Aber es ist vorbei. Er kann mir gestohlen bleiben.«
Es läutete, und sie ging zur Sprechanlage im Flur.
»Das Taxi ist da. Sag deinem Trainer, wo du gewesen bist, und alles andere wird sich finden. Und merk dir: Du bist kein Sklave, und dein Klub ist keine Klosterschule!«
Er war schon an der Tür und gab keine Antwort mehr. Erst auf der Treppe, die er mit großen Sätzen nahm wie einer, der auf der Flucht ist, merkte er, daß er sich nicht verabschiedet hatte und daß er mehr an Furtner als an sie oder den Trainer dachte.

11

Es war zehn Uhr, als der Wagen vor der Anlage des Klubs hielt, und es war kein Zufall, daß ihn der kleine Riedl am Tor abfing, hinter dem Autos parkten, die mehr auf eine Konferenz von Konzerndirektoren als auf eine Massage von Fußballern schließen ließen. Furtner und Rumnick, dachte Pall, sind auch noch da.

Aber Riedl ließ ihm keine Zeit für weitere Gedanken. »Sie wissen alle, wo du warst. Du bist wirklich ein Anfänger, Pall! Warum bist du nicht wenigstens um neun dagewesen?«

»Weil ich verschlafen habe. Aber wen geht es eigentlich was an, mit wem ich nach einem Spiel weggehe, wenn das nächste erst in acht Tagen ist?«

Der kleine Riedl hob die Schultern mit einem Lächeln, dessen dünne Ironie Pall noch wütender machte. »Du vergißt, daß du zu neu bist. Für eine Nacht mit Madou muß man Zeit abgedient haben und mindestens Nationalspieler sein. Einer wie du muß mit einer Kellnerin abhauen, wenn er in Ruhe gelassen werden will. Madou ist noch einige Nummern zu groß für dich, und ich kenne ein paar Leute, die heute nacht gerne deinen Platz eingenommen hätten.«

»Die Hackordnung geht also auch bei den Frauen weiter, und Durkovic kontrolliert sie?«

»So ungefähr, Pall.«

»Er hat einen anonymen Anruf gekriegt.«

»Ob er anonym war, weiß ich nicht, aber du streitest ja nichts ab, oder?«
»Ich habe«, sagte Pall, »auch gar keinen Grund dazu. Aber Leute, die auf anonyme Anrufe so reagieren, stinken mir, und das werde ich dem Trainer auch sagen!«
»Mach keinen Quatsch, Junge! Ein gutes Spiel bedeutet bei der Bavaria noch lange keinen Stammplatz, das solltest du inzwischen wissen!«
»Bisher bin ich der Meinung gewesen, daß man Stammplätze erspielen und nicht erkriechen muß, und jetzt gehe ich zur Massage, wie man es von mir verlangt hat.«
»Du wirst sie brauchen können«, sagte Riedl und grinste anzüglich.
»Schon möglich. Aber dem Durkovic krieche ich nicht in den Arsch!«
»Deine Tasche«, rief ihm Riedl nach, »habe ich im Auto. Ich warte, bis du fertig bist.«

Die sportmedizinische Betreuung und ihre Einrichtungen waren beim FC Bavaria vorbildlich, und oft genug hatte in der Presse gestanden, daß der Klub nicht nur auf dem Spielfeld, sondern auch hier die Nummer eins sei.
Pall genoß seine Massage mit Gefühlen passiver Wollust, und sogar der scharfe Duft des Öls verschaffte ihm ein eigenartiges Behagen. Er spürte, wie die Muskeln locker und der Kopf frei wurden, aber dann sah er, auf dem Bauch liegend, daß Durkovic den Raum betrat. Er griff nach einem Stuhl und setzte sich ans Kopfende der Pritsche.
»Spät gekommen, Pall. Hab' schon gedacht, vielleicht krank oder so, und dich angerufen zu Hause.«
Zwei Gedanken zuckten Pall gleichzeitig durch den Kopf. Warum, du falscher Hund, kommst du nicht gleich zur Sache, und warum lernst du nicht endlich

zu reden, wie sich's gehört? Bald zwanzig Jahre verdienst du dein Geld in Deutschland, und was für eins!
Laut aber sagte er: »Ihr anonymer Anrufer ist ein Dreckskerl, aber er hat nicht gelogen.«
Der Schuß saß nicht schlecht. Pall sah aus dem Augenwinkel, während er den Kopf ins weiße Kissen drückte, wie sein Trainer auf dem Stuhl zu rutschen begann.
»Zuerst ich dich angerufen. Anderer Anruf ist von alleine gekommen.«
»Logo. Aber es würde mich einmal interessieren, Trainer, ob Sie jeden anonymen Anruf so ernst nehmen und immer gleich alles weitergeben wie eine Kaffeetante.«
Er hob den Kopf vom Kissen hoch und sah, daß Durkovics Verlegenheit sich in autoritären Zorn verwandelte. Blut stieg ihm in den Kopf, und die Augen zogen sich zusammen.
Dieser Schuß saß schlechter, aber er war nicht zurückzunehmen. An Riedl hätte er denken sollen, der ihm geraten hatte, sich nicht mit dem Trainer anzulegen.
Aber es blieb still. Man hörte nur ein ärgerliches Räuspern des Trainers und das Klatschen der Masseurhände auf Palls Rücken. Es war, als ob der Masseur Stille und Spannung mit verstärktem Einsatz überbrücken wollte.
»Fünfhundert Mark Geldstrafe!« kam es schließlich zischend von Durkovics Lippen.
»Das ist«, sagte Pall ruhig, »ein Viertel von meiner Siegprämie. Und warum, bitte?«
»Zu spät gekommen wegen einer Frau. Keine profihafte Einstellung.« Durkovic sagte es wie ein Staatsanwalt, der sich im Wald der Paragraphen das richtige Bäumchen ausgesucht hat.
Es war Pall, als ob der Masseur auf seiner Seite

stünde. Sein Schnauben wurde lauter, obwohl die Finger nicht Forte, sondern Piano spielten.
»Gut«, sagte Pall, ohne den Kopf zu heben, »ich habe die Nacht mit einer Frau verbracht, ohne mir dazu eine Erlaubnis einzuholen. Ist das strafbar in diesem Klub?«
»Du eine Stunde zu spät gekommen, verdammt!«
Warum, dachte Pall, bin ich eigentlich ein Du für ihn und muß diesen Menschen, der anonyme Anrufe nicht nur annimmt, sondern wie ein Klatschweib weitergibt, wie einen Herrn anreden?
»Ich habe«, sagte er ebenso langsam, wie er sich auf den Rücken drehte und aufrichtete, »kein schlechtes Spiel gemacht und bin zu einer Party geschleppt worden. Sie selbst haben mir zugeredet, oder haben Sie das vergessen?«
»Habe ich, klar. Aber habe ich dich weggeschickt mit diese Madou?«
»Soso!« Pall pfiff durch die Zähne. »Es scheint also doch mehr um die Frau zu gehen als um die Verspätung!«
Durkovic wich der Frage genauso aus wie seinen Augen. Dieses Aufmucken ärgerte und irritierte ihn, und serbische Flüche, die sich auf die Lippen drängten, machten sein Deutsch noch schlechter.
»Du dir merken, Disziplin wichtiger als Weiber!«
»Besonders wenn es eine Frau ist, die auch anderen Appetit macht! Aber wie Sie wissen, bin ich Junggeselle, Trainer, und wenn Sie mir mit Moral kommen, muß ich mich über einiges wundern.«
»Was heißt das?« Durkovics buschige Augenbrauen zogen sich unter seiner Stirn zusammen, die sich runzelte.
»Es soll, wenn Sie es so genau wissen wollen, sogar im Trainingslager Frauen gegeben haben, und kein Wort ist darüber gefallen, obwohl jeder wußte, daß sie es mit Spielern getrieben haben, die keine Jungge-

sellen sind. Es hat mich nicht interessiert, Herr Durkovic, aber gerade weil es mir Wurscht gewesen ist, ist es mir nicht Wurscht, daß Sie bei mir den Moralapostel spielen. Ich hätte nie davon gesprochen, aber weil ich mir außerdienstlich weniger erlaubt habe als andere im Dienst, brauche ich auch nicht vor Ihnen zu zittern!«
Die Augen des Trainers wurden schmal und lauernd.
»Schluß jetzt! Du zahlen Strafe, und nächstes Mal vielleicht schwieriger für dich!«
»Wieso schwieriger?«
»Nur wer spielt, kriegt Prämie.«
»Aha, daher weht der Wind!«
Pall, der nie an Selbstüberschätzung, sondern eher an Komplexen gelitten hatte, die einem ausgeprägten Gerechtigkeitssinn entsprangen, schaute dem Trainer voll ins Gesicht.
»Sie wollen sagen, daß ich am Samstag in Frankfurt nicht spiele?«
»Habe ich nicht gesagt«, brummte Durkovic und sah ihn nicht an.
»Hm«, machte der Masseur. Er machte sich zum erstenmal bemerkbar, und zwar unmißverständlich. Der Trainer wäre jetzt froh gewesen, keinen Zeugen für eine der Wut entsprungene und durch und durch miese Drohung gehabt zu haben. Er stand brüsk von seinem Stuhl auf, ging zwischen den weißgekachelten Wänden zur Tür und schlug sie von außen zu.
»Kein starker Abgang«, sagte der Masseur und lachte.
»Du hast gut mitgeholfen«, sagte Pall und sprang von der Liege.
»Ob's was nützt, ist eine andere Frage. Vielleicht wird er jetzt noch sturer, aber ich hab mich einfach nicht mehr beherrschen können. Er kann dich nicht streichen, nach dem, was du gegen die Hamburger gezeigt hast.«

Um Palls Mundwinkel zuckte ein schwaches Lächeln. »Er wird, schätze ich, die Sache mit Furtner bereden.«
Das gleiche sagte der kleine Riedl, als Pall ein paar Minuten später in seinen Wagen stieg. Er schlug ihm, weil es immer noch ein sonniger Sonntagmorgen war, einen Spaziergang im Englischen Garten vor.
»Wird dir guttun, Pall, und so schlecht geht's uns gar nicht, oder? Später nehmen wir Weißwürste und sogar ein Bier, wenn du Lust hast.«
Pall grinste. »Und wenn's einer dem Trainer meldet? So langsam glaube ich, daß die Zahl der Spione mit der Popularität eines Klubs steigt, und wenn ich eine Frau und dann noch ein Bier nehme, kann ich auf der Ersatzbank alt werden.«
Auch Riedl lachte. »Weißt du was, Pall? Dem Trainer kriechen wir nicht hinten rein, der kann uns mal, was?«
Als Riedl im mäßigen Sonntagsverkehr des Mittleren Rings Gas gab, sagte Pall: »Du bist wirklich ein Kumpel. Und so schlecht geht es uns tatsächlich nicht. In der Zeit, die andere zum Studieren brauchen, können wir Millionäre werden. Bist du's eigentlich schon?«
»Nicht ganz, Pall.«
»Deinem Schlitten nach könntest du's sein.«
»Den habe ich mir nach dem letzten Europapokal geleistet. Ich bin kein Nationalspieler, aber wenn man bei der Bavaria zwischen siebzig und achtzig Prozent der Spiele mitmacht, stimmt die Kasse, und bei dir wird es auch bald so sein. Am Anfang sind sie ein bißchen knickrig, was?«
»Es geht«, sagte Pall. »Aber wenn mich der Durkovic jetzt rausnimmt, gucke ich in die Röhre.«
»Quatsch, Junge! Du hast gespielt wie ein Alter, und der Präsident hat dir auch gratuliert. Jetzt bist du

sein Einkauf und nicht mehr der vom Holldorf, verstehst du?«
»Ich verstehe bloß«, sagte Pall, als sie am Englischen Garten parkten, »daß der Trainer stocksauer auf mich ist. Aber laß uns jetzt ein bißchen gehen und von was anderem reden.«
»Recht so. Wie wär's, wenn du mir von der Madou erzählst? Ist sie im Bett so Klasse, wie sie sagen?«
Pall grinste. »Das nächste Mal, das heißt, wenn es ein nächstes Mal gibt, muß ich nüchtern sein. Ich weiß gar nicht mehr viel, ehrlich!«
Der kleine Riedl machte ein enttäuschtes Gesicht auf dem Weg, der sich unter dem Schatten alter Bäume durch den Rasen schlängelte. Zwei Buben, die höchstens zehn waren, kamen ihnen entgegen. Sie unterhielten sich mit lauten, hellen Stimmen, die aber plötzlich verstummten.
»Schau mal, Pall und Riedl! – Kriegen wir ein Autogramm? Wir sind gestern im Stadion gewesen.«
Sie sagen nicht Pallmann, dachte Pall, und es klingt besser als das Geschwätz des Trainers.
Riedl zog zwei Farbfotos, die schon signiert waren, aus der Tasche, aber Pall hatte nichts und kritzelte seinen Namen auf einen Papierfetzen, und die Buben hüpften davon wie fröhliche Spatzen.
»Wird Zeit, daß du dir Autogrammkarten zulegst«, sagte Riedl.
»Vielleicht sollte ich erst noch ein paar Spiele machen, meinst du nicht? In Scharen laufen sie mir bis jetzt noch nicht nach, aber die beiden haben mir unheimlich gutgetan.«
»Ja, die haben noch Spaß dran und keine Schlagringe in der Tasche. Manchmal kriege ich Angst, wenn ich an den Kurven hochgucke und das Gebrüll der Besoffenen höre.«
»Auch im Olympiastadion?«
»Sogar da. Auch wenn sie ihr ›Tod und Haß‹ gegen

die anderen schleudern. Auf alle Fälle gilt's am nächsten Samstag in Frankfurt uns.«
»Glaubst du, daß ich dabei bin?« fragte Pall.
»Klar«, sagte der kleine Riedl. »Das kannst du morgen in der Zeitung lesen!«

12

Wenn der Sportfreund montags in der Zeitung nachliest, was er samstags im Stadion gesehen hat, denkt er, im Gegensatz zu den Männern, die schon das nächste Spiel vorbereiten, sozusagen rückwärts. Auch der Profi liest, was man von ihm gehalten hat, aber er hakt ab, überläßt ein abgeerntetes Feld den Wiederkäuern an den Stammtischen.
Immerhin kaufte Pall an diesem Montagmorgen, ehe er zum Training fuhr, zwei Fachblätter und zwei Tageszeitungen, und alle zählten ihn zu den besten Spielern einer großen Partie. Auch drei Fotos fand er von sich, und er brauchte die Zeilen nicht zu zählen, um zu wissen, daß man ihm mehr Platz als Furtner eingeräumt hatte. Das mochte logisch sein, weil er dem großen Publikum noch fremd war, aber es war nicht sicher, ob es Furtner Spaß machte. Und schon morgen konnte er, wenn die Boulevardblätter Wind von der Sache mit Madou bekamen, ganz andere Schlagzeilen machen.
Jede dieser drei Boulevardzeitungen schickte fast zu jedem Training einen Reporter. Sie schnüffelten am Spielfeldrand herum, und wenn sie etwas aufkritzelten, kamen sie Pall immer vor wie Hunde, die ein Bein heben.
Wenn ein einziger, dachte er, hinter die Sache mit Madou kommt, ist seine Woche gerettet. Und die anderen würden nachziehen und alles noch aufbauschen aus der Wut heraus, nicht die ersten gewesen

zu sein. Auch das lernt man schnell, wenn man beim Meister spielt.
Auf dem Weg zum Training hielt er an einer Telefonzelle und rief Madou an. Ihre Stimme war noch voll Schlaf.
»Nett von dir, Pall, aber warum mitten in der Nacht?«
»Es ist neun vorbei, und ich muß zum Training.«
»So früh?«
»Das ist kein Wohltätigkeitsverein, Madou, sondern der Deutsche Meister!«
»Meinst du, daß mir was geschenkt wird?«
»Darum geht es nicht. Hör zu, ich habe wenig Zeit und will nicht wieder zu spät kommen. Aber sag bitte deinem Playboy mit dem Goldkettchen, daß ich ihm keinen Zahn in der Fresse lasse, wenn etwas in die Zeitungen kommt!«
»Ach so, das ist es!« Ihr Lachen wurde so hell, daß die Muschel vibrierte. »Du meinst, weil er dich beim Trainer verpfiffen hat, wird er's auch bei den Zeitungsfritzen tun? Aber beruhige dich, Sonnyboy! Den habe ich mir gestern schon vorgenommen. Der wird den Mund halten, weil ich noch viel mehr über ihn weiß. Wenn natürlich dein Trainer so blöd ist, es den Pressefritzen zu flüstern, kann ich auch nichts machen.«
»Das«, sagte Pall, »glaube ich nicht.«
»Dann beeil dich jetzt schön, daß ich nicht neue Schuldgefühle kriege!«
Es war ihm, als ob Wärme in ihr Lachen käme, und gleichzeitig spürte er ein Prickeln im Rücken, das wenig mit Trainingslust zu tun hatte.
»Wann besuchst du mich, Pall? Ich bin noch bis Mittwoch hier ohne Auftritt.« Jetzt erst wußte er, daß er mit der Frage gerechnet hatte.
»Wie wär's mit morgen?«
»Okay. Ich bin da. Ruf vorher noch mal an.«

»Mach ich, Madou. Aber jetzt wird's höchste Zeit für mich!«
Er lachte, als er losfuhr, und nahm sich vor, sich im Training von keinem die Laune verderben zu lassen. Auch nicht von Durkovic und Furtner.
Und es bemühte sich auch keiner darum. Es war ein Training wie jedes andere, wenn man davon absah, daß Pall bei der Gymnastik eifriger als je zuvor war und beim abschließenden Spielchen mit lockeren Improvisationen aufwartete, die sogar Furtner beeindruckten.
Auf dem Weg zur Dusche war er plötzlich neben ihm und zog ihn am Trikot, um die anderen vorbeizulassen. »Komm doch mal bei mir vorbei heute nachmittag, wenn du nichts Besonderes vorhast.«
Montag nachmittags war frei bei der Bavaria. Sonst wurde täglich zweimal trainiert.
Die Verblüffung ließ Pall einige Sekunden zögern. Dann sagte er zu.

Furtner hatte einen hübschen Bungalow in einem der Vororte, die als vornehm galten und es auch waren. Die Sonne war noch warm genug für den Garten, obwohl die Herbstwinde anfingen, den Altweibersommer zu zerzausen. Frau Furtner, die Jeans und ein verwaschenes T-Shirt trug, fragte Pall, ob er Kaffee oder etwas anderes trinke.
»Bring zwei Gin-Tonic für den Durst«, sagte Furtner. »Das heißt, wenn Pall will.« Er blickte ihn fragend an.
»Warum nicht? Aus Kaffee mache ich mir sowieso nicht viel.«
»Ich auch nicht«, sagte Furtner. »Und abends brauche ich meinen Rotwein, da frage ich keinen Trainer.«
Seine Frau brachte den Longdrink mit Eisbrocken, und Furtner hob sein Glas.

»Auf weitere Spiele von dieser Sorte. Du hast eine gute Presse heute!«
»Wenn nicht noch was Blödes nachkommt.«
Furtner stellte sein Glas weg und schüttelte den Kopf. »Du meinst, wegen Madou? Da mach dir keine Sorgen, das bleibt in der Mannschaft. Sind wir vielleicht Mönche? Da hätte schon mancher drankommen können.«
»Aber wenn mich der Trainer aufs Kreuz legen will?«
»Quatsch! Soll er sich ins eigene Fleisch schneiden? Du zahlst deine Strafe, und der Fall ist erledigt. Außerdem habe ich mit ihm darüber gesprochen.«
Er hat, dachte Pall, überall die Finger drin, aber er konnte nicht antworten, weil Furtner fortfuhr: »Wenn er sonntags den wilden Mann spielt, heißt das gar nichts. Aber ich will dir trotzdem einen Rat geben: Mach nicht weiter mit der Madou. Erstens bist du zu jung für sie, und zweitens bist du dann wirklich schnell in den Klatschspalten. Sie ist einfach zu bekannt, verstehst du?«
»Hast du mich deshalb kommen lassen?«
»Sagen wir, deshalb auch. Du kannst an jedem Finger eine haben, die zu dir paßt.«
Pall fiel sein Mailänder Alptraum von der Vaterfigur Furtner ein, und er spürte sogar etwas von der Angst zurückkommen, die ihn blockiert hatte. Aber er fühlte, daß sie ihn nicht packte, sondern sich eher in Ärger verwandelte.
»Moment mal! Reichen dir meine beruflichen Angelegenheiten nicht aus, um dich einzumischen? Müssen es auch noch die privaten sein? Ich bin volljährig, und was meinen Alten nichts angeht, kann für dich schon gar kein Thema sein!«
Furtner sah ihn aus schmalen Augen an, aber sie kamen Pall weniger amüsiert als lauernd vor.
»Verknallt, was?«

»Red doch keinen Stuß! Ich habe bloß das verdammte Gefühl, daß diese Madou nicht nur einen Kopf in der Mannschaft verdreht hat und ein ungeheures Thema für euch ist!«
»Falsch, Pall.« Furtners Finger spielten mit dem hohen Glas, und seine Stimme klang versöhnlich. »Sieh mal, Junge, ich fühle mich bei der Bavaria für einiges zuständig. Man kann auch sagen, daß ich nicht alles dem Trainer überlassen will, und zwar aus eigenem Interesse, wenn du das verstehst. Ich habe ein Dutzend Profijahre und einen ganzen Sack voll Trainer hinter mir. Es waren Roulettspieler, Tüftler und Flaschen dabei, und je älter ich in diesem Job werde, um so mehr verlasse ich mich auf meine eigenen Ideen. Auf dem Spielfeld muß ich mir selber helfen, oder? Der Mann auf der Bank spielt nicht mit, sondern er zittert mit, stimmt's?«
»Brauchen tut man ihn schon.«
»Richtig. Man braucht auch einen Präsidenten und den ganzen anderen Rattenschwanz von Funktionären. Aber in erster Linie, verdammt noch mal, braucht man uns!«
Eigentlich, dachte Pall, hätte er »mich« sagen müssen. Laut aber sagte er: »Ich weiß, was du für die Bavaria wert bist, und der Trainer muß es auch wissen, sonst würde er nicht auf dich hören.«
Diesmal blitzte kein Lauern in Furtners Augen. Wenn es Selbstgefälligkeit war, so huschte sie nur blitzartig vorüber. Er hat sich im Griff, dachte Pall. So, wie er uns alle im Griff hat.
Und dann kam wieder der Griff nach dem Mittelstürmer.
»Was hast du am Samstag von Tönes gehalten?«
Der Themawechsel war brüsk, aber Pall wunderte sich nicht darüber. Furtner und Tönes waren sich bei Hudaks Gartenparty aus dem Weg gegangen.
»Für mich hat er gut gespielt.«

»Gut – was heißt gut! Er hätte das Ding so früh entscheiden müssen, daß wir uns nach der Pause hätten amüsieren können, anstatt uns die Lungen aus dem Bauch zu rennen. Manchmal ist er einfach ein Fremdkörper, und ich renne nicht gerne für Fremdkörper!«
»Jetzt übertreibst du! Du weißt ganz genau, daß keiner seine Wucht beim Kopfball hat und daß er auch technisch viel besser geworden ist. Und außerdem ist er nicht blöd.«
»Was soll das heißen?«
»Das soll heißen«, sagte Pall und nahm einen Schluck Gin-Tonic, ohne den Augen, die sich zusammenzogen, auszuweichen, »daß du gerne gewisse Ungeschicklichkeiten von ihm hochspielst, weil du genau weißt, daß er nicht dümmer ist als du. Er hat schließlich auch sein Abitur gemacht und kann bei manchem mitreden, wo ich noch die Schnauze halten muß.«
»Für einen Anfänger«, brummte Furtner, »riskierst du eine ganz schöne Lippe. Vielleicht ist sogar ein bißchen was dran an deinem Geschwätz. Und trotzdem – du siehst die Sache zu eng. Du fängst an, über Fußball nachzudenken, und das ist gut, weil ich genug Profis kenne, die das bis zum Ende ihrer Karriere nicht fertigbringen. Wenn du Augen und Ohren aufmachst, findest du sie sogar bei der Bavaria. Und in Madrid habe ich sie auch erlebt. Aber es gibt auch eine Spielintelligenz, die überhaupt nichts mit dem zu tun hat, was du sonst im Kopf hast.«
»Das«, knurrte Pall, »ist nichts ganz Neues.«
Jetzt wurde Furtner fuchtig. »Aber es scheint etwas Neues für dich zu sein, daß du eigentlich mit großer Disziplin Arbeiten zu erledigen hast hinter Leuten wie Tönes und Rumnick, die befreit sind von Aufräumungsarbeiten, weil wir nur mit zwei Spitzen spielen.«

»Ich habe mir, als ich bei euch unterschrieb, vorgestellt, daß ich die dritte Spitze sein könnte. Fußball ist für mich immer Angriff gewesen, und er wird es auch bleiben, ganz gleich, was du mir jetzt erklären wirst mit deiner Überlegenheit, die mir zu stinken anfängt.«
Das war starker Tobak.
Furtner schluckte ihn, aber er gab ihn mit speiender Heftigkeit zurück.
»Bis jetzt habe ich dich nicht für einen Deppen gehalten, Pall. Aber wenn du so weitermachst, sind wir miteinander fertig.«
Auch Pall schluckte die Pille. Und den bitteren Nachgeschmack überspielte er, indem er sagte: »Ich weiß, daß es nicht von Durkovic abhängt, ob ich am nächsten Samstag in Frankfurt spiele oder nicht. Sondern von dir. Du akzeptierst den Trainer nur, weil er dir alle Macht läßt und dabei auch noch profitiert. Das machst du nicht schlecht, aber jetzt will ich dir auch mal was sagen. Ich bin keiner von denen, die das große Geld, das du machst, schnell und um jeden Preis verdienen wollen. Im Augenblick mache ich kein Zehntel von dem, was du herausholst, und bin trotzdem zufrieden, weil ich Zeit habe und du nicht.«
»Du willst mir meine Zeit vorschreiben und mich zum alten Eisen schmeißen?« Aus Furtners Augen blitzte Zorn. »Bis jetzt gilt in diesem Klub immer noch das, was ich sage, und er fährt gut damit. Oder vielleicht nicht?«
Pall nickte, verkniff sich aber, das »bis jetzt« zu wiederholen. Nicht nur das Beispiel seines Vaters hatte ihn gelehrt, daß die Härte des Leistungssports über der Schwelle der Dreißig zu quälen anfängt.
Noch war er weit davon entfernt. Aber seit er bei der Bavaria war, fühlte er sich nicht mehr als der junge Spund, dem das Schnaufen der Veteranen entgeht,

weil er das durch nichts zu ersetzende Privileg der Jugend genießt.
Deshalb beschloß er, den Kampf gegen Furtner einzustellen und lieber Theater zu spielen.
»Ohne dich«, sagte er, und es fiel ihm leicht, weil es seine Überzeugung war, »hätte die Bavaria weder den letzten Europapokal noch die beiden Meisterschaften geholt. Alle nennen dich den Kopf der Mannschaft, und ich wäre der Dümmste, wenn ich es bezweifeln würde.« Und nach einer kleinen Pause, die das Stechen aus Furtners Augen trieb: »Ich gebe zu, daß drei Angriffsspitzen riskant sind, aber ich bin auch kein Mittelstürmer, und du mußt verstehen, daß ich den Tönes nicht verdrängen will. Du weißt genau, daß ich ein ganz anderer Spielertyp bin.«
Wieder huschte ein Lauern über das Gesicht des Bärtigen. »Und wo siehst du, bitte, deinen Platz in der Mannschaft? Am Flügel vielleicht? Du darfst auf beiden Flanken vorstoßen, ja, du sollst es sogar, wenn sich der rechte Augenblick anbietet, aber dein Arbeitsplatz, wenn wir's mal so nennen wollen, ist im Mittelfeld. Defensive Wirkung und Raumdeckung sind mir wichtiger!«
Damit du, dachte Pall, den großen Max spielen kannst. Aber er hielt es für klüger, Furtner nicht mit einem Vortrag über den Wunderknaben zu reizen, der einen Eckball schießen und ihn selber einköpfen kann. Was der Bärtige wollte, waren Leute, die ihm Arbeit abnahmen und denen er Arbeit geben konnte. Die reinen Renner waren nicht gut genug dafür, und Spieler, die es nicht nur in den Beinen, sondern auch im Kopf haben, machen sich ihre eigenen Gedanken darüber.
Er behielt seine Weisheit für sich. Furtner, das war ganz klar, hatte ihn kommen lassen, um seine Grenzen abzustecken. Einige Zeitungskommentare über seine Leistung gegen Hamburg mußten ihm zu über-

schwenglich gewesen sein, und gleichzeitig hatte er die Sache mit Madou für seltsame väterliche Ratschläge benützt. Er war schon ein Fuchs.
Aber es gab in der Mannschaft auch keinen, der ihn ersetzen konnte. Rumnick, das war die technische Brillanz, war die Kunst am Ball. Furtner war der Meister im Ziehen der Fäden, die man nicht sehen konnte, aber spürte.

13

Der nächste Tag roch nach Herbst. Es war, als ob der Sommer eingeschlafen wäre und das Erwachen vergessen hätte. Viel weiter weg als nur drei Tage schien das warme Wochenende mit dem Föhn und den silbernen Fäden in einer Luft, die plötzlich unruhig war von Winden, die Blätter wirbeln ließen. Tiefhängende bleigraue Wolken kündigten Regen an mit jener eigenartigen Melancholie, die Heimweh macht.

Pall spürte es beim Aufwachen, obwohl er keinen Grund hatte, sich nach seiner Bude im Mietshaus des Provinznests zu sehnen, aus dem ihn Holldorf herausgeholt hatte. Nach vielen kleinen Schritten hatte er den ersten großen für die Bavaria und die eigene Karriere getan, und mit einigen Abstrichen war er vom wichtigsten Mann des Klubs abgesegnet worden.

Von Furtner. Seltsam genug waren Einladung und Gespräch gewesen, aber auch aufschlußreich. Der Bärtige akzeptierte ihn nach einem Boykott, der typisch für ihn war, auch wenn er es mit Vorbehalten tat, die ebenfalls typisch für ihn waren.

Er hätte sich jetzt gerne das Frühstück von der Mutter richten lassen und auch mit ihr geredet. Nicht mit dem Vater. Der Mann, der ein Talent verschleudert hatte, das nicht klein war, und der jetzt in seinen miesen Tabakladen hinunterstieg, wäre in dieser Stunde kein Gesprächspartner für ihn gewesen. Die

Mutter verstand vom Fußball nichts, aber sie hätte den Menschen Furtner verstanden. Und sogar über Madou hätte man mit ihr reden können.
Zum erstenmal spürte Pall, daß er noch keinen Freund in der Stadt hatte. Sicher, mit dem kleinen Riedl konnte man reden. Aber Freundschaft war es nicht, und zum erstenmal begriff er auch, daß die Freundschaft am Arbeitsplatz des Fußballprofis nicht so leicht entsteht wie da, wo für weniger Geld gearbeitet wird. Bei der Viktoria war das noch anders gewesen, weil viel weniger Geld im Spiel war. Und zu Vaters Zeiten noch ganz anders. Da war mindestens so viel gesungen und gesoffen worden wie gespielt, und vielleicht war es ungerecht, dem Alten das vorzuhalten. Ein Mitschwimmer mit niedrigem Sprungbrett war er gewesen, wie alle anderen. Nie hatte er vom Zehn-Meter-Turm träumen dürfen, auf den sein Sohn gestiegen war.
Trotzdem war, als Pall das Kaffeewasser aufstellte und dann ins Bad ging, das Heimweh da. Er dachte an die ersten Abendessen Ende September, wenn das Licht eingeschaltet werden mußte, und er sah vor den Fenstern Blätter tanzen, ehe die Rolläden herunterfielen.
Ja, es war Heimweh, obwohl er hier ein modernes Appartement hatte, ein gekacheltes Bad, in dem keine Emaillewanne vor sich hin rostete, einen Balkon mit Tisch und Stühlen, der ins Grüne ging und gegenüber nicht von einer grauen Fassade erdrückt wurde. Und später, in zwei Jahren vielleicht schon, würde er draußen vor der Stadt wie Furtner wohnen können.
Aber jetzt hatte er Heimweh nach der winzigen Wohnküche, in der es nach Mutters Töpfen und Vaters Bier roch und das alte Radio das Geschrei der Nachbarkinder überplärrte.
Als er sich in der Küche das Frühstück richtete, fiel

ihm ein, daß er Madou anrufen mußte und sie jetzt am besten erreichen würde.
Es dauerte lange, bis sich ihre verschlafene Stimme meldete und ihn angähnte, ob er denn schon wieder trainieren wolle. Aber sie klang nicht gereizt, eher wie das Schnurren einer Katze.
Und ganz schnell wurde sie praktisch. »Eigentlich hätte ich Lust, essen zu gehen, Pall, aber komm lieber um acht zu mir. Es muß nicht unbedingt morgen in der Zeitung stehen.«
»Finde ich auch, Madou. Aber wenn mir der schwarze Heini wieder auflauert?«
Sie lachte. »Den kannst du vergessen. Aber stell deinen Wagen trotzdem nicht vors Haus. Ein kleiner Spaziergang wird dir guttun, und dunkel ist es auch. Und noch was, Pall: Ich freue mich!«

Beim Training wirkte Durkovic locker und friedfertig, und Holldorf, der für eine halbe Stunde mitmachte, weil er jung genug war und meinte, daß ein Manager mit Bauch sich und dem Klub schade, fand aufmunternde Worte für Pall. Im übrigen hielt er noch ganz gut mit, wenn er auch ein bißchen mehr mit der Luft zu ringen hatte als die anderen.
Er lobte Palls Leichtfüßigkeit, die seinen Trainingseifer überdeckte und den Mann in Form erkennen ließ. »Du spielst in Frankfurt«, sagte er, ehe er unter der Dusche verschwand.
Durkovic sagte nichts, aber es war Pall klar, daß Furtner und Holldorf gemeinsam das entscheidende Wort gesprochen hatten.

Schon um sieben fuhr er zum Rendezvous mit Madou und parkte den Wagen einen guten Kilometer vor dem Haus. Es war eine vornehme und ruhige Gegend mit Villen und Terrassenhäusern, und er hatte viel Zeit zu einem Spaziergang durch Straßen mit einer fast dörflichen Stille. Nur einmal erschrak er, als ein Radfahrer ohne Licht, ganz leise wie eine Fledermaus, um die Ecke schwirrte. Ein paar Meter weiter hörte er ihn »Hallo« rufen und dann das helle Lachen eines Mädchens. Er stieg ab, und sie standen dicht genug bei einer Straßenlaterne, daß Pall den weißen Rock des Mädchens und ihr langes dunkles Haar erkennen konnte. Sie sind kaum jünger als ich, dachte Pall, als sie sich küßten. Aber sie müssen nicht aufpassen.

Zwei Blocks vor Madous Haus wurde er so vorsichtig, daß er sich wie ein Anschleicher vorkam. Zwei ältere Herren, die einen heftigen Disput hatten, kreuzten seinen Weg, und dann stand er vor der Tür. Nur das Zausen des Windes in den Kronen der Bäume war zu hören, und er war froh, daß er nicht läuten mußte. Die Tür gab auf den Druck seiner Hand nach.

Als sie ihn küßte und über die Krawatte und das Jakkett lachte, fiel ihm ein, daß er nicht einmal an Blumen gedacht hatte. Und gleichzeitig war er froh darüber, weil ein Anschleichen mit Blumen der Gipfel der Lächerlichkeit gewesen wäre.

Sie trug verwaschene Jeans und ein kariertes Wollhemd mit aufgekrempelten Ärmeln, und Notenblätter lagen nicht nur auf dem aufgeklappten Flügel, sondern auch auf dem flaumigen Teppich.

»Entschuldige die Unordnung. Ich habe gearbeitet.«

»Man sieht es«, sagte Pall.

»Ja, und sehr intensiv. Nichts fliegt einem zu, Pall!«

Er stand immer noch in der Mitte des Raumes und wußte nichts anzufangen mit seinen Händen, die an ihm herunterbaumelten.

Madou lachte. »Du stehst herum wie ein Schulbub mit schlechtem Gewissen!«

Das große Zimmer. Der Flügel. Der weiche Teppich, der die Füße ansaugte. Luxus und noch etwas ande-

res, Undefinierbares, in das die Frau, die lachend und mit aufgekrempelten Hemdsärmeln vor ihm stand, hineinpaßte.
Und er nicht. Er fühlte es körperlich, weil es ihn zugleich kribbelte und biß.
Und es kam ihm, weil das Zimmer so groß wie seine verdammte Verlegenheit war, der schon ziemlich verbrauchte Satz in den Sinn von der Tiefe des Raums, aus dem der Spieler des Mittelfelds herausstößt, um Beute zu machen.
Es machte ihn sowohl sicherer als auch aggressiv.
»Wenn du dich über mich lustig machen willst, kann ich gleich wieder gehen!«
Ein Volltreffer war es nicht. »Was Besseres fällt dir wohl nicht ein? Wenn du dich endlich hinsetzen würdest, könnten wir vernünftig reden, meinst du nicht?«
Er ließ sich in den Sessel fallen, den er schon kannte, und ärgerte sich gleichzeitig darüber. Es sah aus wie Angst, etwas Neues zu berühren.
»Was trinkst du?«
Er zuckte mit den Schultern, und sie ging mit ihrem wiegenden Gang hinüber zu der Bar in der Bücherwand. Jetzt erst sah er, daß sie keine Schuhe trug.
»Ein bißchen Gin mit viel Tonic? Ich hab das gern beim Arbeiten.«
Pall grinste. »Wir können beim Arbeiten nicht trinken, aber es ist ja eigentlich auch kein Arbeiten, oder?«
Sie kam mit zwei hohen, gut gefüllten Gläsern zurück. »Trink erst mal was und entspann dich, Junge. Bist du kratzbürstig oder streitsüchtig? Ich will dir gleich sagen, daß ich nur streite, wenn ich Lust habe, und jetzt habe ich keine.«
»Ich auch nicht.«
»Dann ist es ja gut, aber es klingt mir zu trotzig, Pall. Das mit dem Arbeiten hast du doch bloß gesagt, um

mich zu provozieren, oder? Entweder sind's Komplexe, oder du nimmst meine Arbeit nicht ernst.«
Er nahm einen großen Schluck, ohne ihr zuzuprosten, und ärgerte sich, daß er die Unterlegenheit nicht wegschwemmte.
»Zigarette?«
Er winkte ab.
»Also, was ist los? Wenn du nicht gerne gekommen bist, hättest du nur anzurufen brauchen. Ich habe genug zu tun. Trainieren, wenn du willst. Ich gehe vier Wochen auf Tournee, aber ich habe gedacht, es wäre nett, dich vorher zu sehen. So einfach ist das!«
Pall gab sich einen Ruck. »Und ich sitze da wie ein Depp. Entschuldige, Madou. Aber ich kann dir nicht einmal sagen, warum. Vorhin auf der Straße habe ich mich noch gefreut und gepfiffen.«
»Und jetzt ist alles weggeblasen?«
»Vielleicht habe ich dich in deiner Arbeit gestört, und vielleicht mußt du viel mehr tun als unsereiner. Man sieht es bloß nicht.«
In Madous Mundwinkeln zuckte ein Lächeln, aber die Augen blieben ernst. »Sieh mal, Pall, ich bin vielleicht zehn Jahre älter und habe einiges erreicht. Aber ich komme von weit her. Von tief unten, meine ich. Meine Mutter ging auf den Strich, und mein Vater soff. Ich sage dir das, weil du sicher auch aus keinem Haus wie diesem kommst und noch Probleme mit deiner neuen Lage hast. Du wirst bald viel Geld verdienen, weil du jung und begabt bist, aber du hast noch Angst, es könnte was passieren oder jemand könnte gegen dich sein.«
Er blickte sie mit einer Mischung von Staunen und Ärger an, wie ein Ertappter. »Du meinst Furtner?«
»Könnte doch sein, oder?«
»Ich habe gestern lange mit ihm gesprochen. Er hat mich zu sich eingeladen. Zum erstenmal.«
»Und?«

»Ich glaube, daß ich ihn jetzt besser verstehe.«
»Auf alle Fälle bestimmt er, was gemacht wird. Das weiß ich nicht nur aus den Zeitungen.«
»Du ... du hast mit ihm was gehabt? Ich meine, ist er hier gewesen?«
Sie lachte, und es kullerte die Nachsicht mit, die man fragenden Kindern einräumt. »Nicht jeder, von dem ich was weiß, hat hier geschlafen, Pall. Aber eines darfst du mir glauben: Das ist einer, der in eurem Beruf mehr Durchblick hat als die ganze Mannschaft.«
»Ich denke auch über ihn nach.«
Es klang trotzig, aber mehr als ein nachsichtiges Lächeln entlockte es ihr nicht.
»Ich habe das Gefühl, daß dich das mehr belastet als es dir nützt. Gegen einen wie den kommst du vorläufig nicht an.« Sie blies Rauch über den Tisch und blickte hinüber zum Flügel. »Er kennt alle Tasten eures Klaviers, aber du noch nicht einmal die Hälfte. Und er vergreift sich nicht. Er ist sicher, verstehst du, und er braucht immer ein bißchen Unsicherheit um sich. Alle Chefnaturen sind so.«
»Aber er spielt auch nicht jeden Samstag wie ein Weltmeister.«
»Hat er auch gar nicht nötig. Sieh mal, seit ich mich in meinem Metier durchgesetzt habe, kann ich mir auch einmal einen schwachen Tag leisten.«
»Du kannst doch Singen und Fußball nicht vergleichen!«
»Man kann alles vergleichen, Pall, bei dem es drum geht, sich mit einem bißchen Talent und viel Energie hochzuarbeiten. Aber jetzt wirst du was essen, und dann sage ich dir, wie ich das meine.«

Später, im Bett, sprach sie weiter, und er schlief nicht ein wie beim erstenmal, als er das Spiel in den Knochen und den Alkohol im Blut gespürt hatte.

»Man muß seinen Weg machen, Pall, und ich will dir von meinem erzählen, damit du deinen besser erkennen kannst.«
Sie zündete sich eine Zigarette an und blickte im Halbdunkel den Rauchkringeln nach, die der vom halboffenen Fenster kommende Wind zerzauste.
»In deinem Alter bin ich mit einer miesen Band herumgetingelt, und jeder, der etwas von Talent gefaselt hat, hat mich ins Bett gekriegt. Drittklassige Impresarios haben mir kleine Gagen bezahlt oder keine, und ich habe die Nächte durchgesoffen und die Tage verschlafen. Ich konnte singen, aber ich hatte keine Ausbildung, und bei diesem Rhythmus hätte ich auch bald keine mehr gebraucht.«
»Kann ich mir denken«, sagte Pall. »Wenn du nicht übertrieben hast, ist es kaum vorstellbar, wie du ein Star geworden bist.«
»Ich habe nicht übertrieben. Zum Glück ist mir in Berlin Pierre Delaunay über den Weg gelaufen.«
»Der große Delaunay?«
»Natürlich. Es gibt keinen kleinen. Er war auf Tournee, und es muß morgens um zwei gewesen sein, als er mit seiner ganzen Truppe in den Schuppen einlief, wo ich sang. Es ist mehr Puff als Bar gewesen, und sie haben alle einen in der Krone gehabt. Aber ich habe Pierre gleich erkannt und das einzige französische Lied aus meinem Repertoire gesungen.«
»Was war das?«
»›Milord‹ von Edith Piaf. Kennst du es?«
»Natürlich. Ein bißchen alt, oder?«
»Schon, aber ein Evergreen. Und Delaunay hat die Ohren gespitzt. Da habe ich es so voll gebracht, daß der ganze Laden gewackelt hat. Es ist eine reine Parodie auf die Piaf gewesen, und ich habe natürlich dem Delaunay den Lord auf den Kopf zugeschmissen. Am Schluß heult der Lord, wenn du das Lied kennst.«

»Französisch kann ich nicht. Ich kann überhaupt nichts außer Kicken.«
»Laß das jetzt. Ich habe damals auch kein Wort des Textes begriffen, aber ich habe ihn gespürt. Und ich habe gesehen, daß er nasse Augen kriegt.«
»Delaunay?«
»Wer sonst! Es hat vielleicht was ausgemacht, daß er angetrunken war. Ich war's natürlich auch, aber ich schwöre dir, daß ich den Milord nüchtern nie so gebracht hätte!«
»Und dann?«
»Dann hat er mich an seinen Tisch geholt, und wir haben weitergetrunken. Er hat natürlich geglaubt, ich könnte Französisch, weil ich den Text auswendig wußte, aber es war die reine Papageien-Methode, und er war fürchterlich enttäuscht. Aber zum Glück sprach einer seiner Freunde deutsch und hat gedolmetscht.«
»Und was ist herausgekommen?«
Sie drückte ihre Zigarette am Aschenbecher auf dem Nachttisch aus und rückte ganz nahe an ihn heran.
»Herausgekommen ist die, die neben dir liegt, Pall. Pierre Delaunay hat mich in dieser Nacht nach Paris eingeladen, und mein Leben hat sich verändert. Vierzehn Tage später bin ich hingeflogen.«
»Einfach so?«
»Einfach so. Ich hatte nichts zu verlieren und nichts nachzutrauern. Nur ein bißchen Angst hatte ich, daß er es nicht ernst nehmen könnte mit der Ausbildung und so, obwohl er das Flugticket geschickt hatte. Zum erstenmal in meinem Leben wollte ich etwas gewinnen. Etwas anderes als ein flüchtiges Abenteuer, wenn du das begreifst.«
»Ich glaube schon.«
»Gut, aber du mußt auch das wissen. Im Flugzeug – und es ist das erstemal in meinem Leben gewesen, daß ich in einem saß – habe ich mir gesagt, daß es

auch egal ist, wenn er nur geflunkert hat und mich bloß im Bett will. Schließlich war es Pierre Delaunay. Etwas anderes als die trüben Tassen, die sich immer mit mir herumwälzen wollten.«
»Du redest ganz schön brutal!«
Sie zog die Hand, die sie unter seinen Rücken geschoben hatte, zurück, angelte aber nicht nach einer neuen Zigarette.
»Jetzt hör mal gut zu, Pall. Ich habe so gut wie nichts getrunken und weiß ganz genau, was ich sage. Wenn du mir vorhalten willst, daß ich früher von den Männern genommen worden bin und mir heute die nehme, die ich will, so stimmt das vielleicht, aber es geht dich nichts an.«
Mit einem Ruck richtete er sich auf. »Der große Star hat sich einen Spaß machen wollen. Mal einen kleinen Fußballer zur Abwechslung, was?«
Sie zog ihn zurück. »Sei nicht beleidigt, Pall, es war nicht so gemeint. Willst du nicht wissen, was Delaunay mit mir gemacht hat?«
Er ließ sich wieder auf den Rücken fallen und starrte zur Decke. »Wahrscheinlich das gleiche wie die anderen.«
»Eben nicht. Er ließ mir Gesangs- und Sprachunterricht geben und besorgte mir Lieder. Chansons, meine ich, keine Schnulzen. Manche waren extra für mich geschrieben, von bekannten Leuten. Er brachte mich zusammen mit ihnen, ließ mich vorsingen und bat sie, auf mich einzugehen. Auf mein Genre, auf meine Stimme, verstehst du? Er behauptete, ich hätte die Natürlichkeit und die Frechheit der Piaf, aber mehr Statur oder auch Sexappeal, wenn du willst.«
»Logo. Dazu braucht man keine Brille.«
»Er hat mir auch beigebracht, wie man sich an einem Tisch benimmt. Schau, Pall, ich bin wirklich aus der Gosse gekommen, und gelesen hatte ich außer Boulevardzeitungen und Romanheftchen nie etwas.«

»Jetzt sag bloß noch, du hättest alle Bücher gelesen, die in deiner Wand stehen!«
»Die meisten, Pall. Aber damals, es sind jetzt fast zehn Jahre her, damals bin ich die Eliza aus Pygmalion gewesen, oder aus My Fair Lady, wenn du willst.«
»Damit«, brummte Pall, »kann ich leider nichts anfangen. Wenn du mir deine Bildung beweisen willst, schlafe ich lieber.«
»Quatschkopf! Die Eliza ist ein Straßenmädchen, das von einem Sprachprofessor umerzogen wird. Und später heiratet er sie, aber wie du siehst, ist das nicht passiert.«
»Aber alles andere, oder?«
»Ist das jetzt so wichtig? Auf alle Fälle hat mir Pierre Singen beigebracht und Manieren und noch vieles andere dazu. Ohne ihn wäre ich versumpft.«
»Glaubst du«, fragte er, ohne den Kopf zu bewegen, »daß ich ohne dich versumpfe?«
»Das wirklich nicht. Aber du bist ein noch viel größerer Sturkopf, als ich dachte! Ich will dir zeigen, daß ich noch von viel weiter unten gekommen bin als du und daß es gut ist, seinen Weg zu gehen, wenn man ihn einmal gefunden hat. Du hast ihn gefunden, aber es sausen dir noch tausend Zweifel durch den Kopf, die ich dir nehmen will!«
»Du bist dein eigener Herr und brauchst dich niemandem unterzuordnen. Fußball ist etwas ganz anderes, und mit Frauen kann man am wenigsten darüber reden!«
Madous Lachen wurde so laut und glockenhell, daß er sich die Ohren zuhielt.
»Warum brüllst du so? Du weckst ja ganze Häuserblocks auf!«
»Weil's mir Spaß macht, du Dummkopf, und was mir Spaß macht, das tu ich. Du solltest mich mal üben hören! Aber Spaß beiseite, Pall. Fußball ist na-

türlich was ganz anderes, aber das mit den Frauen ist nicht auf deinem Mist gewachsen. Das hast du von deinem Alten übernommen, stimmt's?«
»Schon möglich«, brummte Pall. »Aber leider ist's so.«
»Auf jeden Fall habe ich mehr Ahnung von deinem Geschäft als du von meinem, darauf kannst du dich verlassen! Ihr hört eine Schallplatte und denkt, unsereiner macht fünf Minuten den Mund auf und kassiert dann bloß noch. Was glaubst du, wie lange es dauert, bis ein Lied sitzt! Das kann auch harte Knochenarbeit sein, mein Lieber! Die Leute lassen sich nicht mit Halbherzigkeiten betrügen, und je größer dein Name, um so größer deine Verpflichtung. Ich gebe mich völlig aus beim Singen, und sie wollen das spüren, aber niemand weiß etwas von der Galeere, in der ich mich vorher abstrample!«
Sie setzte sich aufrecht neben ihn und zog die Decke über die Schultern. »Weißt du, daß ich manchmal nachts, wenn es mir einfällt, meine Pianistin kommen lasse, um bei einem Lied eine winzige Nuance zu ändern? Was du dann bei der Aufnahme in ein paar Sekunden hörst, kann Stunden dauern.«
»Ich verstehe«, sagte Pall, »daß es harte Arbeit ist. Aber es ist für dich. Ich kann das Dribbling üben, die Einzelaktion, wenn du willst, aber bei Spielzügen bin ich nur noch Mitwirkender und abhängig von anderen. Wenn sich einer blöd anstellt, ist alles kaputt, und es ist das Verrückte am Fußball, daß sie auf der einen Seite Ideen von dir verlangen und auf der anderen Seite das Eingehen auf die Ideen anderer. Gleichzeitig, verstehst du? Und die Ideen des Gegners sollst du auch noch erraten.«
»Vielleicht kann nur so ein Spiel entstehen. Hast du auch darüber nachgedacht?«
»Ich denke viel darüber nach, aber du darfst nicht vergessen, daß wir einen Chefdenker haben!«

»Hör doch auf mit deinem Furtner-Komplex!« sagte Madou, ohne die Hand an den gähnenden Mund zu nehmen. Sie war eingeschlafen, ehe er eine Antwort geben konnte.

14

Im Frankfurter Waldstadion verlor die Bavaria 2:3 und mußte die Tabellenspitze wieder den Hamburgern abtreten. Das war kein Unglück im Frühherbst, und es gab auch keinen Ärger mit Durkovic oder Holldorf, weil es eines dieser Spiele war, die im letzten Moment noch umkippen, ohne daß jemand Vorwürfe verdient hätte. Pallmann schon gar nicht. Seine Kritiken waren wohlwollend bis schmeichelhaft, und man bezeichnete ihn als eine sinnvolle Verstärkung des Meisters.

Nur Furtner rieb sich an Tönes. Der Mittelstürmer hatte zwar keinen schwarzen, aber einen leeren Tag mit zwei Pfostenschüssen gehabt, und wenn er nicht traf, sahen seine Beine viel länger und unbeholfener aus, als sie waren.

Damit mußte er leben, und Pall empfand es als gut bezahltes Drecksleben. Er wunderte sich, mit welch elefantenhafter Ruhe Tönes Furtners spitze Bemerkungen wegsteckte, und der Niklas, der im Struwwelpeter den Knaben in ein großes Tintenfaß taucht, fiel ihm ein. Sah er nicht aus wie Tönes und der strampelnde Knabe wie Furtner? Pall mußte, mit geschlossenen Augen im schmalen Flugzeugsitz lehnend, lächeln. Ein Bild von unheimlicher Ähnlichkeit. Aber bei der Kräfteverteilung in der Bavaria leider nicht umsetzbar. Er beschloß jedoch, es dem Tönes gelegentlich zur Aufmunterung auszumalen. Wie kam er überhaupt auf Bücher? Nie hatte er mehr

als ein halbes Dutzend besessen, aber Madou hatte ihm zum Abschied einige mitgegeben. Ein Zettel, den er erst zu Hause entdeckt hatte, lag dabei: ›Hausaufgaben, die ich auch einmal habe machen müssen. Es wird alles gelesen, und wenn ich von meiner Tournee zurück bin, sprechen wir darüber!‹
Wieder lächelte Pall mit geschlossenen Augen. Ein paar Anzüglichkeiten hatte es noch gegeben, aber keiner ahnte etwas von seinem zweiten Besuch bei Madou. Wie es weitergehen würde, wußte er nicht, nur daß er auf sie wartete und daß sich auch die Neugierigen in vier Wochen beruhigt haben würden. Und er wußte auch, daß er lesen würde. Nicht alles vielleicht, aber warum nicht ein Buch mitnehmen ins Trainingscamp und dem Kartenspiel ausweichen?
Und da gab es noch etwas zum Ausweichen. Oder wenigstens zum Hinausziehen. Der Militärdienst rückte näher, und wenn er mit zwanzig Stamm- oder gar Nationalspieler war, konnte die Bavaria etwas drehen. Als Uniform für den Dienst am Land kam ihm das Nationaltrikot attraktiver vor, und er wußte, daß er sich in guter Gesellschaft befand.
Freilich hing viel, wenn nicht alles, von Furtner ab. Bis jetzt hatte er ihm gegenüber noch kein konkretes Wort über die Nationalelf verloren. Aber Andeutungen hatte es doch gegeben, und es gab keinen Zweifel, daß nur einer, der im Klub für Furtner lief, eine Chance hatte.
Bei Rumnick war das anders. Der war ein so hochkarätiges europäisches Angriffs-As, daß er sich sozusagen von selbst aufstellte. Der brauchte keine Protektion von Furtner, von dem sie sagten, er schiebe den Zettel mit der Aufstellung im richtigen Augenblick dem Bundestrainer unter der Hoteltür durch.
War natürlich ein Reporterwitz. Einer der besseren, die nach Ansicht des Bundestrainers und seiner Auserwählten selten genug waren.

Auch Pall teilte diese Meinung. Seit er bei der Bavaria war, wußte er, daß viele dieser Burschen, die ein Interview machen wollten, nur darauf warteten, einem das Wort im Mund umzudrehen. Immerhin hatte er von Furtner gelernt, ihnen Knochen hinzuschmeißen, an denen es nicht viel herumzunagen gab.
Eigentlich paßte das nicht zu ihm. Er hätte sich lieber offen ausgesprochen, hätte gewünscht, daß Reporter zu unterscheiden wüßten zwischen dem Druckbaren und dem Vertraulichen. Aber je bedeutender der Klub, um so unbedeutender wird diesen Leuten die Grenze, die, nach Palls jungen Erfahrungen als Profi, fairerweise eingehalten werden müßte. Er spürte, daß man sehr wohl Herr des Balls und des Gegners, aber ungeschützter Knecht seiner Meinungsäußerung sein konnte. Und er begriff, daß das, was man öffentliches Interesse nennt, der sicherste Brecher von Tabus ist.
Und dann ließ die Unwägbarkeit der internationalen Auslosung den Präsidenten der Bavaria stöhnen: In der ersten Runde des Europapokals der Landesmeister hatte man es mit Turbine Dresden zu tun.
Einziger Vorteil: man reiste zuerst. Das bedeutet sehr viel beim Europapokal, weil man beim Rückspiel eine Niederlage, die sich freilich in Grenzen halten muß, ausbügeln kann.
Aber neben diesem psychologischen Plus häuften sich die Nachteile zu einer Last, unter der der Präsident stöhnte und, zu Palls Verwunderung, mehr als die Hälfte der Mannschaft.
Er nahm Riedl zur Seite. »Warum tun sie so, als ob wir schon rausgeflogen wären? Es gibt stärkere Gegner, denke ich.«
»Das«, sagte Riedl und nickte vor sich hin wie einer, der an einer höchst unangenehmen Sache herumkaut, »hat schon seine Gründe. Sieh mal, unser Prä-

sident ist ziemlich konservativ und hält nicht viel von der DDR.«
»Nun ja, spielen muß schließlich die Mannschaft.«
»Laß mich erst ausreden, Junge. Natürlich müssen wir den Job machen und nicht er, aber es ist ein Scheißjob, und wir müssen über ganz andere Sachen nachdenken als er.«
»Was heißt das?«
»Das heißt, daß es anders als sonst ist. Ich wäre auch lieber nach Mailand oder Madrid.«
»Aber die Dresdner sind leichter zu packen, oder?«
»Denkste! Die sind nie schärfer auf uns gewesen als jetzt, wo ihre Nationalmannschaft aus der Weltmeisterschafts-Qualifikation geflogen ist. Und wir müssen es ausbaden.«
»Ich war noch nie in der ... der Ostzone.«
Riedl grinste. »Man sieht, daß du aus der Provinz kommst. Bei uns heißt das schon lange DDR, und zwar ohne Anführungszeichen. Sogar beim Präsidenten, und der hält nicht viel vom Sozialismus.«
»Sag mir lieber, warum wir es ausbaden sollen.«
»Der Furtner«, sagte Riedl, »kann dir das besser erklären. Wir haben vorhin darüber gesprochen, und ich habe ihn noch nie so wütend gesehen. Er hat uns alle Idioten geheißen, die nicht begreifen, daß die Bavaria zum Notopfer für das DDR-Fußballvolk erklärt wird. Und weil der Obermayer dumm geguckt hat, hat er gebrüllt, er kann nichts dafür, daß die einfachsten Dinge nicht in einen niederbayerischen Dickschädel hineingehen.«
»In meinen auch nicht, ehrlich.«
»Sieh mal, Pall«, sagte Riedl und kickte einen Kieselstein vom Weg, der das Klubhaus mit dem Trainingsplatz verband. »Die da drüben sind Deutsche wie wir, oder?«
»Klar.«
»Siehst du. Aber sie gehen an der Kandare vom

Iwan und wir an der vom Ami. Und wir dürfen das Maul nicht nur für die größere Futterkrippe aufmachen, sondern auch sonst.«
»Das könnte vom Furtner sein.«
»Ist es auch, Pall. Und er hat auch gesagt, daß die Ostgoten den großen Hammer rausholen und daß er ihn mehr fürchtet als die Hämmer von Mailand und Madrid, weil er Scheißkerle um sich hat, die die Tragweite dieser blödsinnigen Auslosung nicht erfassen.«
»Jetzt«, sagte Pall, »sind wir wieder am Anfang.«
»Er hat gesagt, die DDR hat so viele Olympiamedaillen im Keller, daß gar keine mehr hineinpassen und auch gar niemand mehr scharf drauf ist. Worauf die Leute drüben scharf sind, sind internationale Erfolge im Fußball. Die ganzen Weltrekorde und Weltmeistertitel ihrer Schwimmer, Leichtathleten oder Ruderer sind Tinnef für den Mann auf der Straße, hat der Furtner gesagt. Was die Leute wollen, ist eine Weltmeisterschaft im Fußball oder wenigstens ein Sieg im Europapokal. Und dann hat er gesagt, daß es die Oberen auch wollen, weil es mehr zählt.«
»Stimmt auch.«
»Und deshalb«, sagte Riedl, »gehen wir einen schweren Gang. Furtner hat behauptet, daß es viel schwerer wird als das letztemal in Magdeburg, weil es eine große Gelegenheit für die Oberen ist, das Volk hinter sich zu bringen. Wenn wir verlieren, ist das viel mehr als ein Trostpflaster. Dann schwimmt die ganze DDR im Sparwasser, hat er gesagt.«
»Das war der, der 1974 in Hamburg das Tor geschossen hat?«
»Genau der. Aber seither läuft nicht mehr viel Wasser auf ihre Mühle.«
»Nicht einmal Sparwasser«, sagte Pall und schlenderte, den Matchsack auf den Rücken schleudernd, auf sein Auto zu.

Es gab im Vorstand der Bavaria viele heiße Diskussionen um dieses Spiel. Man hatte zwar einige Wochen Zeit und noch drei Spiele, von denen man zwei komfortabel und eines mit Mühe und Not gewann, aber die Formalitäten der Einreise verschlangen die Tage wie der hungrige Frühzecher im ›Donisl‹ die Weißwürste. Außerdem waren Probleme zu bewältigen, die den Vorstand um den Schlaf brachten.
Der Präsident war auf eine ungewöhnliche Idee gekommen, die er ›Ride and Play‹ nannte. Er wollte in Dresden nicht nur die Übernachtung, sondern sogar das Essen vermeiden, denn seine Vorstellungen vom Osten waren von tiefem Mißtrauen bestimmt. In den Hotelzimmern vermutete er elektronische Wanzen und in der Hotelküche wenn nicht gerade Gift, so doch Unbekömmliches, das geeignet war, die Leistung seiner Mannschaft zu schmälern. Der Gedanke, mit dem supermodernen vereinseigenen Bus zu fahren, in dem sogar gekocht werden konnte, war um so verführerischer, als Dresden näher als Hamburg lag und die Reise sich überdies in zwei bequemen Etappen machen ließ. Dicht an der Grenze würde man übernachten, und der Präsident kannte ein Hotel mit einem Standard, der so hoch war, daß kein DDR-Hotel hinriechen konnte.
Der Präsident rieb sich über den guten Einfall die Hände, weil die Herren Genossen nicht schlecht über das Schnippchen staunen würden, das er ihnen da schlug. Sollten sie ruhig Zimmer für die Bavaria in diesem ›Hotel Newa‹ buchen, das ihn schon vom Namen her störte. Ein paar Stunden konnten sich die Spieler ja in diesen Zimmern ausruhen. Wenn sie nichts über Taktik redeten, war es ihm egal.
Aber Manager Holldorf kannte die Bestimmungen der UEFA für ihre internationalen Wettbewerbe besser als sein Präsident.
»Laut Reglement«, sagte er, »müssen wir vierund-

zwanzig Stunden vor dem Spiel in der Stadt eintreffen.«
»So wörtlich«, fauchte der Präsident, »ist das nicht zu nehmen. Eine Sollbestimmung, sonst nichts. Die sind froh, wenn wir da sind.«
Holldorf schüttelte den Kopf. »Bei der augenblicklichen Lage sollten wir alles vermeiden, was das Fußballvolk gegen uns aufbringt. Ich meine, den Mann auf der Straße, bei dem die Bavaria einen guten Namen hat.«
»Was heißt«, fragte der Präsident, »augenblickliche Lage?«
»Nun, wir sind populär drüben, aber das Ausscheiden der DDR bei der WM-Qualifikation hat einiges geändert. Turbine Dresden hat es jetzt leichter, die Leute voll hinter sich zu bringen. Sie sind anders angeheizt als sonst, und wenn wir sie beleidigen, liefern wir nur neuen Zündstoff.«
»Von Beleidigung«, brummte der Präsident störrisch, »ist keine Rede.« Aber es klang nicht mehr so überzeugt.
»Ich war schon ein paarmal vor Ihnen drüben als Spieler.« Holldorf sagte es mit einem dünnen Lächeln und fügte hinzu, daß er einen großen Koffer mit Souvenirs mitnehmen werde.
»Souvenirs? Andere Sorgen haben Sie wohl nicht!«
»O doch, aber PR-Arbeit fällt auch in mein Ressort, und wenn Sie wüßten, was unsere kleinste Anstecknadel drüben bedeutet, würden wir unsere Zeit nicht mit einer nutzlosen Diskussion vergeuden.«
Der Präsident spürte das Blut in den Kopf schießen, und die Adern auf seiner Stirn traten hervor.
Ich habe, dachte Holldorf, ein bißchen überzogen, aber es war nötig, und schließlich ist es mein verdammter Job, dafür zu sorgen, daß unsere Ehrenamtlichen keine eigenwilligen Alleingänge machen. Dafür bezahlen sie mich, auch wenn es ihnen nicht

immer aufgeht. Laut aber sagte er: »Ich habe nichts gegen den Bus, aber wir fahren frühmorgens am Vortag des Spiels und übernachten im Newa.«
Der andere schluckte, und Holldorf sah, wie die Knöchel seiner geballten Hand weiß wurden. Der Kapitalist, dachte er, droht mir mit dem kommunistischen Gruß, aber er wird mir aus der Hand fressen.
Er legte die Hand, dem Gedanken folgend, offen auf den Schreibtisch. »Ich denke, Sie haben begriffen, daß wir das Reglement einhalten müssen.«
Langsam und widerstrebend öffnete sich auch die Hand des Präsidenten.
»Gut, Holldorf. Ich bin zwar anderer Meinung, aber ich will Ihnen keine Munition in die Hand geben für den Fall, daß wir verlieren. Aber gegessen wird nicht im Hotel, sondern im Bus. Ich lasse mir den Haufen nicht vergiften! Und ich überlasse ihn, verdammt noch mal, auch nicht den Wanzen! Mannschaftsbesprechung ist im Bus und nirgendwo sonst, ist das klar?«
Holldorf grinste. »Klar wie die Käfer-Suppe, die wir mitnehmen werden. Aber man könnte meinen, wir fahren in den Kreml, zur Zeit, als Stalin die Köpfe rollen ließ.«

15

Der Tag, an dem sie fuhren, war grau und neblig, und ein pfeifender Westwind warf die letzten dürren braunen Blätter der rachitischen Bäumchen am Mittelstreifen auf das schwarzgraue Band der Autobahn.

Die Stimmung im Bus war lau, und Pall, der ein Buch auf den Knien hatte, aber nicht lesen konnte, fragte sich, ob Berufsfußballer noch über ihren Job hinausdenken und ob er vielleicht der einzige war, der daran dachte, daß man der großen Wand entgegenrollte, hinter der ein anderes Deutschland lag. Vielleicht kam das allgemeine Dösen auch nur von der ungewohnt frühen Abfahrt. Unterbrochen wurde es von ein paar Kartenspielern, die schon blaue und auch größere Scheine im Topf hatten. Es waren immer die gleichen, die sich da zusammenfanden, um die Langeweile totzuschlagen und ihre Geldgier zu befriedigen.

Oder war auch Angst dabei? Angst vor dem Kommenden, mit der man ohne Ablenkung nicht fertig wurde?

Und spürte nicht auch er einen Leistungszwang, den es früher bei der Viktoria nie gegeben hatte? Da hatte man unterwegs manchmal gesungen, und noch früher, als der Vater spielte, hatte sogar das Bier nie im klapprigen Bus gefehlt.

Das hier war ein Superbus mit Liegesitzen, Küche, Fernsehen und Toilette, er rollte wie ein Pkw und roch auf eigenartig eindringliche Weise nach Pflichterfüllung. Man steckt dich nicht in eine solche Komfortkutsche wegen einer angenehmen Reise, sondern wegen des Sieges, den du holen sollst. Und der Chef des feinsten Feinkosthauses der Stadt fährt persönlich mit und hat das Beste vom Besten eingeladen.

Auch den Champagner des Sieges. Die Vorstellung, klebrigen Krimsekt trinken zu müssen, ließ den Präsidenten schaudern. Es lag ihm viel an diesem Sieg, obwohl in diesem Augenblick wenig davon zu merken war, denn er schnarchte bei dezenter Stereo-Musik mit offenem Mund der Landesgrenze entgegen.

Pall staunte über das flotte Tempo der Paß- und Visakontrolle und die verhaltene Freundlichkeit im Ton der Volkspolizisten. Man sah, daß sie fast jedes Gesicht kannten, aber Riedl hätte ruhig ein bißchen leiser sein können mit der Bemerkung, daß sie natürlich besser informiert seien als der kleine Genosse, weil sie alle Westzeitungen konfiszieren.

Ein Vopo, der gerade um Autogramme bitten wollte, runzelte die Stirn, sagte aber nichts. Nur seinen Notizblock steckte er wieder ein.

Später, auf der welligen Autobahn nach Dresden, wo der Bavaria-Bus zwischen kleinen grauen Zweitakter-Autos noch größer zu werden schien, setzte sich Furtner neben Pall.

»Ich habe was mit dir zu besprechen.«

»Mit mir?« Palls Überraschung war nicht gespielt.

»Ja, und es ist wichtig. Eine Idee, die mir heute nacht gekommen ist. Aber ich habe noch nicht einmal mit Durkovic darüber gesprochen, weil ich erst deine Meinung kennen muß.«

»Du machst es ziemlich spannend.«

Furtner winkte unwillig ab. »Hör zu. Ich denke, du solltest morgen Mittelstürmer spielen.«

»Ich? Und was wird mit Tönes?«
»Er spielt auch. Muß sogar, wenn der Plan klappen soll.«
»Das verstehe ich nicht.«
»Wirst du aber gleich. Wie du weißt, kann man Spiele vorher bis zu einem gewissen Grad theoretisch durchspielen. Turbine Dresden ist zwar kein Gegner, den man in- und auswendig kennt, aber einige Dinge sind klar.«
Pall runzelte die Stirn. »Dir vielleicht. Ich habe DDR-Fußball nur ein bißchen im Fernsehen erlebt.«
»Deshalb sollst du ja zuhören. Sie spielen ziemlich statisch, wenn du verstehst, was ich meine.«
»Hm. Kannst du ein bißchen deutlicher werden?«
Furtner öffnete die Handflächen, als ob alles darin zu lesen sei. »Sie haben ein Konzept, an dem sie festhalten. Das ist ihre Stärke und ihre Schwäche zugleich. Umdenken während des Spiels liegt ihnen nicht, und du kannst zehn Besen fressen, daß sie uns am Videorekorder tausendmal unter die Lupe genommen haben.«
»Das leuchtet mir ein.«
»Gut. Dann leuchtet dir auch ein, daß sie mit den Sturmspitzen Tönes und Rumnick rechnen und alles tun werden, um sie zuzudecken.«
»Logo. Ist schließlich immer so, oder?«
»Wird aber in Dresden nicht so sein«, sagte Furtner, und sein Grinsen ging in das helle glucksende Lachen über, mit dem er gerne wichtige Dinge begleitete. »Und jetzt hör gut zu: Wir werden anfangen wie immer, und wenn Tönes in der ersten Viertelstunde drei Tore schießt, ist der ganze Plan gestorben. Schießt er sie aber nicht – und es wird mit einiger Sicherheit so kommen –, dann stellen wir plötzlich um. Der Tönes geht zurück, und zwar bis zum eigenen Strafraum, auf jeden Fall so weit, daß der

Dresdner Vorstopper Bauklötze staunt. Streichel heißt er, aber er ist eher ein Bulle als ein Streichler. Zumindest am Anfang wird er sich von Tönes herausziehen lassen, und bis er gemerkt hat, was gespielt wird, kannst du schon ein Tor gemacht haben.«
»Jetzt aber langsam!« Pall blickte in das bärtige Gesicht, in dem etwas wie das Fieber des Jägers stand, der seine Beute gestellt hat und nur noch abzudrükken braucht. »Du kommst mir vor wie einer dieser Trainer, die die Tore ihrer Mannschaft auf dem Reißbrett schießen. Aber ich gebe zu, daß die Idee was für sich hat. Zumindest in der Theorie.«
»Dann setz sie in die Praxis um! Es ist natürlich anzunehmen, daß dich dieser Streichel übernehmen wird, wenn sie den Braten gerochen haben, aber du bist ein ganz anderer Typ, und ihr Konzept ist durcheinander. Du beherrschst das kurze Dribbling, mit dem sie beim Tönes gar nicht rechnen müssen, und ich werde schon dafür sorgen, daß du nicht nach hohen Bällen springen mußt wie ein kleiner Terrier beim Wurstschnappen. Wir werden steiler und flacher spielen und diese ganzen Burschen dahinten mit ihrem Gardemaß alt aussehen lassen.«
»Klingt nicht schlecht«, sagte Pall. »Ich bin, sagen wir mal, zur Hälfte überzeugt. Aber die Sache muß doch wohl vom Trainer kommen, oder?«
Furtner lachte. »Jetzt bist du schon so lange bei der Bavaria und weißt noch immer nicht, wer die Musik macht! Natürlich wird sie vom Trainer kommen, und er wird sich auch dafür feiern lassen, wenn's klappt. Braucht ja niemand zu wissen, daß wir beide eine Idee zwischen Schafkopf spielenden Schafsköpfen gehabt haben!«
Er hat, dachte Pall, seinen volksnahen Tag. Aber der Plan ist stark. Das muß man ihm lassen.

Sie bezogen ihre Zimmer im Hotel Newa am frühen Nachmittag. Der Zeitplan war eingehalten worden, und da sie im Bus gegessen hatten, waren Diskussionen mit der Hoteldirektion wegen des Mittagessens überflüssig. Aber noch wußte niemand, daß die Bavaria als Selbstverpfleger gekommen war.
Das Abendessen fand nach dem Training auf dem Gelände von Turbine im Bus statt, und es bedurfte einiger Anstrengungen der Vereinsfunktionäre, die autogrammhungrigen Jugendlichen abzudrängen. Durkovic enthüllte Furtners taktischen Plan mit einer Überzeugungskraft, die Pall staunen und keinen anderen auf die Vermutung kommen ließ, er sei nicht auf seinem Mist gewachsen. Und dann wurde allen ans Herz gelegt, im Hotel kein Wort vom Spiel zu reden, und der Präsident machte ein Gesicht, als ob er genau wisse, daß in jeder Blumenvase eine Wanze versteckt sei.
Das schuf eine eigenartige Atmosphäre des Ansporns und des Trotzes. Spieler, die ihren Militärdienst geleistet hatten, kamen sich vor wie auf Spähtrupp in Feindesland. Und Furtner flüsterte Pall ins Ohr: »Es gibt natürlich keine Wanzen im Hotel, aber unsre Bonzen leisten in ihrer Angst gute Arbeit. Zum erstenmal ist es ein Vorteil, daß sie die Hosen voll haben!«
Pall nickte. »Es schließt zusammen wie im Krieg.«
»Fußball ist Krieg«, sagte Furtner.
Dann klopfte jemand von außen an die Scheibe, und der Trainer zog am Vorhang. Es war längst Nacht geworden, und der verdunkelte Bavaria-Bus stand wie ein Ungeheuer auf dem Trainingsgelände.
Der Mann war ein Funktionär von Turbine Dresden und tat so wichtig, daß der Präsident und Holldorf ausstiegen. Durch die offene Bustür hörten sie, daß das Hotel im Klubhaus angefragt hatte, wann die Mannschaft zum Essen käme. Es folgte ein längerer

Disput, der schließlich damit endete, daß sich Holldorf widerwillig zum Telefon führen ließ. Kaum waren sie im Dunkeln verschwunden, wurde der Präsident von Buben umringt, die Souvenirs wollten. »Gebt mal ein paar Wimpel und Anstecknadeln raus«, rief er in den Bus.
Der Koffer mit den bunten Sachen lag auf dem Gepäcknetz über Holldorfs Platz, und Pall brauchte nur zwei Schritte zu machen. Überdies war es ein ungeschriebenes Gesetz, daß die Jüngsten solche Hilfsdienste erledigten.
»Nimm 'ne Handvoll raus und laß den Koffer da«, sagte Furtner, »sonst läuft dir einer davon damit.«
Pall öffnete den Koffer, griff nach einem Päckchen Nadeln und nach ein paar Wimpeln und sprang ins Freie. Im Nu war er eingekeilt von einem Dutzend Halbwüchsigen, die ihm die Hände entgegenstreckten, als ob es nichts Kostbareres gäbe als Anstecknadeln und bunte Fähnchen. Der Präsident stand daneben und zündete sich mit wohlwollendem Kopfschütteln eine Zigarre an, und im Bus holten die Schafkopf-Spieler die Karten heraus. Nur durch die Türspalte des Busses drang etwas Licht ins Dunkel.
Pall hatte die Nadeln verteilt, und der Kreis begann sich aufzulösen, da spürte er von hinten ein Zupfen an der Trainingshose. Automatisch ging die rechte Hand zum Gesäß und streifte eine andere, die geballt war und sich leicht öffnete. Er spürte einen Druck am Handgelenk und dann zusammengeknülltes Papier. »Nimm es«, flüsterte eine Stimme, die fast nur ein Hauch war, ganz nahe an seinem Ohr.
Er griff zu, und in der nächsten Sekunde war das Papier in seiner Hosentasche. Als er sich langsam umdrehte, stand niemand mehr hinter ihm, und die paar Buben, die noch Nadeln wollten, bedrängten den Präsidenten. Er ließ noch ein Päckchen aus dem Bus reichen, und dann kam Holldorf zurück.

»Schöner Mist«, raunzte er. »Der Hoteldirektor ist stocksauer, daß wir das Essen verweigern. Scheint sich riesige Mühe gegeben zu haben, uns jeden Wunsch zu erfüllen.«
»Pech gehabt.« Schulterzuckend blies der Präsident Rauch in die kalte Nacht. »Was und wo wir essen, bestimme immer noch ich.«
»Ob es«, sagte Holldorf, »in diesem Fall sehr diplomatisch ist, wage ich zu bezweifeln. Es war vorauszusehen, daß sie es als arrogant empfinden würden, und ich bin immer dagegen gewesen. Morgen steht's in den Zeitungen, und das ist nicht gut fürs Klima.«
Der Präsident stampfte wie ein trotziger Bub auf den feuchten Rasen. »Jetzt überziehen Sie, Holldorf! Die haben hier doch keine Boulevardpresse, und außerdem habe ich Ihnen tausendmal erklärt, warum ich Wert darauf lege, daß die Mannschaft vor einem so wichtigen Spiel nicht aus einer DDR-Küche essen soll!«
»Aber die Offiziellen«, brummte Holldorf, »hätten wenigstens im Hotel essen können. Das wäre eine Geste gewesen, die Sie nicht umgebracht hätte, auch wenn vielleicht ihr Lieblings-Champagner gefehlt hätte!«
Das war starker Tobak. Der Präsident warf seine dicke Zigarre weg wie eine abgezogene Handgranate, und er ärgerte sich noch mehr, weil Pall daneben stand. Denn es war absolut unnötig, daß der jüngste Spieler einen Streit zwischen Manager und Präsident mitbekam.
»Fahren wir«, zischte er. Und nach grollendem Zögern: »Wenn ich noch Lust habe, mich mit Ihnen an einen Tisch zu setzen, können wir im Hotel noch ein Glas trinken und darüber reden.«
Holldorf zuckte mit den Schultern. Daß ihm der Umgang mit Präsidenten manchmal schwieriger vorkam als mit Spielern, behielt er für sich.

Während der Busfahrer den Wagen aus dem Trainingsgelände von Turbine Dresden hinausmanövrierte, setzte sich Pall in die hintere Wagenhälfte ab, wo alle Plätze frei waren. Eine Weile spielte die rechte Hand in der Tasche mit dem zerknüllten Papier, ehe sie es herauszog. Es war hell genug zum Lesen im Bus, weil die Schafkopf-Spieler Licht brauchten.
Der Zettel, den er zuerst glätten mußte, war nicht mit normaler Schrift beschrieben. Es waren Druckbuchstaben, und sie fingen schon bei der zweiten Zeile an, vor seinen Augen zu tanzen. Denn nach der Anrede ›An einen von der Bavaria‹ ging es so weiter: ›Alles gut merken und nach Lektüre vernichten. Einer von euch, aber nur einer, soll heute abend zwischen 21.30 Uhr und 21.45 Uhr an folgende Stelle kommen . . .‹ Es folgte eine Skizze, die den Weg vom Hotel zum Treffpunkt markierte. Er lag an der Elbe auf der Brühlschen Terrasse, und es war eine Marschzeit zwischen zwölf und fünfzehn Minuten angegeben. Dann folgte noch der Zusatz: ›Bitte Botschaft unbedingt vernichten und befolgen. Ein Mann mit grauem Mantel und schwarzer Aktentasche wartet am Treffpunkt.‹
Dreimal las Pall den aus einem Stenogrammblock gerissenen Zettel, ehe er ihn wieder in die Tasche seiner Trainingshose schob.
Was tun? Zu Holldorf gehen, zum Trainer, zum Präsidenten? Oder zu Furtner?
Warum hatte ausgerechnet er das Ding einfangen müssen, und was würde ein anderer tun?
Er wußte es nicht.
Ein Blick auf die Uhr am Handgelenk. Sie zeigte 19.40 Uhr, und er beschloß, sich eine Entscheidungsfrist zu geben.
Aber er war, als sie eine Viertelstunde später im ›Hotel Newa‹ ankamen, noch keinen Schritt weiter. Der

Bus fuhr direkt zum Eingang, wo in einer Entfernung von mehr als fünfzig Metern ein Polizeikordon ein paar hundert Schaulustigen jede Möglichkeit verwehrte, an die Spieler heranzukommen. »Das machen sie gut«, sagte der Präsident und grinste anerkennend. Aber das Lachen verging ihm, als ihn der Hoteldirektor um ein Gespräch bat, mit einem Gesicht, das ein versteinerter Vorwurf war. Es war ihm recht, daß Holldorf mit ins Büro ging.

16

Pall hatte größere Sorgen.
Es dauerte nicht lange, bis ihn Riedl, mit dem er das Zimmer teilte, zur Rede stellte. »Sag mal, was ist los mit dir? Erst haust du dich aufs Bett, daß man glaubt, du bist kaputt, und dann läufst du durchs Zimmer wie ein Tiger im Käfig! Wenn du die Hosen voll hast vor diesem Scheißspiel, dann laß dir eine Schlaftablette geben!«
Pall ließ sich wieder aufs Bett fallen und wußte im gleichen Augenblick, daß er nicht allein damit fertig werden konnte. Er griff in die Hosentasche, spielte ein paar Sekunden mit dem zerknüllten Zettel und zog ihn schließlich heraus.
»Hier, lies.«
Riedl nahm das Papier, überflog es und bekam große Augen. Dann setzte er sich auf die Bettkante und las langsam. Und noch einmal.
»Woher hast du das?«
»Vor dem Bus hat's mir einer zugesteckt, als ich die Souvenirs austeilte.«
»Wer?«
»Wenn ich das wüßte! Es war dunkel, und er stand hinter mir. Als ich mich umgedreht habe, war er weg.«
»Du hast keine Ahnung?«
»Überhaupt keine. Meinst du, ich soll's dem Präsidenten zeigen?«
»Kommt überhaupt nicht in Frage! Der ist imstande,

einen Riesenwirbel zu machen, und das ist für niemand gut.« Er kratzte sich am Kinn und wiegte den Kopf. »Eher würde ich Holldorf einweihen, aber ich habe das verdammte Gefühl, daß es besser wäre, die Schnauze zu halten und einfach hinzugehen.«
»Wir beide?«
Jetzt stand Riedl auf und ging durchs Zimmer. Pall starrte auf die Uhr und dann wieder auf den Zettel. Zeit war noch genug.
Der andere stellte sich breitbeinig vors Bett und fuhr sich mit der Hand durchs Haar.
»Ich denke, du gehst allein, Pall. Es kann sein, daß der Trainer noch mal reinschaut. Oder Holldorf. Wenn wir beide weg sind, gibt's Ärger. Mir fällt schon was ein, wenn sie nach dir fragen.«
»Mist«, sagte Pall und fing an zu begreifen, daß es eine elend heikle Sache war, durch Dresdner Straßen zu schleichen zu einem verdammten Rendezvous, dessen Sinn völlig dunkel war. Und trotzdem hatte er das sichere Gefühl, daß so etwas wie ein Hilferuf, den man nicht überhören durfte, auf dem Zettel stand. Es stand aber auch drauf, daß er unverzüglich zu vernichten sei.
Riedl dachte das gleiche. »Merk dir die Stelle und schmeiß das Ding ins Klo. Auf der Brühlschen Terrasse bin ich schon das letzte Mal gewesen. Du gehst einfach die breite Straße vom Hotel aus links hoch, bis du die Ruinen einer Kirche siehst. Dann wieder links, und du bist an den Terrassen über der Elbe.«
Gemeinsam betrachteten sie auf dem Zettel die angekreuzte Stelle, und Riedl fand, daß sie nicht zu verfehlen sei. Er schilderte Pall das Terrain aus seiner Erinnerung, und dann zerriß er den Zettel und spülte ihn hinunter.

Zwanzig Minuten später nahmen sie gemeinsam den Lift in die Halle. Sie trugen Mäntel und Wollschals und taten, als ob sie noch ein bißchen Luft schnappen und sich die Füße vertreten wollten. Von der Bavaria war niemand zu sehen, aber zwei Männer in Ledermänteln blickten ihnen etwas erstaunt aus tiefen Sesseln nach.

Draußen auf der breiten Prager Straße ließ sie ein steifer Westwind frösteln, der die Nebelschwaden des frühen Abends zerriß. Nur wenige Leute waren unterwegs, und mit hochgeschlagenen Mantelkragen gingen sie ohne sich umzudrehen in die dem Treffpunkt entgegengesetzte Richtung.

»Die beiden in den Ledermänteln haben nach Staatssicherheitsdienst gerochen«, sagte Riedl. »Wir müssen erst abwarten, was sie machen. Vorne an der Ecke bleiben wir stehen.«

Fünf Minuten lang beobachteten sie den Eingang, aber es fuhren nur zwei Taxis vor, und niemand verließ das Hotel.

Pall zeigte Nerven, aber Riedl beruhigte ihn: »Die hocken auch lieber im Warmen und machen Dienst nach Vorschrift. Außerdem ist überhaupt nichts dabei, wenn sich zwei Spieler die Füße vertreten. Es ist erst zehn nach neun, und wenn es dem Furtner einfällt, macht er noch einen Mitternachtsspaziergang. Wahrscheinlich ist es den Stasi-Herren wichtiger, zu wissen, wer ins Hotel hineingeht.«

»Möglich«, sagte Pall. »Aber gesehen haben sie uns, und es muß ihnen auffallen, wenn du allein zurückkommst.«

»Das laß nur mich machen. Du gehst jetzt auf die andere Straßenseite und schlägst einen Bogen nach links. Und schau dich immer wieder mal um. Wenn du merkst, daß dir einer folgt, mußt du das Ganze abbrechen.«

Dann war Pall mit sich und einer Sache allein, die als

das größte Abenteuer seiner neunzehn Jahre wie ein dunkler Berg vor ihm stand.
Am Ende der Fußgängerzone wandte er sich nach links und erahnte die schemenhaften Umrisse einer Kirchenruine. Es war dunkler hier, und die wenigen Passanten waren ungefährlich, weil sie von vorn kamen. Hinter ihm war große Leere, und nur einmal erschrak er, als zwei junge Männer aus einer Seitenstraße kamen und ihn schnellen Schrittes überholten. Er wurde absichtlich langsamer, aber sie waren in ein lebhaftes Gespräch verwickelt und beachteten ihn nicht.
Dann stieg er hoch zur Brühlschen Terrasse. Graue Nebelschwaden stiegen von der Elbe hoch und ließen die Lichter eines Cafés zur rechten Hand zu einem schmutzigen Gelb zerfließen. Ein englischer Kriminalroman, den ihm Madou geliehen hatte, fiel ihm ein. So mußte es sein, wenn die Nebel durch Londoner Straßen waberten.
Er überlegte, ob er nicht doch einfach umkehren und die Sache abbrechen sollte. Jede Gefahr wäre ausgeschaltet, und niemand würde ihm Vorwürfe machen können.
Aber dann zog es ihn nach links, wie es der Pfeil auf dem Zettel angezeigt hatte. Zu seinen Füßen war eine Anlegestelle. Dickbäuchige weiße Passagierschiffe schwankten wie schlafende Schwäne im schwarzen Strom, sie hatten hier wohl Winterquartier bezogen. Vom gegenüberliegenden Ufer blinkten matte Lichter von Hochhäusern durch den Nebel.
Gefolgt war ihm niemand. Das war ganz sicher. Aber war es sicher, daß er nicht in eine Falle ging? Der Wind wehte hier stärker und packte ihn frontal, als er in die Richtung ging, die er sich nach der Skizze eingeprägt hatte. Wie Nadelstiche spürte er winzige Nebeltröpfchen im Gesicht, und ab und zu

blieb er stehen, um zu lauschen. Es war 21.35 Uhr, und der Treffpunkt mußte ganz nahe sein. Aber kein Mensch weit und breit. Der Gedanke, daß er umsonst gekommen war, weil man die Sache hatte abblasen müssen, durchzuckte ihn.

Aber dann hörte er Schritte hinter sich. Wo sie hergekommen waren, war ihm rätselhaft, weil der Platz kein Versteck bot. Doch zum Nachdenken war keine Zeit, denn der Mann trug einen grauen Mantel und eine schwarze Aktentasche, und er blieb an seiner Seite.

»Guten Abend, Herr Pallmann.« Er sagte es leise und mit einer betonten Beiläufigkeit, die Palls strapazierte Nerven fast durchgehen ließ.

»Ich werde Ihnen später dafür danken, daß Sie gekommen sind. Jetzt müssen wir weg von hier. In zwei Minuten sind wir bei meinem Auto.«

Woher, dachte Pall, kennt er meinen Namen?

Er ging, unfähig, einen klaren Gedanken zu fassen, neben dem Mann her, ohne daß ein weiteres Wort gefallen wäre. Ebenso schweigend bestiegen sie das kleine graue Auto.

Erst als der Wagen ein paar hundert Meter gerollt war und eine beleuchtete Hauptstraße erreichte, sagte der Mann, daß sie in zehn Minuten da seien und er nicht lange belästigt würde.

Pall sah von der Seite das Profil eines noch jungen, aber ungewöhnlich kantigen Gesichts, das eigenartigerweise sein Mißtrauen schwinden ließ, obwohl er nicht in die Augen des anderen blicken konnte, die sich mit einer Aufmerksamkeit, die ihm zu betont erschien, auf die Straße hefteten.

»Warum sagen Sie mir nicht, um was es geht? Ich muß spätestens in einer Stunde wieder im Hotel sein, aber es kann auch vorher jemand merken, daß ich fehle, und dann ist der Teufel los!«

»Sie kommen rechtzeitig zurück, und Sie werden

einsehen, daß es nicht nutzlos war. – »Wenigstens«, fügte er hinzu, »hoffe ich es.«
Aber damit war Pall nicht zufrieden.
»Um was geht es? Für die Verrücktheit, die ich hier mache, kann ich eine Antwort verlangen!«
Mit einem Kopfnicken bog der Mann von der erleuchteten Hauptstraße in eine dunkle Seitenstraße ein. »Es geht um Peter Fritsche, den Mittelstürmer von Turbine Dresden.«
»Um Fritsche? Das ist euer bester Mann im Angriff, der beste Fußballer in der ganzen DDR, oder?«
»Genau. Aber er will nicht in der DDR bleiben. Zu euch will er, in die BRD, und darüber wollen wir reden.«

Die Straße stieg an, und fünf Minuten später hielt der Wagen vor einer alten Villa mit Vorgarten im vornehmen Dresdner Stadtteil Weißer Hirsch. Im Licht der Scheinwerfer sah Pall graues Mauerwerk, an dem der Putz abgebröckelt war, und farblose alte Fensterrahmen. Das Haus sah nicht gerade verfallen, aber pflegebedürftig aus.
»Bleiben Sie sitzen, bis wir in der Garage sind«, flüsterte der Mann. Aus den Ritzen der Rolläden drang dünnes Licht.
Sie gingen von der Garage über eine Treppe ins untere Stockwerk und wurden von einem hemdsärmeligen jungen Mann in Jeans empfangen. Man sah ihm an, daß er aufatmete.
»Alles glattgegangen, Kurt?«
Der andere nickte. »Problemlos. Aber ich habe trotzdem Umwege gemacht und aufgepaßt. Niemand hat uns verfolgt.«
»Gut, dann kommt rein.« Er streckte Pall die Hand hin. »Du bist Walter Pallmann. Ich werde Pall sagen, recht so? Ich bin Horst, und ich denke, daß du nicht mehr wissen willst, oder?«

Pall zuckte mit den Schultern und trat in ein Wohnzimmer, das überheizt und überladen war. Neben alten Möbeln standen nicht dazu passende neue. Von einer Couch erhob sich ein hübsches dunkelhaariges Mädchen, das in seinem Alter oder vielleicht noch jünger war. »Ich bin Iris«, sagte sie.
Pall gab auch ihr die Hand. Der, den sie Kurt nannten und der ihn hergebracht hatte, griff nach einer der Bierflaschen, die auf dem Tisch standen, und machte sie mit einem Zug fast leer.
»Aufregung macht Durst, Leute! Aber du nimmst sicher lieber ein Mineralwasser.« Er blickte Pall fragend an, schob ihn zu einem Sessel.
Die Selbstverständlichkeit, mit der er plötzlich geduzt wurde, verblüffte ihn, aber er ließ sich nichts anmerken und ergriff, als er sich gesetzt hatte, die Initiative.
»Ich habe getan, was ihr gewollt habt, Leute, und ich weiß eigentlich selbst nicht, warum. Aber jetzt müssen die Karten auf den Tisch, und in zwanzig Minuten muß ich hier raus. Das ist aber noch lange keine Garantie dafür, daß niemand was gemerkt hat!«
»Weiß er was?« fragte Iris.
»Ja, daß es um Peter geht.« Kurt zündete sich eine Zigarette an. »Und jetzt soll er ganz schnell und präzis alles erfahren, denn er hat recht. Ich kann zwar garantieren, daß ich ihn gut zurückbringe, aber ins Hotel muß er sich selber schleichen.«
Er schlug die Beine übereinander, blies Rauch über den Tisch und fuhr fort: »Also paß auf, Pall. Peter Fritsche hat mich ermächtigt, seinen Transfer zum FC Bavaria einzuleiten.« Er sagte es mit einem dünnen Lächeln und gespreizter Feierlichkeit, wurde aber gleich wieder sachlich. »Du kannst es natürlich auch Republikflucht nennen. In vierzehn Tagen beim Rückspiel will er abspringen. Ihr bekommt einen der besten Mittelstürmer Europas.«

Pall nickte. »Vermutlich wißt ihr, daß die Bavaria einen großformatigen Mittelstürmer brauchen könnte, obwohl ich persönlich überhaupt nichts gegen Tönes einzuwenden habe.«
»Eher der Furtner, was?«
»Ihr wißt gut über uns Bescheid.«
»Stimmt. Auf jeden Fall besser als ihr über uns. Und wenn ich sage, daß ich keinen Spieler wüßte, der besser zu euch passen würde als Peter Fritsche, dann ist das kein Geschwafel, sondern meine feste Überzeugung. Der Junge hat's im Kopf und in den Beinen, aber einer der ganz Großen Europas kann er nicht bei uns werden, sondern nur bei euch. Und sie will es auch, obwohl sie nicht mitkann.«
Er deutete auf Iris, deren große Augen die von Pall suchten.
»Ich bin Peters Freundin, und wir haben alles besprochen.«
»Wie alt«, fragte Pall, »ist er?«
»Zweiundzwanzig, und er weiß, was er will.« Sie sagte es mit einem leisen Lächeln und ohne jeden Unterton.
»Und es würde dir überhaupt nichts ausmachen?«
»Das habe ich nicht gesagt, aber soll ich mich an einen hinhängen und weinen, wenn ich weiß, daß er recht hat und eine große Karriere machen kann? Dem geht es nicht bloß ums Geld, glaub mir. Er ist ein viel zu großer Individualist für den Rattenschwanz von Funktionären, der hier dirigiert, und langsam wird das auch gefährlich für ihn.«
»Du meinst, sie trauen ihm nicht?«
»So ungefähr. Wenn er nicht so gut wäre, würden Sie ihn gar nicht mehr rauslassen, aber sie brauchen ihn.«
»Hm.« Pall kratzte sich am Kopf und wandte sich den beiden Männern zu. »Sie werden ein Auge auf ihn haben, meint ihr nicht?«

»Das«, sagt Kurt, »muß man einkalkulieren. Aber gerade deshalb kann er die Sache nicht auf die lange Bank schieben. Wenn sie was merken und ihn hier einsperren, ist alles zu spät.«
»Ich hätte natürlich gerne mit ihm selber gesprochen.«
»Das hätte gerade noch gefehlt, du Witzbold! Besuch im Trainingslager zur Fluchtbesprechung, was? Nicht einmal anschauen wirst du ihn morgen beim Spiel, ist das klar?«
Pall nickte. »Bin ja nicht blöd. Aber weiß er denn, daß wir hier sitzen?«
»Sicher. Wir kommen nur vor dem Spiel nicht ran an ihn. Totale Bewachung, verstehst du? Aber du wirst ihm sagen, daß die Sache läuft.«
»Ich? Gerade erklärst du mir, ich darf ihn nicht einmal angucken, und jetzt soll ich Botschaften überbringen. Ihr habt vielleicht Nerven!«
»Es ist so einfach, daß es der Dümmste deiner Mannschaft könnte. Du läufst an ihm vorbei und sagst vernehmlich ›Scheiße‹. Das ist ein Wort, das in jedem Spiel x-mal fällt, und er weiß dann, daß du hier warst und einverstanden bist.«
Pall lehnte sich in seinen Sessel zurück und blickte den blauen Rauchkringeln der Zigaretten nach. Das Verrückte ist, dachte er, daß ich jetzt mit zwei Geheimaufträgen einlaufe. Ich soll einen Türken bauen und den Mittelstürmer für Tönes spielen und gleichzeitig die Flucht eines Mittelstürmers einleiten. »Und wie stellt ihr euch das in vierzehn Tagen beim Rückspiel vor?«
»Zunächst einmal«, sagte Kurt und drückte seine Zigarette aus, »wirst du kein Wort mit deinen Leuten reden, bis ihr die DDR verlassen habt. Für die Aktion bei euch schlage ich vor, daß Fritsche möglichst schnell in ein Auto hineinkommen muß. Wenn die Karre nur einen Meter gelaufen ist, kann nichts

mehr passieren. Eine Verfolgung ist für unsere Leute unmöglich.«
»Und wenn sie ihn scharf überwachen?«
»Das kann man nicht drei Tage lang, und überhaupt ist die Delegation dafür viel zu klein. Es ist ein Kinderspiel, eine Gelegenheit zu finden, und es ist völlig egal, ob er im Trainingsanzug oder im Sportdreß ins Auto klettert. Aber das muß ich schon deiner Phantasie überlassen, wir können es nicht von hier aus planen.« Er warf einen Blick auf die Uhr. »Und jetzt wird es Zeit, daß ich dich zum Hotel bringe.«
Es war Viertel vor elf. Eine halbe Stunde später ging Pall, nachdem er noch einen großen Bogen ums Hotel geschlagen hatte, durch die Halle zum Lift, ohne aufgehalten zu werden. Die beiden Männer mit den Ledermänteln waren verschwunden.

17

Der Bus der Bavaria legte den kurzen Weg vom Hotel ins Dresdner Stadion mit Polizeieskorte zurück. Es wurde bei Tageslicht um 15 Uhr gespielt, und sie hatten eine leichte Mahlzeit im Bus genommen. Furtner hatte gewitzelt, daß er sich allmählich an dieses Camping-Leben gewöhne, aber die DDR-Presse hatte die Sache gar nicht witzig genommen. Ganz im Gegensatz zu ihrer üblichen spröden Kürze waren die Vorschauen in den Morgenzeitungen üppig und aggressionsgeladen. Und es wurde zum Tagesgespräch im Lande, daß sich die Kapitalisten zu fein für eine Nahrungsaufnahme im Hotel seien.
Das hatte zu heftigen Spannungen zwischen Holldorf und seinem Präsidenten geführt. Der Manager konnte schwarz auf weiß beweisen, daß seine Prophezeiungen richtig gewesen waren. Der Mann auf der Straße fühlte sich beleidigt, und der Sympathie-Bonus, den ein bundesdeutscher Meister allemal in der DDR einkalkulieren kann, war leichtfertig verspielt.
»Teure Suppe, die wir uns da im Bus eingebrockt haben«, knurrte Holldorf. »Dabei hätten die uns aus der Hand gefressen!«
Er sagte es nicht vor den Spielern, aber auch sie waren beunruhigt. Sie hatten schließlich Augen im Kopf, lasen Zeitungen und sahen erhobene Fäuste, als sich der Bus seinen Weg ins Stadion bahnte.
Aber sie zeigten eine Art von professioneller Trotz-

reaktion. Bei den Älteren, die schon in allen Winkeln Europas um die internationalen Pokale gekämpft hatten, setzte sie automatisch ein; die Jüngeren hatten ein bißchen länger an der feindlichen Stimmung zu schlucken, die den Bus umbrandete.
Ein Spiel wie jedes andere war es für keinen. Vor allem nicht für Walter Pallmann, der den kleinen Riedl noch in der Nacht in sein Abenteuer eingeweiht hatte.
Es war überhaupt keine andere Lösung möglich gewesen. Riedl war in die Sache verwickelt und hatte einen Anspruch darauf, die Wahrheit zu erfahren, obwohl sich Pall verpflichtet hatte, die Sache bis zur Heimkehr geheimzuhalten. Und nachdem Riedl alles wußte, waren sie viel länger wach gelegen, als es ein Spiel von dieser Bedeutung eigentlich vertrug.
Nicht, daß ihm Riedl Vorwürfe gemacht hätte. Der Gedanke, einen Mann wie Fritsche ins Angriffszentrum zu bekommen, faszinierte ihn. »Mit dem«, hatte er gesagt, »hauen wir alles um, was in Europa einen Namen hat!«
Aber dann war das Nachdenken gekommen. Turbine Dresden war ein Paradeklub der DDR, so wie Fritsche ein Parade-Mittelstürmer der Extraklasse war. Mit dem konnte sich Tönes nicht messen.
Andererseits hatte das einen Vorteil. Beide waren sich darüber klar, daß Furtner die Flucht von Fritsche begrüßen würde.
Doch damit konnten sie noch nichts anfangen. Es war zu früh. Ein dummer Zufall konnte die Leute, die Fritsches Absichten weitergegeben hatten, der Entdeckung ausliefern, und Pall und Riedl hatten sich, ehe sie versuchten, einzuschlafen, geschworen, kein Wort über eine Sache zu verlieren, die mehr Zündstoff barg als alles, was sie bisher in ihrem Beruf erlebt hatten.

In der Umkleidekabine des kleinen Stadions, das kaum mehr als dreißigtausend Zuschauer faßte – ausgesuchte ›Sportfreunde‹ von großen volkseigenen Betrieben –, fühlten sich die Bavaria-Spieler zwar nicht beengt, aber Holldorf, der Manager mit der Antenne für Feinheiten, die Präsidenten entgehen, empfand die Nervosität wie Pfeile, die auf ihn zuschwirrten. Auch er hatte sich in diesem Raum vor ein paar Jahren umgezogen – und das Spiel war besser ausgegangen, als man erwartet hatte.
Hilf uns, sagten Blicke, die seine Augen flüchtig zu suchen schienen und dann irgendwo an der Wand hängenblieben.
Es war anders als in Madrid oder Mailand. Anders sogar als in Moskau.
Und verrückterweise hörte und sah man nichts vom Gegner. An der Tür zur Nebenkabine hing zwar das Schild ›Turbine‹, aber dahinter rührte sich nichts, und man hörte auch draußen im langen Korridor, der dem düsteren Gang einer Kasematte glich, nicht das vertraute Trappeln, das die Stollen von Fußballschuhen auf steinernen Fliesen hervorrufen.
Die Stille hatte etwas Gespenstisches, und die wie durch eine Wand von Watte dringenden Geräusche des Publikums verstärkten diesen Eindruck. Es klang wie ganz weit entferntes Gemurmel, mit dem sich, ebenfalls seltsam gedämpft, Töne von Trompeten und anderen Lärminstrumenten mischten. Und gelegentlich hörte man auch die Gesänge der winzigen Minderheit der Bavaria-Schlachtenbummler.
»Unsere Leute«, sagte Furtner, »sind heißer als wir.«
Da horchte Pall auf. Er findet, dachte er, immer die richtigen Worte im rechten Moment.
In der Tat brauchte die Bavaria in diesem Augenblick nichts dringender als Aufmunterung. Es gab kein Gruppengefühl, weil jeder zu sehr mit sich selbst beschäftigt war.

Sicher, es war nicht die blanke Angst. Aber da war etwas, das selbst die Erfahrenen irritierte: kein Gegner in der Kabine nebenan und draußen eine Kulisse, deren Feindlichkeit durch die dicksten Wände drang. Wir hätten, erkannte Pall, uns nie in unseren verdammten Omnibus zurückziehen dürfen.
Gleichzeitig dachte er aber auch an Abhöranlagen, obwohl der weißgetünchte und spartanisch eingerichtete Raum überhaupt kein Versteck dafür zu bieten schien. Der Trainer bestätigte seinen Verdacht. »Wir nicht mehr reden über Taktik. Spielen wie abgesprochen, ist das klar?«
Es gab zustimmendes Gebrumme und Kopfnicken. Aber die meisten hörten ihn nur mit halbem Ohr, weil sie mit ihren ganz speziellen rituellen Vorbereitungen beschäftigt waren.
Denn während der Fan sich im Stadion erwartungsvoll den Weg zu seinem Platz bahnt, bereitet sich der Spieler auf seine Weise auf das vor, was ihn erwartet. Pall tauschte die weißen Schnürsenkel seiner Fußballschuhe aus – das linke Band kam in den rechten, das rechte in den linken Schuh.
Es war ein zeitraubendes Geschäft, das er nur vor ganz wichtigen Spielen machte. Und er mußte, wie früher, wenn sie als Buben Hexen und anderes unangenehmes Zeug beschworen, sich das Tor des Gegners wie ein riesiges Maul vorstellen, das ihm entgegengähnte.
Dann würde er es treffen. Und er war jetzt lange genug bei der Bavaria, um zu wissen, daß auch die, die nicht darüber sprachen, in dieser Kabine, die ihnen vor dem Spiel und in der Pause Schutz und Zuflucht bot, Hilfe im Aberglauben suchten.
Dieses Umkleiden zum Kampf ist dem Herrichten des Patienten für die Operation nicht unähnlich. Etwas Endgültiges schwingt mit, wenn Hemd und Unterhemd an den Haken über der hölzernen Bank ge-

hängt werden. Auch hat es etwas mit der Schicksalsergebenheit zu tun, mit der Soldaten in die Uniform schlüpfen.
Gebügelte und nach Waschpulver riechende rote Trikots liegen auf der Bank in der Reihenfolge, die die Spieler gewohnt sind. Pall hat seinen Platz zwischen Riedl und Rumnick, und er setzt sich auf das Trikot mit der Nummer 10, weil er es erst anziehen darf, wenn die Schuhbänder ausgetauscht sind. Die Socken, die er unter den Stutzen tragen wird, sind ihm schnurzegal.
Der kleine Riedl dagegen schlüpft in grasgrüne und uralte Glücksbringer, die an den Fersen gestopft sind. Dabei stopft kein Mensch heute mehr Socken, und es kann ihm Blasen bringen. Aber bei großen Spielen schwört er auf die Dinger.
Und diese Stunde der Verwandlung ist tabu für den Flachs, der sonst wie Unkraut schießt. Jeder ist mit seinem eigenen Aberglauben beschäftigt und respektiert den des anderen, von dem er vielleicht profitieren kann.
Mayerhofer, der Torwart, macht seine sieben Kabinenrunden in der Badehose. Keiner darf ihn dabei ansprechen, sonst muß er von vorne anfangen. Erst dann kann er seine Hose anziehen. Es ist die einzige, die schwarz und lang ist und die Knie halb verdeckt.
Obermayer geht auf die Toilette. Es ist das Zeichen, daß es, nach seiner Quarzuhr, auf die Sekunde genau noch 45 Minuten bis zum Spielbeginn sind. Ob er viel oder wenig zu pinkeln hat, spielt keine Rolle. Wichtig ist, daß er seine Schuhspitzen mit ein paar Tropfen einreibt. Es ist nicht ratsam, ihm die Hand zu geben, wenn er zurückkommt, und Furtner hat einmal gesagt, er ist froh, daß noch keiner die Kacke als Glücksbringer entdeckt hat.
Aber jetzt, eine Dreiviertelstunde vor dem Spiel, würde er sich hüten, solche Reden zu führen. Jeder

ist mit seiner eigenen kleinen Glücksschmiede beschäftigt.
Diesmal kommt Obermayer mit ratlosem Gesicht zurück: »Von Turbine ist immer noch nichts zu sehen!«
Das ist in der Tat merkwürdig. Ist das vielleicht ein Phantomspiel? Wo stecken die Burschen?«
»War das«, will Furtner von Holldorf wissen, »damals auch so?«
Der Manager schüttelt den Kopf. »Sie waren früher als wir da, und im Gang habe ich mit einigen gesprochen. Für ihre Verhältnisse ist es fast locker gewesen.«
»Vielleicht«, sagt Furtner, »haben sie Angst, daß einer abhaut, und wollen jeden Kontakt vermeiden.«
Pall spürt einen Stich in der Magengrube. Wenn das so ist, kann die Sache mit Fritsche haarig werden. Und er merkt, daß der kleine Riedl, der seine Füße mit den scheußlichen grünen Socken von sich streckt, das gleiche denkt.
Holldorf geht hinaus auf den Gang, um sich zu erkundigen, und in der Kabine bringen bohrende Gedanken den Ablauf der Vorbereitungen durcheinander. Man hat noch nie erlebt, daß kein Gegner da war.
Als der Manager nach fünf Minuten zurückkommt, versucht er Ruhe auszustrahlen, obwohl er nicht schlauer ist.
»Von den Funktionären ist nichts rauszukriegen. Sie zucken nur mit den Schultern. Aber ein Ordner hat mir zugeflüstert, daß sich Turbine auf einem Nebenplatz warmläuft.«
Furtner runzelt die Stirn. »Jetzt schon? Den Bären können sie uns nicht aufbinden! Ich bleibe dabei, daß sie jeden Kontakt vermeiden wollen. Vergessen wir's einfach. Wenn sie um drei Uhr nicht einlaufen, haben wir auf jeden Fall gewonnen.«

»Das«, sagt Holldorf, »werden sie leider nicht vergessen.« Einige grinsen, und die Stimmung wird besser. Sollen sie ihr Theater haben. Wenn der Ball rollt, ist Schluß mit den Mätzchen.
Um Viertel vor drei schaut der holländische Schiedsrichter herein. Er fragt lachend und in gutem Deutsch, ob sie vielleicht ein Trainingsspielchen sechs gegen sechs machen wollen, wenn der Gegner nicht kommt, und er würde auch mitmachen.
Aber er weiß wenigstens etwas. Man hat ihm die Spielerpässe in die Kabine gebracht und erklärt, Turbine käme erst zum Spielbeginn mit dem Bus von einem Nebengelände.
»Dürfen die das?« fragt einer.
Der Schiedsrichter zuckt mit den Schultern. »Es steht nirgends geschrieben, wo sie sich umziehen müssen. Nur wenn sie nicht rechtzeitig da sind, gibt es Ärger.«
Dann gehen sie zu einem kurzen Aufwärmen hinaus auf den Rasen, und als sie zurückkommen, steht die Mannschaft von Turbine Dresden in gelb-schwarzen Trikots wie aus dem Steinboden gewachsen im Halbdunkel des Ganges. Immerhin dreißig Meter vom Mitteleingang entfernt auf der den Kabinen abgewandten Seite. Erst als der Schiedsrichter pfeift, kommen sie näher und laufen dann, sofort eine Reihe bildend, auf den Platz.
Verblüfft läuft die Bavaria mit, und auf den prall gefüllten Rängen ahnt niemand, wie seltsam man sich zu diesem Spiel zusammengefunden hat.
Und noch weniger ahnen die Leute von der gestörten Ordnung des Bavaria-Einlaufs. Auch die präzise Reihenfolge des Einlaufens ist ein abergläubisches Ritual. Mayerhofer, der Torwart, macht den Anfang, und jeder weiß, wie er sich einzureihen hat. Rumnick ist der letzte, und wenn sich alle Hoffnungen erfüllen sollen, muß Pall der Mann vor ihm sein.

Aber das Ritual wird nicht eingehalten, weil ihnen gar keine Zeit bleibt, sich zu formieren. Blind rennen sie hinaus wie eine von einem schwarzen Leithammel angeführte Schafherde, aber keiner wagt es, vor der Mittellinie auszuscheren und den richtigen Platz einzunehmen.

Pall ist viertletzter, und vor sich hört er Furtner fluchen. Eindeutig ist von Armleuchtern die Rede, aber es bleibt unklar, ob er westdeutsche oder ostdeutsche meint. Aber ein bißchen Halt geben kernige Wort allemal. Die Spieler nehmen, als sie sich an der Mittellinie aufstellen, Abschied vom Aberglauben und bilden sich ein, daß es ein Spiel wie jedes andere sei. Auf der Gegengeraden wirkt eine Handvoll weiß-roter Fähnchen wie schwankende Bojen in bleigrauem Meer.

Dann der Pfiff des Holländers. Ob es ein Spiel wie jedes andere für ihn ist, weiß keiner, aber alle wissen um seine Macht. Man mag die Schwarzröcke verachten wie Furtner, aber man braucht sie und ist ungeheuer abhängig von ihren Entscheidungen.

Daß der Holländer in der Kabine einen freundlichen Witz gemacht hat, besagt gar nichts. Wie er den Druck des Publikums erträgt, darauf kommt es an. Und es ist, das spürt Furtner schneller als jeder andere, kein angenehmes Publikum. Die blödsinnige Selbstverpflegung im Omnibus! Diese anonyme Menge in den grauen und blauen Anoraks ist feindlich, und ihre Wut über die Kränkung weht wie ein unversöhnlicher kalter Wind ins Spiel.

Spiel? Die ersten körperlichen Kontakte zeigen, daß Turbine Dresden den Weg der Härte geht. Kein Kompromiß im Zweikampf, kein Zurückzucken.

Aber auch keine versteckten Fouls. Sie halten dich nicht am Trikot wie Italiener oder Spanier, und auch den verdeckten Ellenbogenstoß in die Rippen gibt es

nicht. Das Erlaubte wird bis zu seiner Grenze getrieben, aber kaum darüber hinaus. Und unterschwellig spürt man bei der Bavaria, daß man denen nicht mit profihaften Mätzchen kommen darf.
Man hat einen vorsichtigen Start eingeplant. Viel Aufräumungsarbeit im Mittelfeld und Tempo verschleppen. Das sieht alles andere als meisterlich aus, aber es bremst den Elan des Gegners, der die Überrumpelung versucht.
Mit dieser Gangart hat man seine Erfahrung im vollgepackten Mittelfeld der Bavaria. Nur Tönes und Rumnick sind dispensiert von der anonymen Schwerarbeit, aber auch sie lassen sich immer wieder zurückfallen, um mitzuhelfen. Es ist notwendig, weil die Turbine mit einem Schwung angeworfen wird, der leicht umwerfend sein kann.
Erst nach ein paar Minuten, als es eine Verschnaufpause gibt, weil ein hoher Befreiungsschlag Riedls den Ball fast über die Ränge hinausgedroschen hat, fällt Pall ein, daß er den Mann im Dresdener Angriffssturm ansprechen muß.
Schon bei den ersten Ballkontakten hat dieser Fritsche gezeigt, was in ihm steckt. Einmal hat ihn Obermayer nur mit einem Foul an der Strafraumgrenze bremsen können, und den Freistoß hatte Fritsche selbst mit perfidem Effet über die Mauer gezirkelt. Zum Glück auch ein paar Zentimeter über den Querbalken.
Jetzt, beim Einwurf, steht er plötzlich neben Pall. Für einen Augenblick kreuzen sich ihre Blicke, aber vergeblich sucht Pall einen Ausdruck in den graublauen Augen, die sich sofort wieder dem Mann zuwenden, der den Oberkörper nach hinten biegt und die Arme weit über den Kopf zieht, um den Einwurf auszuführen. Fritsches Gesicht mit dem halbgeöffneten Mund ist das des ganz auf den Kampf konzentrierten Mannes.

Als der andere den Ball wirft, rempeln sie sich mit den Schultern, und dann ist die Szene erledigt, weil er hoch über ihre Köpfe fliegt.
Das Spiel verlagert sich wieder in die Bavaria-Hälfte, aber für den Bruchteil einer Sekunde bleibt Fritsche stehen, als ob noch etwas zu erledigen sei.
Und Pall sagt es. Er preßt dieses »Scheiße« aus sich heraus, wie etwas, das er endlich loswerden muß, und er spürt, daß der andere darauf gewartet hat.
Aber ein Zeichen des Verstehens gibt er nicht. Schon ist er wieder mit wirbelnden Schritten unterwegs zum Strafraum der Bavaria, als ob er beweisen müßte, wie sehr man sich bei Turbine auf ihn verlassen kann.
Und es sieht nicht gut aus vor Mayerhofers Kasten. Nach 17 Minuten heißt es 1 : 0 für Turbine – Torschütze Fritsche. Er verschwindet in einem Pulk von Leibern, und die graue Masse wird zu einem brodelnden Wall der Begeisterung.
Erdrücken kann er die Bavaria jedoch nicht. Sie hat genug erlebt, um bei einem Rückstand auf fremdem Platz nicht in Panik zu geraten, und auch die Schadenfreude, die im Beifall mitschwingt, wirft sie nicht um. Die ist im Ruhrgebiet für den Meister aus dem Süden nicht geringer.
Nur Pall hat den Schlag härter empfunden. Es will ihm verrückt scheinen, daß der Mann, dem er eben noch das erste Signal zum Countdown seiner Flucht übermittelt hat, eine solche Antwort gibt.
Ihm hat er keine gegeben. Aber er muß nicht lange warten. Als Fritsche das nächstemal an ihm vorbeiläuft, zischt er etwas, und es ist auch nur ein Wort: »Verstanden.«
Pall antwortet mit einem Kopfnicken und denkt gleichzeitig, daß der andere sich das Tor hätte sparen können.
Sein nächster Paß hoppelt mit einer Blödheit, über

die er sich die Haare raufen könnte, in gegnerische Beine hinein.
»Spinnst du?« brüllt Furtner.
Vielleicht, denkt Pall, spinne ich wirklich. Aber Furtner läßt ihm keine Zeit zum Spinnen, weil Zeit immer knapp wird, wenn man im Rückstand liegt.
Sein Atem geht keuchend, sein Trikot hat er aus der Hose herausgerissen, daß sie kaum noch zu sehen ist, so als ob er nur im Hemd herumliefe, und die Stutzen sind bis zu den Knöcheln heruntergestreift.
Wie ein Partisan sieht er aus, und das ist ein Zeichen, daß Furtner den Krieg mit anderen Mitteln will.
»Jetzt«, zischt er, »kommt der Plan. Ich hole Tönes zurück, und du gehst vor!«
Pall nickt und schaut hinüber zur Trainerbank. Aber sie ist weit weg. Sie stehen an der anderen Seite des Feldes, und er sieht nur, daß der Trainer und Holldorf in ihren daunengefütterten roten Jacken die Köpfe zusammenstecken.
Aber ob sie das gleiche denken oder nicht, ist egal. Furtner hat auf dem Feld entschieden, da, wo das Spiel gemacht wird, und er braucht ihren Segen nicht. Wenn die Sache klappt, ist es gut. Wenn sie in die Hosen geht, wird's bei Halbzeit in der Kabine Stunk geben.
Und schon ist der Tausch Pallmann/Tönes vollzogen. Nahtlos und zur totalen Überraschung der Dresdener Abwehr.
Der Vorstopper geht zunächst mit. Er läßt sich von Tönes übers halbe Feld ziehen, weil es einfach undenkbar ist, daß aus dem Langen ein Abwehrspieler werden soll. Und Pall tastet sich nach vorne in die Lücke, die im Dresdener Abwehrsystem entsteht.
Das feinste Gefühl für die neue Lage hat Furtner. Seinen Bewegungen mag die katzenhafte Geschmeidigkeit von Rumnick fehlen, der auf einem Taschentuch, wenn's sein muß, drei Gegner umspielt, ohne

den Rasen zu berühren. Aber wie kein anderer Mann kann Furtner die Entwicklung des Spieles riechen und in die Schalthebel des Mittelfelds greifen.
Und er weiß auch, daß es der beste Moment für die taktische Falle ist. Genau in dem Augenblick, in dem die Dresdener durch das Tor von einem Stärkegefühl gepackt werden, hat man ihnen eine Schwachstelle verpaßt, die sie noch nicht erkennen. Und die ersten Minuten sind die besten. Rücksichtslos muß man hineinstoßen.
Der erste Steilpaß mißlingt Furtner, aber der zweite spaltet eine Abwehr auf, die Tönes aus den Augen verliert und in die Pallmann auf leisen Sohlen einbricht.
Es hat tatsächlich etwas mit der Heimlichkeit von Einbrecherarbeit zu tun, was er da macht.
Er erwischt Furtners Paß an der rechten Strafraumecke und zieht nach innen, und den ersten Angreifer passiert er aus vollem Lauf mit einer kaum angedeuteten Körpertäuschung. Der Mann ist ausgeschaltet, aber dann kommen sie von zwei Seiten, um ihn zu blockieren. Er wird vom Weg aufs Tor abgedrängt, sieht aber aus dem Winkel des linken Auges Rumnick in den frei werdenden Raum spurten.
Es ist eine ganz andere Art von Angriff als die, auf die sich Turbine per Videorekorder eingestellt hat. Mit Tönes, der zu neunzig Prozent athletische Wucht einsetzt, wäre dieser Angriff nicht gelaufen. Aber es ist auch für die Bavaria eine Premiere. Der Mann, der so viele Treffer der Bavaria mit dem Kopf in die Netze gewuchtet hat, steht am eigenen Strafraum und drückt die Hand breitflächig gegen die tiefstehende Herbstsonne an die Stirn.
Und was er da vorne entstehen sieht, ist eines dieser Tore, deren gewaltlose Einfachheit spielerischer Intelligenz und technischer Brillanz entspringt. Steilpaß Furtners, Ballannahme Pallmanns in der geöff-

neten Gasse, Dribbling und dann, im genau richtigen Augenblick, der Querpaß zum heranspurtenden Rumnick.
Und den gähnt das Tor an, leer, weil der Keeper verzweifelt herausgestürzt ist. Ein kleiner Tupfer nur mit der Innenseite des Fußes. Fast ein Streicheln ist es, mit der er das Geschenk, das Pall da herüberschickt, ins Tor weiterbefördert zum 1 : 1. Einundzwanzig Minuten sind gespielt.
Pall wird am meisten gefeiert. Jeder hat gesehen, wie er die eigene Chance geopfert und gewartet hat, bis Rumnick nachgerückt war.
Ein großes Tor, das aber auch Furtner recht gibt. Man hat es hineingebastelt in die Verwirrung, die die Dresdener Abwehr durch den Tausch Tönes/Pallmann packte. Maßarbeit im rechten Augenblick. Und von der Bank winkt Durkovic, als ob er den Taktstock dazu geschwungen hätte.
Aber sie wissen auch, daß das Überraschungsmoment vorbei ist. Turbines Trainer hat am Spielfeldrand gebrüllt und geflucht, und jetzt wird Pall vom Vorstopper verfolgt, der wie ein wütender Stier schnaubt.
Als sie auf die Ausführung eines Eckballs warten, spricht Pall ihn an, weil er sich's nicht verkneifen kann: »In der Pause werden sie dich anscheißen, weil du nichts gespannt hast und dem Tönes nachgelaufen bist statt mir!«
Er grinst ein bißchen dabei, und die Wirkung ist augenblicklich.
»Leck mich am Arsch!« Der Reingefallene raunzt es mit bösen Augen, und Pall weiß, daß er beim nächsten Tackling aufpassen muß. Vorstopper sind selten die feinsten, vor allem, wenn man sie reizt.
Und es ist, als ob das Spiel jetzt erst seinen richtigen Anfang nähme. Die Bavaria hat Boden unter den Füßen und löst sich aus der Umklammerung; der Geg-

ner zeigt Wirkung, ohne die Nerven zu verlieren. Und die Sprungkraft von Tönes zeitigt auch im eigenen Strafraum schöne Erfolge.
Jede Mannschaft arbeitet bis zur Halbzeit noch Chancen heraus, aber sie gehen mit dem 1 : 1 in die Pause, und diesmal ist auch in der Kabine neben der Bavaria Leben.
»Die haben Stoff zum Kauen«, sagt Furtner, und heißer Tee läuft ihm in den Bart, eigener Tee, der im Bus zubereitet worden ist. Keinen Schritt sind sie von der Selbstverpflegung abgegangen.
Und zu Tönes: »Du siehst, daß ich recht gehabt habe. Wir bleiben natürlich vorsichtig hinten, weil ein Unentschieden reicht, aber wenn du merkst, daß wir sie richtig im Griff haben, kannst du ruhig mal vorkommen. Wenn es schnell geht, hast du keinen Bewacher, verstehst du?«
Der Lange, der sich auf der Bank zurücklehnt und die Füße weit von sich streckt, nickt. »Man kann's probieren, aber ich glaube, es ist auch ganz gut, wenn ich diesem Fritsche Kopfbälle wegnehme. Der Hundling bringt alles – Sprungkraft, Technik, Schußkraft!«
»Stimmt«, sagt Furtner, »das wäre einer für uns.«
Für Tönes klingt's nicht gerade zart, aber Kabinengespräche bei Halbzeit sind keine Bibellesungen.
Und dann setzt sich Furtner, Tee schlürfend, auf die Bank und überläßt dem Trainer den Rest. Und auch Durkovic rät zur scharfen Bewachung des Mittelstürmers Fritsche.
Ihr werdet noch staunen, denkt Pall, aber weiter kann er nicht denken, weil das erste Spiel um den Europapokal der Landesmeister eine große Sache im Leben eines Profis ist. Und er weiß, daß er sie gut angepackt hat.

Aber Fußball ist nicht Mathematik, und nicht alles läßt sich so errechnen wie dieses Tor. Als Tönes nach fünf Spielminuten der zweiten Halbzeit eine Chance sieht, in den eigenen Angriff vorzurücken, wie es Furtner empfohlen hat, verliert er den Ball, und der Dresdener Konter wird fatal. Fritsche wird mit einem weiten Steilpaß geschickt und markiert mit einem bemerkenswerten Solo das 2 : 1.
Wieder tobt die Galerie vor Begeisterung, und wieder ist alles in Frage gestellt. Die Bavaria schwankt zwischen Tun und Lassen, zwischen Vorsicht und bedingungsloser Offensive.
Und sie produziert zehn schlechte Minuten. Furtner hängt hinten am eigenen Strafraum herum, und was aus dem Mittelfeld für Rumnick und Pall nach vorne kommt, lohnt das Laufen nicht. Wenn Turbine ein drittes Tor macht, ist das eine miese Ausgangsposition fürs Rückspiel.
Ganz langsam macht sich die Bavaria wieder frei und gestaltet das Spiel offener. Es ist schwere Arbeit, der kaum ein Glanzlicht aufgesetzt wird, doch sie zahlt sich aus und läßt die Dresdner in Zeitnot geraten. Und Zeitnot strapaziert die Nerven. Man merkt es daran, daß eingeübte Kombinationen plötzlich stokken und sich in Einzelaktionen auflösen. Bei der Bavaria läuft das Spiel runder, weil sie das Tempo nach bewährtem Rezept verschleppt. Wenn das 1 : 2 gehalten wird, ist die Ausgangsposition nach profihaftem Denken zufriedenstellend, und Prämien gibt es hier eh nicht.
Bezahlt wird, ebenfalls nach bewährtem Rezept, das ganze Paket, also beide Spiele zusammen. 8000 Mark pro Spieler hat der Präsident für das Erreichen der zweiten Runde ausgesetzt. Das ist ungewöhnlich viel im Anfangsstadium des Wettbewerbs, und nur der Name des DDR-Meisters hat es bewirkt. Prestige läßt sich das Präsidium etwas kosten.

Aber Pall denkt, als er den Trainer die Hände mit gespreizten Fingern heben sieht, um die letzten zehn Minuten anzukündigen, daß da noch etwas zu machen wäre. Nicht mit Furtner, denn ihm sieht man, wie den Dresdnern, die Zeitnot, die Atemnot an. Die Sache hat Kraft gekostet, und wenn einer die Dreißig überschritten hat, spürt er es mehr als einer, der noch vor den Zwanzig steht. Seit einer Viertelstunde ist der Furtner kaum noch über die Mittellinie gekommen. Zwar hat alles seinen Sinn, was er da hinten macht, aber für den Angriff ist ihm die Puste ausgegangen, und die helle Stimme dringt nicht mehr nach vorne, wo Pall und Rumnick lauern.

Auch mit der Präzision der Pässe, die sie kriegen, ist es nicht weit her. Man muß ihnen nachrennen oder entgegenlaufen, und längst ist das Überraschungsmoment flötengegangen, wenn man den Ball am Fuß hat.

An die 8000 Mark Prämie denkt keiner. Es ist einfach nicht wahr, daß der Profi an der Prämie hochspringt wie der Terrier an der Wurst. Man wird sie nehmen wie eine legitime Beute, wenn es soweit ist, aber jetzt ist Arbeit zu erledigen, die immer noch Spiel genannt wird, obwohl sie elend wenig damit zu tun hat.

Spielerisches freilich schwingt mit, wenn du mit einer Körperfinte ein heranstürzendes Gelbhemd ins Leere laufen läßt, so, wie es Pall macht, als er sich den Ball an der linken Seitenlinie geholt hat. Der Angreifer landet, von seinem Schwung getragen, auf der Aschenbahn; doch schon baut sich der nächste, drei oder vier Meter entfernt, breitbeinig vor ihm auf.

Pall sieht weit aufgerissene Augen, aber er sieht keinen Rumnick und weiß, daß er allein weitermachen muß, obwohl der Atem keucht und sich der Krampf in der rechten Wade anmeldet. Er ist weite Wege ge-

gangen, weil es sinnlos gewesen wäre, sich zwischen Libero und Vorstopper einklemmen zu lassen. Ein Tönes kann sich das leisten, weil er höher springt als die Längsten, wenn sie nicht klammern.
Pall muß den Ball flach halten. Das schnelle Dribbling ist seine Stärke. Aber wird die körperliche Stärke mithalten, bei dem, was er probieren will?
Noch ist er im Mittelfeld. Zwanzig Meter vor dem Strafraum vielleicht. Und noch kein Rumnick in Sicht.
Weitermachen.
Es ist, als ob ein Schalthebel klickt, der das kleine Solo zum großen macht.
Der Angreifer wird umkurvt und bleibt mit offenem Mund stehen. Und der Strafraum rückt näher. Er zieht ihn an wie damals, als er das große Tor für die Viktoria gemacht hat.
Aber hier steht nicht die Zweite Liga herum. Hier tanzt Dresden um den Europapokal. Und den Strafraum schützen Nationalspieler der DDR.
Doch die weiße Linie, die er überläuft, ist auch hier bloß sechzehn Meter vom Tor entfernt, und zwischen Pall und dem Torhüter steht nur noch der Libero.
Schießen? Das Risiko ist groß, weil der Lange vor ihm den Winkel verkürzt, aber noch größer ist das Risiko des Dribblings.
Da hat er es schon gewählt. Hat nicht auf der Trainerbank nachfragen können und auch keinen Rumnick neben sich gesehen.
Und ist vorbei. Ein bißchen nach links abgedrängt, so daß der Schußwinkel spitz wird, aber ganz nahe spürt er den Triumph, als er den Fuß nach außen winkelt, um den Ball in die lange Ecke zu zirkeln.
Dann der Schlag gegen den Knöchel. Der Libero ist ihm von hinten in den Lauf geschlittert, und im Stürzen wird Pall gegen den Torpfosten katapultiert.

Reglos bleibt er liegen, aber der Aufschrei der Menge gilt der Gefahr für die Gelben.
Nur ein Elfmeter kann die Strafe sein, wenn der Schiedsrichter nicht blind ist.
Aber er hat gute Augen, und er weiß auch, daß ihm keine Pfiffe drohen, wenn er pfeift. Jeder hat gesehen, daß ein sicheres Tor durch ein grobes Foul verhindert worden ist. Die Handbewegung zum Elfmeterpunkt ist spontan und unmißverständlich.
Und neun Minuten vor Schluß jagt Furtner den Strafstoß mit satter Vehemenz zum 2 : 2 in den Dresdener Kasten, während Pall, halb besinnungslos vom Aufprall gegen den Torpfosten, auf einer Bahre am Spielfeldrand liegt. Sie haben ihn mit einer braunen Wolldecke bis zum Hals zugedeckt, und erst als der Ball im Netz liegt, greifen die Sanitäter zu, um ihn in die Kabine zu tragen.
Am Resultat ändert sich nichts mehr, und bundesdeutsche Journalisten brüllen das Wort ›Traumergebnis‹ in die Telefonmuscheln.

Pall sitzt mit offenen Schuhbändern in der Kabine und lacht, als nach dem Klappern der Stollen auf den steinernen Fliesen die Tür aufgerissen wird. Furtner umarmt ihn so stürmisch, daß die Tasse, die er in der Hand hält, überschwappt und beiden Tee über die Trikots läuft. Über seiner rechten Schläfe schimmert eine Beule von der Größe eines Taubeneis.
Furtner berührt sie mit den Fingerspitzen, mit der Behutsamkeit einer Mutter, und es ist eine Geste, die Pall ihm nie zugetraut hätte. Er spürt Tränen hochsteigen, und als der Bärtige sagt: »Es war dein Tor, Pall«, kullern sie über die Backen, die noch rot von der Anstrengung sind. Es sind die ersten Tränen des Berufsfußballers Walter Pallmann, und er greift nicht zum Handtuch, sie wegzuwischen.
»Tut's noch weh?«

Er schüttelt den Kopf. »Nicht der Rede wert. Der Masseur meint, es war mehr die Anstrengung, daß ich ein paar Sekunden weg war.«
»Dann macht Champagner auf!« schreit Furtner. »Wollen doch mal sehen, ob in diesem Scheißklub nicht anständig gefeiert werden kann!«
Die Korken knallen, Schaum spritzt auf nackte Oberkörper und mischt sich mit Schweiß. Und sie setzen die Flaschen nicht für artige kleine Schlückchen an, sondern trinken gegen den Durst. Bei einem 2 : 2 in Dresden hebt sich die Profi-Askese von selbst auf, und der Präsident schickt den Zeugwart hinaus zum Bus, eine neue Kiste zu holen.
»Turbine ist verschwunden«, keucht er, als er schwer atmend zurückkommt.
Und da merken sie erst, daß es draußen auf dem Gang totenstill ist und in der Kabine nebenan auch.
»Ich geh mal in den Duschraum«, sagt Holldorf.
Auch der ist leer, und es gibt kein langes Rätseln.
»Sie sind«, sagt der Manager, »abgehauen, um den Kontakt im Duschraum zu vermeiden. Eigentlich logisch, wenn ich denke, wie sie sich zum Spiel angeschlichen haben.«
Furtner lacht. »Sie haben Angst, daß wir einen klauen, oder?«
»Kann schon sein.«
»Den Fritsche würde ich sofort mitnehmen. Sein zweites Tor machen nicht viele in Europa!«
»Das«, sagt Holldorf, »unterschreibe ich. Leider wird nie ein Vertrag mit ihm zu unterschreiben sein. So frech und selbstbewußt habe ich noch keinen aus der DDR gesehen, und wenn du den aus seinem Kollektivzwang herausnimmst, wird er noch einmal um fünfzig Prozent besser!«
Pall, der aufmerksamer zugehört hat als die anderen, zieht das schweißfeuchte Trikot über den Kopf und wirft es auf den großen Haufen. Er möchte heraus-

platzen mit der Sensation, die ihm in der Kehle würgt, aber ein Blick zum kleinen Riedl genügt. Es ist beschlossene Sache, daß das erst hinter der Grenze ein Thema wird. Es ist sinnlos und gefährlich, Männern, die perlenden Champagner in sich hineinschütten, eine solche Perle hinzuschmeißen.
Er geht mit den ersten in den Duschraum, und es ist, als ob das dampfende Wasser sein Problem wegspülen würde. Was zunächst zählt, ist ein Resultat, an dem er, genaugenommen, größeren Anteil hat als die Torschützen. Ein Ding hat er dem Rumnick vorbereitet, das andere dem Furtner. Das muß jeder, der Augen im Kopf hat, gesehen haben, und deshalb ist der Mann mit der blauen Beule über der Schläfe zufrieden mit sich und seiner Umwelt, die weit über die kahlen Mauern dieses Duschraums hinausgeht.
Wenn Träume in Erfüllung gehen, bringen sie Geld. Es ist klar, daß man die Dresdner im Rückspiel abziehen und die Achttausend-Mark-Prämie einstreichen wird. Und es ist ebenso klar, daß man jetzt seine Bezüge erhöhen wird. Hat Holldorf nicht gesagt, daß der Vertrag bei überdurchschnittlichen Leistungen geändert wird? Und ist es, bitte schön, Durchschnitt, wenn man zwei Tore vorbereitet, die zu einem Unentschieden in Dresden führen?
In Dresden ist es anders als zu Hause, aber heiße Duschen sind überall gleich. Und wenn du mit Erfolg gekämpft hast, prallen ihre Strahlen wie Aufputschmittel auf deinen Körper.
Sind sie dem Erfolgreichen das, was dem Trägen die Droge ist?
Palls Gedanken gehen nicht so tief. Tief genug aber, um ihn lächeln zu lassen über die Gespräche der anderen, die unter heißem Wasserdampf selbst Dampf ablassen müssen.
»Den Sechser«, grunzt Obermayer, »hab ich vielleicht verarscht!«

Er könnte seinen Namen sagen, aber wenn Fußballer Verachtung ausdrücken wollen, sprechen sie nur per Rückennummer vom Gegner.
»Stur wie ein Panzer war der, und kein Wort hab ich aus ihm rausgelockt. Und wißt ihr, was ich ihm gesagt habe? Ich habe ihm gesagt, er kann mich am Arsch lecken, wenn er taubstumm ist, und es geschieht ihm gerade recht, wenn er in seinem Scheißland bleiben muß und ich wieder raus darf!«
Das bringt dem Obermayer grölenden Applaus und führt zu ähnlichen Kurzberichten, die freilich vom Wasser weggespült werden und kurzlebiger als das sind, was morgen in den Zeitungen stehen wird. Es ist die stolze Frechheit kleiner Buben, die nicht unterlegen sind in einem Kampf, vor dem sie Angst gehabt haben.
Später, als sie die Klamotten von den Haken nehmen, ist schon wieder fast alles vergessen. Der Profi-Alltag kriegt sie in den Griff, und in zweieinhalb Tagen müssen sie zu Hause gegen Braunschweig antreten.

18

Pall war um drei Uhr morgens nach Hause gekommen und durfte ausschlafen. Er hätte sich sogar vom Nachmittagstraining wegen seiner Beule am Kopf befreien lassen können, aber er hatte zugesagt, und der Trainer hatte ihm einen anerkennenden Klaps auf die Schulter gegeben. Den Erfolgreichen drückt die Blessur nicht.

Doch langer Schlaf war ihm nicht vergönnt. Um halb zehn klingelte ihn Holldorf aus dem Bett.

»Hör zu, Pall, wir müssen über Fritsche reden. Ich komme um elf vorbei.«

»Muß das sein?«

»Es muß. Die Sache ist heißer, als du denkst, und es ist gut, daß du heute nacht nur mit dem Präsidenten und mir gesprochen hast. Kein Spieler, außer Riedl natürlich, darf was erfahren, auch Furtner nicht!«

Pall warf den Hörer auf die Gabel und überlegte, ob er wieder ins Bett gehen sollte. Sechs Stunden Schlaf nach einem so kräftefressenden Kampf waren wenig, auch wenn er im Bus ein wenig gedöst hatte. Das Bett war viel einladender als der Tag, der trüb durch den Vorhang schielte.

Doch er blieb auf, fing an, sich zu rasieren, und sah, daß die Beule über der Schläfe noch größer geworden war und in allen Farben des Regenbogens schimmerte. Aber es war keine Gehirnerschütterung. Der Schmerz saß außen, und als er geduscht hatte, trug er von der Salbe auf, die ihm der Masseur gegeben

hatte. Die rechte Kopfseite glänzte wie eine exotische Blume, und er grinste bei dem Gedanken, daß es ein hübsches Farbfoto gäbe.
Das brachte ihn auf die Zeitungen. Zwei Dutzend westdeutsche Reporter waren in Dresden gewesen, und er mußte eine gute Presse haben. Ehe er Teewasser aufstellte, rief er Holldorf auf der Geschäftsstelle an und bat ihn, Zeitungen mitzubringen.
Und dann war es, als ob Fritsche im Zimmer wäre. Alles kam zurück. Das Einsteigen ins Auto im Nebel, der aus der Elbe kroch, das Haus am Weißen Hirsch mit den jungen Leuten, die redeten wie in einem konspirativen Versteck, und schließlich das Spielfeld, auf dem er ein einziges Wort an Fritsche hatte richten müssen.
Er hatte reagiert, war im Bilde. Was ihn nicht hinderte, die Bavaria mit seinen beiden Toren beinahe zu schlagen. Vielleicht gehörte auch das zum gefährlichen Spiel, das er trieb. War er nicht unverdächtig als bester Mann? Und konnten sie vielleicht beim Rückspiel auf ihn verzichten?
Aber es wird, dachte er, einen Riesenwirbel geben, und ich hänge mit drin. Bloß weil ich aus diesem blöden Bus geklettert bin, um Souvenirs zu verteilen. Und jetzt wissen es schon drei Leute. Vier, mit Riedl. Dem Holldorf werde ich sagen, daß es jetzt eine Sache des Klubs ist und mich nichts mehr angeht.
Er frühstückte mit geringem Appetit, und als er abräumte, kam Holldorf mit einem Packen Zeitungen unter dem Arm.
»Du kannst stolz sein, Pall – sie feiern dich als den Helden von Dresden, und deine Rübe paßt dazu! Zeig mal her. Ganz schöne Macke, was?«
Am Kinn drehte er Palls Kopf ans Licht. »Du trainierst heute nachmittag nicht und läßt dir Umschläge machen. Am Samstag kannst du spielen. Wir brauchen dich gegen Braunschweig!«

Pall konterte: »Es ist gut, wenn man gebraucht wird, aber noch besser, wenn der Vertrag stimmt.«
Er überflog die Überschriften der Zeitungen, und es gab keine, in der sein Name fehlte.
Ehe er weiterreden konnte, sagte Holldorf: »Zwölftausend Fixum ab nächsten Monat. Ich habe schon mit dem Präsidenten gesprochen. Du hast ein flottes Tempo für deine neunzehn Jahre! Zufrieden?«
Pall nickte. Es war mehr, als er erwartet hatte, aber der andere ließ ihm keine Zeit, Finanzspielchen zu treiben.
Er zog den Mantel aus, warf sich in einen Sessel, und noch während er nach einer Zigarette angelte, fuhr er fort: »Weiß außer Riedl wirklich keiner was?«
Pall zuckte mit den Schultern. »Das kann ich nur von mir aus beschwören. Ich mußte ihn einweihen, weil ich ohne ihn nachts nicht aus dem Hotel gekommen wäre, und wir haben uns versprochen, daß jeder den Mund hält. Und heute nacht, bevor ich es Ihnen und dem Präsidenten sagte, habe ich ihn noch einmal vergattert.«
Holldorf nickte. »Ich habe ihn noch früher aus dem Bett geschmissen als dich, und er hat geschworen, daß er mit keinem darüber gesprochen hat und es auch nicht tun wird. Die Sache ist viel zu heiß, und der Präsident hat einen Riesenbammel.«
»Will er den Fritsche nicht?«
»Natürlich will er, aber es wäre ihm am liebsten, wenn er nichts wüßte und alles von Heinzelmännchen geregelt würde.«
Pall lachte. »Wenn etwas nicht mit Geld zu machen geht, machen sich die Herren gleich ins Hemd. Aber ich wundere mich trotzdem, daß Sie hier sind, Herr Holldorf.«
»Warum? Du hast die Sache angeleiert und ziemlich viel Geschick bewiesen.«
»Mag sein, aber was jetzt kommt, ist Sache des

Klubs. In meinem Vertrag steht nichts von Fluchthilfe und solchem Zeug.«
»Mann, das ist einer, den wir brauchen und der uns praktisch nichts kostet. Er wird zwar ein Jahr gesperrt, aber mit Zweiundzwanzig ist das ein Klacks! Stell dir den in unserem Angriffszentrum vor!«
»Erstens«, brummte Pall störrisch, »muß er erst mal da sein, und zweitens sollen da größere als ich den Kopf hinhalten. Ich tu's auf dem Spielfeld.« Er tippte mit dem Zeigefinger an die schimmernde Beule.
»Du bist unser Kontaktmann, basta! Er wird das übrigens ganz automatisch erwarten. Glaubst du wirklich, wir könnten irgend etwas mit ihm besprechen, bevor Turbine hier auftaucht?«
»Natürlich nicht. Aber soll ich ihn vielleicht hierher einladen? Bitte sehr, Herr Fritsche, wollen Sie bei mir Kaffee trinken? Und wann soll es überhaupt passieren, vor dem Spiel oder nach dem Spiel?«
Holldorf zündete sich eine neue Zigarette an. »So gefällst du mir schon besser! Also hör zu: Der Präsident will es auf keinen Fall vor dem Spiel haben. Er denkt, daß die Dresdener dann womöglich gar nicht antreten, und wir müßten die Eintrittsgelder für ein volles Haus zurückzahlen – ganz abgesehen vom übrigen Wirbel!«
Pall kratzte sich am Kinn, und dann tasteten sich die Finger vorsichtig an die Stirn. »Da ist was dran. Es wäre schlimmer als eine Beule am Kopf. Aber nach dem Spiel wird es verdammt eng, meinen Sie nicht?«
Der Manager schüttelte den Kopf. »Nicht so sehr, Pall. Wir haben auf der Rückfahrt schon das meiste besprochen. Turbine kommt auch mit dem Bus, und da es ein Flutlichtspiel ist, wollen sie lieber noch eine Nacht zulegen.«
»Gut, aber die schlafen natürlich in Doppelzimmern, und nachts kommt er nicht mehr heraus.«

»Dann muß es eben vorher passieren.«
»Wo wohnen sie?«
»Ist noch nicht raus. Sie haben uns um eine Sportschule gebeten.«
»Logo! Die hat einen Zaun und ist am leichtesten zu überwachen.«
»Aber es ist«, sagte Holldorf mit einem feinen Lächeln, »auch leicht für uns, keine Sportschule zu finden. Einfach alles ausgebucht, verstehst du? Wir nehmen ein Hotel am Stadtrand, und über den Plan brauchst du dir den Kopf nicht zu zerbrechen, den werde ich austüfteln. Aber es muß ein Kontakt zu Fritsche her, der nur von Spieler zu Spieler herzustellen ist. Ich kann da überhaupt nicht in Erscheinung treten.«
»Und wie soll das gehen?«
»Das überlegen wir uns noch gemeinsam. Noch sind fast vierzehn Tage Zeit. Hauptsache ist, daß du jetzt Bescheid weißt und mit keinem redest.« Er blickte auf die Uhr. »Und jetzt muß ich unseren Präsidenten beruhigen. Viel geschlafen hat er nicht heute nacht.«

Pall schmierte neuen Balsam auf die Beule und legte sich mit den Zeitungen auf die Couch. Die meisten stellten ihn groß heraus und brachten ein Funkbild von seinem Sturz, der ihn gegen den Torpfosten schlittern ließ. Und sie schrieben vom genialen Schachzug des Trainers, der Turbine Dresden das Konzept verdarb. Tönes im eigenen Strafraum und Pallmann als Mittelstürmer: ein strategisches Meisterstück, auf das man erst mal kommen mußte!
Er schmunzelte beim Lesen, weil er an Furtner dachte.
Jetzt, dachte Pall, kann sich der Trainer wieder eine Feder an den Hut stecken, die der Furtner für ihn gerupft hat. Denn schwarz auf weiß sprang es ihm aus den Zeitungen entgegen, daß der Platztausch Pall-

mann/Tönes das Dresdener Spiel für die Bavaria nicht hatte umkippen lassen. Ein Reporter ernannte Durkovic sogar zum Großmeister des Rasenschachs. Dabei war er zu diesem Schachzug gekommen wie die Jungfrau zum Kind. Furtner hatte ihn ausgebrütet, aber eines mußte man ihm lassen: Er verlor kein Wort mehr darüber und ließ dem Trainer den vollen Genuß der Lobreden.

Und Pall begriff gleichzeitig die ganze Bedeutung des Wortes Vollprofi. Ein Trainer, der mit einem Fuchs wie Furtner nicht paktierte, mußte entweder ein unheilbarer Dummkopf oder der liebe Gott des Fußballs sein. Und der war noch nie gesichtet worden, wenn man davon absieht, daß ein gewisser deutschstämmiger Wanderprediger der FIFA mit seinen napoleonischen Zügen von afrikanischen Stämmen gelegentlich mit ihm verwechselt worden war. Der kleinwüchsige Kahlkopf war auch einmal bei der Bavaria gewesen, und es ging die Mär, daß ihn der Präsident in einem Zornesanfall in einem Maßkrug habe ertränken wollen.

Aber Durkovic, auch das war Pall klargeworden, konnte gar keinen Präsidenten-Zorn erregen, weil ihm Haus- und Siedlungsrecht garantiert war, solange er Furtner an den vielen Schalthebeln ließ, die es in einer teuren und deshalb zum Erfolg verpflichteten Profitruppe gibt.

Bin ich, fragte sich Pall und ließ, sich auf der Couch reckend, die letzte Zeitung zu den anderen auf den Boden fallen, nun eigentlich schon ein richtiger Profi? Die Riesen verloren, aus der Nähe betrachtet, ihre Geheimnisse und wurden kleiner. Nicht nur Furtner. Auch Rumnick zum Beispiel. Wenn du mit ihnen in der Kabine sitzt, bevor's rausgeht, und ihre Augen flackern siehst, wirken sie ganz anders als im Fernsehen nach einem gelungenen Match. Da spielen sie die großen Maxen.

Sie verkaufen sich besser, dachte Pall. Ich bin noch nicht soweit, aber das kommt noch. Man muß bluffen können in diesem Job. Man darf nicht zeigen, was man denkt. Auch wenn die Reporter kommen. Der Furtner diktiert's ihnen in die Feder, wie er's braucht, und er hat ja auch recht, wenn er sagt, daß Hohlköpfe dabei sind, die so blöd schreiben, wie sie fragen.

Früher, bei der Viktoria, waren es nur zwei oder drei Reporter. Die Stadt war klein, und die Zeitung auch. Man kam aus mit ihnen, und ab und zu lud sie der Präsident zum Saufen ein, damit die Berichte ausfielen, wie man es brauchte.

Aber um die Bavaria herum schlichen sie wie die Luchse mit gespitzten Ohren und Bleistiften. Jeder Furz wurde registriert, um die Auflage aufzublasen, und es mußte wohl so sein, daß sich der Konkurrenzkampf der Zeitungen mit dem Fußball besser führen ließ als mit der Politik und dem ganzen anderen Kram.

Pall las auch lieber die Boulevardzeitungen als die dicken bürgerlichen, die samstags ein Pfund wogen und kaum in die Schlitze der Briefkästen gingen. Manche Spieler bei der Bavaria, das wußte er, hielten sie sich nur wegen der Börsenkurse, und wenn sie fröhlich zum Training kamen, waren ihre Aktien gestiegen.

Soweit war er noch nicht. Dazu brauchte man die Nationalmannschaft oder Europapokale. Aber auch Autogrammstunden und Werbung und das ganze Zeug. Furtner und Rumnick machten leicht ihre Million im Jahr. Eine Hälfte davon vom Klub, die andere durch Werbung. Sie hatten Terminkalender, bei denen schon mal ein Training ausfallen oder ein Privatflugzeug herhalten mußte, um Kohlen zu machen, die es nur für den Superstar gibt.

Das war schon lange so bei der Bavaria, und Pall

fand es in Ordnung, weil er auch aufsteigen wollte in diese Kategorie. Sie war sicher nicht übermäßig mit dem gesegnet, was man früher bei der Viktoria Mannschaftsgeist genannt hatte, aber viel genützt hatte der nichts, weil ein kleiner Haufen ein kleiner Haufen bleibt, auch wenn du ihn noch so gut zusammenhältst.
Zwar meinte Pall, immer noch nicht völlig losgelöst von den Viktoria-Zeiten, daß ein Schuß mehr Kameradschaft der Bavaria nicht schlecht anstünde, aber er merkte auch, wie er sich verwandelte in den Profi, der eiskalt zugeht auf seinen Vorteil, wo immer er ihn findet.
Mit Prämien konnte er jetzt auf zwanzigtausend im Monat kommen, und wenn er an seine Altersgenossen dachte, aber auch an seinen Vater im kleinen Tabakladen ohne Lotto und Toto, dann war es ein Märchen, das er da erlebte, weil er fürstlich bezahlt wurde für eine Sache, die er auch für nichts tun würde, weil sie ihn begeisterte.
Irgendwo hatte er gelesen, daß das Gesellschaftsleben des Berufsfußballers hohl und leer sei, und er hatte darüber nachgedacht und sich seine eigene Philosophie zurechtgezimmert.
War die Arbeitswelt der meisten Männer nicht von so gähnender Langweiligkeit, daß sie mit einer geradezu hektischen Sucht den Ausgleich in der Freizeit suchten?
Pall spürte keine Langeweile, wenn ihm der Fußball eine Freizeit ließ, die gar nicht so knapp bemessen war. Und auch keine Komplexe. Nur einmal, als er Madou zugehört hatte, flogen sie ihn an, aber er hatte sie verscheucht, und es war wohl kein Zufall, daß ihm Furtner dabei geholfen hatte.
Wir leben, hatte er gesagt, mit der Herausforderung. Jede Woche werden wir an unseren Leistungen gemessen, und jede Woche müssen wir uns auf sie kon-

zentrieren. Wir können nicht betrügen wie die Bürohengste, die ihre Sessel blankwetzen und nach oben buckeln und nach unten treten. Wenn wir in einem großen Spiel nichts leisten, sehen es Millionen, die am Bildschirm sitzen, und wenn sich das wiederholt, sind wir weg vom Fenster. Und unsere Knochen halten wir auch hin bei diesem ständigen Risiko. Das ist ein Streß, der dir keine Zeit für Langeweile läßt. Pall hatte, wie bei allem, was Furtner sagte, nach Hintergedanken gesucht, aber er hatte nur eine Logik von ziemlicher Klarheit entdeckt. Fußball hatte keine Spur von ernsthafter Wissenschaft an sich und war letztlich doch eine Wissenschaft für sich, so, wie er auch nichts mit Kunst zu tun hatte und dennoch künstlerische Züge tragen konnte, wenn die Genialen am Werk waren.

Konnten Geniale dumm oder Dumme genial sein? Pall entglitten die Fäden zum Spinnen solcher Gedanken. Vielleicht sollte er einmal mit Furtner darüber reden, der über das Spiel, das ihn reich gemacht hatte, bestimmt mehr nachdachte als Durkovic, der Trainer.

Durkovic war kein Schleifer, nein, das konnte ihm keiner nachsagen. Aber er schlauchte die Wasserträger im gleichen Maße, wie er die Stars poussierte. Wenn ein Trainer das Glück hat, Ausnahmespieler wie Furtner, Rumnick, Mayerhofer oder Obermayer zu haben und dazu Komplementärspieler, die in jedem anderen Klub Stars wären, kann er sich in eine Hängematte legen oder den Pfarrer von Pasing um Aushilfe bitten, wenn er mal keine Lust hat.

Palls Gedanken gingen auf seiner von beiseite geworfenen Zeitungen umrahmten Couch ins Dösen über, und er dachte, daß Furtner vielleicht auch im Dösen seine Idee gehabt hatte und daß die Hohlheit des Profis ein Geschwätz von neidischen Hohlköpfen oder auch bloß von Leuten war, die eben nicht

genug Geld aus ihrer Arbeit zogen. Studierte, das war schon richtig, hatten oft lange Durststrecken, ehe sich ihre Mühe lohnte, aber man durfte den Berufsfußball auch nicht an seinen Großverdienern messen.
Und auch nicht an der Bavaria. Da lebten selbst Wasserträger gut, die bei den Graue-Mäuse-Klubs miese Gehälter und selten Prämien kriegten. Aber der Manager ließ sie auch fallen wie heiße Kartoffeln, wenn sie nicht in ein Räderwerk paßten, das bei der Bavaria komplizierter funktionierte als bei Mannschaften, die nicht zum Erfolg verdammt waren.
Ein Wasserträger konnte nicht wie Furtner an einem schwachen Tag bluffen, weil er keine anderen für sich laufen lassen durfte. Versuchte er es, fegte ihn Durkovic mitten im Spiel vom Feld, und es kam nicht selten vor, daß er es auf ein Zeichen von Furtner tat. Die Hackordnung stimmte, und wenn Pall sie auch nicht mehr so spürte wie am Anfang, machte er sich doch keine Illusionen über ihre Gefahren.
Andererseits hatte ihn Dresden um ein so großes Stück weitergebracht, daß ihn einige Journalisten schon Bundestrainer Zerwall für die bevorstehende Weltmeisterschaft empfahlen.
Zwanzig würde er dann sein. Das war verdammt früh, doch es gab solche Senkrechtstarter, und sie verglühten auch selten, sondern flogen weiter.
Aber Pall kannte auch die Hürde, die zu nehmen war. Sie hieß Furtner, und nur wenn ihn der Bärtige im Mittelfeld der Nationalmannschaft haben wollte, konnte der Sprung gelingen, von denen die meisten eine Karriere lang vergeblich träumten.
Er beschloß, das Thema fallenzulassen und sich mit dem zu befassen, was er hatte. Er konnte der Mutter jetzt jeden Monat einen Tausender überweisen und auch an den neuen Sportwagen denken.

Andere, dachte er, würden sich vielleicht schon ein Haus bauen. Aber das hatte Zeit. Er wohnte sehr vorteilhaft in diesem Appartement. Und für ein Haus brauchte man eine Frau, und für eine Frau war er noch viel zu jung.
Mädchen, ja. Warum hatte er in dieser Wohnung eigentlich noch nie mit einer geschlafen? Zu Dutzenden liefen sie um die Mannschaft herum, und er kannte genug, die sich bedienten. Auch solche, die zu Hause schon bedient waren.
Was war mit Madou? Von der Tournee mußte sie zurück sein, und wenn er sie sehen wollte, ging es nur heute, weil morgen Freitag war. Da fuhr die Mannschaft vor dem Heimspiel gegen Braunschweig ins Trainingslager an den Tegernsee.
Er wählte ihre Geheimnummer, aber niemand nahm ab. Sie wird, dachte er, irgendwo essen, denn es ging auf ein Uhr, und er konnte sich eine wie Madou schwer vor Kochtöpfen in der Küche vorstellen.
Und dann rief Riedl an. Er fragte, ob Holldorf bei ihm gewesen sei, und schlug vor, irgendwo einen Happen zu essen und dann zum Training zu fahren. In einer Viertelstunde könne er vorbeikommen.
»Okay«, sagte Pall.
Er schmierte neuen Balsam auf die Beule und blieb noch fünf Minuten liegen. Sie schmerzte kaum noch, aber in den Beinen spürte er noch ein leichtes Ziehen von den langen Wegen, die er im Turbine-Stadion von Dresden gegangen war.
Trotzdem, was war das gegen die Schinderei von Langstreckenläufern oder Schwimmern! In seiner Heimatstadt hatte er einen gekannt, der täglich sechs Stunden im Wasser gewesen war, weil er 1980 zur Moskauer Olympiade hatte wollen. Er hatte ein paar Mark von der Sporthilfe bekommen und sich so geschunden, daß ihm wahrscheinlich Schwimmhäute zwischen den Zehen gewachsen wären, wenn sie ihm

nicht von Bonn aus ins Wasser gepißt hätten. Als er topfit war, erfuhr er, daß die Bundesrepublik Moskau boykottiere. Seither ging er nicht mehr ins Wasser, weil er sich nur für Olympia geplagt hatte und der Vierjahresrhythmus zu lang für einen Leistungsschwimmer ist.

Pall dachte auch an Leichtathleten, die in leeren Stadien kämpfen und sich in düsteren Folterkammern darauf vorbereiten. Und, trotz des Ziehens in den Beinen, sprang er leichtfüßig auf, um die Trainingshose mit einer zivilen zu vertauschen.

Der Fußball war es, der die Massen anzog. Er hatte ehrlichen Respekt vor den Asketen, die ihrem Körper Leistungen abforderten mit einer Besessenheit, die vielleicht nur noch vergleichbar war mit der von Bergsteigern.

Die Herausforderung des Spiels war eine andere. Besessenheit mochte mitspielen, aber sie war anders gelagert und löste beim Publikum andere Impulse aus. Die Bewunderung für den Langläufer, das hatte Pall längst begriffen, hatte nichts mit der Faszination zu tun, die das Spiel ausübte.

Ein Läufer kann zum Roboter werden. Ein Fußballspieler nicht. Rennen, das sich nicht mit der mannschaftlichen Gesamtanstrengung verbindet, nützt wenig.

Pall hatte das schon bei der Viktoria gewußt. Aber bei der Bavaria hatte er viel dazugelernt. Besonders von Furtner.

19

Als der kleine Riedl läutete, mußte er nur noch seine Trainingstasche packen. Sie fuhren in ein gemütliches Lokal, das um diese Zeit schon fast leer war. Aber für Bavaria-Spieler hätten Wirt und Koch Überstunden gemacht.
Sie aßen mit gutem Appetit, ohne ihre Mägen zu überladen, und sie konnten ungestört sprechen. Aus Riedl sprudelte es heraus mit einem Eifer, der etwas von Jagdfieber hatte, und Pall mußte ihn mit der Bemerkung bremsen, daß immer noch ein bißchen Zeit für die Jagd auf Fritsche sei und sie jetzt im Grunde nichts anderes zu tun hätten, als das Maul zu halten.
»Du bist vielleicht gut!«
Der Kleine blickte ihn an wie ein Geheimnisträger, der vor Aufregung platzen muß.
Pall legte die Gabel weg. »Jetzt paß mal auf. Man sieht dir auf hundert Meter an, daß du was auf der Pfanne hast, und wenn du dich nachher beim Training auch so wichtig machst, zieht dir der Furtner in fünf Minuten die ganze Geschichte aus der Nase. Der hat einen Riecher für so was, das solltest du besser wissen als ich!«
Riedl bekam große Augen. »Aber wir können doch darüber reden, oder?«
»Natürlich können wir, aber was bringt's? Sollen wir vielleicht ein Sandkastenspielchen machen? Gut, ich bin da hineingeschlittert, aber du nur ein kleines biß-

chen, weil es unvermeidlich war, doch wenn du so weitermachst, weiß es morgen der ganze Haufen, und ich sage dir, daß das nicht gut ist. Da hat Holldorf absolut recht, und ich denke, daß er es dir auch gesagt hat.«

Riedl war nicht beleidigt, aber verstimmt. Er wollte wenigstens mit dem darüber reden, der das Ding angeleiert hatte. Schließlich war das ein Abenteuer, wie er noch keines erlebt hatte. Ein gewaltiges einfach. Er sagte es Pall und ärgerte sich erneut, weil der wieder an seinem Steak herumschnitt, als ob es nichts Wichtigeres auf der Welt gäbe.

»Weißt du schon, wie's passieren soll?«

Pall schüttelte kauend den Kopf und schob mit der Gabel Salat nach.

»Aber Holldorf ist doch den halben Vormittag bei dir gewesen!«

»Na und? Er hat gesagt, daß wir noch beinahe vierzehn Tage Zeit haben und er alle Möglichkeiten durchspielen wird.«

»Das«, raunzte Riedl, »muß ich schon einmal gehört haben. Du redest wie einer, der schon drei Europapokale geholt hat, und wenn du so weitermachst, kannst du's bald mit dem Furtner aufnehmen!«

Pall schnaubte unwillig.

»Willst du denn nicht kapieren? Die Bavaria ist ein Riesenklub, und du kannst sie von mir aus auch ein Riesenunternehmen nennen. Und was sind wir? Zwei Rädchen sind wir, die sich eine Zeitlang drehen und dann ausgewechselt werden. Du brauchst bloß den Holldorf zu fragen. Nachschub muß her, weil keiner mehr als zehn Jahre in diesem Job durchhält und kein Klub oben bleiben kann, der die alten Gäule nicht rechtzeitig wechselt.«

»Zählst du mich schon dazu?«

Riedls Frage war so aufreizend bockig, daß Pall mit einem Schlag auf den Tisch die Teller wackeln ließ.

»Wenn du mir nicht geholfen hättest, in dieser Mannschaft Fuß zu fassen, in der jeder nur Geld riecht, aber keiner den anderen riechen kann, würde ich dir jetzt eine schmieren. Du hast schon viel mehr erreicht als ich und bist auch nicht viel älter!«

»Aber aus mir wird kein Furtner, und du hast das Zeug dazu!«

Das kam so überraschend für Pall, daß er es nicht gleich wegstecken konnte, sondern nachdenken mußte.

Der kleine Riedl war kein kleiner Dummer, aber auch kein ganz Großer. Ein Profi der gehobenen Mittelklasse, der seinen Platz kannte.

Hatte auch sein Vater seinen Platz gekannt? Wahrscheinlich nicht. Er hatte seine Karriere verspielt wie einer, der am Roulettisch sitzt. Er hatte sich nicht plagen wollen, sondern immer auf den rechten Lauf der Kugel gehofft.

Aber letztlich ist es immer die Bank, die gewinnt.

Pall wollte mehr einsetzen, und er hatte damit schon angefangen. Riedls Vergleich mit Furtner irritierte ihn.

»Man kann«, sagte er und griff eher mechanisch als durstig zum Mineralwasser, das von Durkovic zum Pflichtgetränk vor dem Training erhoben worden war, »Furtner nicht kopieren. Und du darfst mir glauben, daß ich es weder will noch kann. Wenn du mich schon mit einem Typen vergleichen willst, bin ich eher ein Rumnick, und der hat mir den Furtner schon einmal in einer halben Nacht auseinandergenommen und wieder zusammengesetzt. Und weißt du, was herausgekommen ist? Er hat gesagt, er sei den Menschen und den Dingen gegenüber positiver eingestellt und deshalb unbelastet. Das erzählt er natürlich keinem Zeitungsfritzen, aber ich habe begriffen, daß seine Unbeschwertheit einem Talent entspringt, das der Furtner gar nicht hat.«

»Vielleicht«, sagte Riedl, »hast du recht. So genau habe ich nie darüber nachgedacht.«
»Du kannst Gift darauf nehmen. Schau dir doch mal den Rumnick beim Dribbeln an. Das ist Eleganz, die von den Haarspitzen in die Zehenspitzen geht. Und da gibt's nichts zum Nachahmen. Du fühlst dich wie ein alter Gaul daneben.«
»Stimmt«, sagte Riedl. »Aber du bringst das auch hin.«
Pall schüttelte den Kopf. »Manchmal vielleicht. Aber ich bin noch nicht soweit. Ich muß meinen Stil noch finden. Rumnick soll ein richtiger Zappelphilipp gewesen sein, als er vor fünf Jahren gekommen ist, weil jeder an ihm herumgemeckert hat.«
Und nach einer Pause: »Weißt du, was ich manchmal denke? Man müßte eine Mischung von Rumnick und Furtner zusammenbringen. Die brillante Technik des einen und die Übersicht des anderen. Furtner läßt arbeiten, wenn du verstehst, was ich meine. Er zündet eine Idee an und gibt sie weiter, und das kannst du so wenig lernen wie die Eleganz des anderen. Aber wenn man sich ganz fest damit beschäftigt, kann man an diese Mischung herankommen.«
»Du willst also Rumnick und Furtner in einer Person werden. Wenig vorgenommen hast du dir nicht mit deinen Neunzehn!«
Pall grinste. »Furtnick, sozusagen. Aber warum nicht? Man muß sich Ziele setzen. Bei der Viktoria hatten wir einen, der war mit Vierzehn besser als ich, und ich war stark, verlaß dich drauf. Heute ist dieser Wunderknabe bloß noch am Tresen stark, und wenn ich daran denke, wie mein Alter in seinem Ladenstübchen herumhockt, kriege ich eine noch größere Wut. Er weiß heute noch nicht, daß er eine Begabung weggeschmissen hat, und so was will mir Ratschläge geben!«
»Waren auch andere Zeiten, Pall.«

»Soviel anders waren sie gar nicht! Gut, der Durchschnittsspieler hatte weniger als heute, viel weniger sogar. Aber wer Talent hatte und es ernst nahm, sitzt heute nicht in einem windigen Tabakladen ohne Toto und Lotto!«
»Für die Bavaria«, brummte Riedl, »bin ich ein Durchschnittsspieler«, und Pall merkte, daß er ihn getroffen hatte. Eine Weile saßen sie stumm da und suchten ein neues Thema, und dabei fiel ihm Madou ein.
»Es wird Zeit zum Training, aber ich muß rasch noch telefonieren.«

Diesmal wurde der Hörer abgenommen. Aber die Stimme klang kühl und distanziert und gar nicht, wie es sich einer vorstellt, den die Zeitungen als den Helden von Dresden feierten.
Vielleicht, dachte Pall, hat sie noch keine gelesen. Aber das war ein Irrtum, denn sie fing selbst damit an.
»Eine gute Presse hast du. Eine verdammt gute sogar. Man merkt, daß du dir ein Ziel gesetzt hast, Junge. Mach so weiter! Vielleicht hat dir die alte Madou sogar etwas beigebracht, was?«
Die spöttische Gleichgültigkeit irritierte ihn so, daß ihm keine Antwort einfiel.
»Bist du noch da, oder haben sie dir drüben die Zunge abgeschnitten?«
»Ich . . . ich dachte, ich könnte dich vielleicht sehen heute abend. Morgen gehen wir ins Trainingslager.«
»Leider nicht möglich, Pall. Ich habe einen alten Hamburger Freund hier, und er will gar nicht so schnell zurück. Und ich will es auch nicht, damit du gleich klarsiehst. Und sei ehrlich, du kannst doch nicht im Ernst an etwas Dauerhaftes gedacht haben? Dazu steht zu viel über mich in den Zeitungen, oder kommst du nicht über den Sportteil hinaus?«

Dieser neue Pfeil saß so, daß Pall einhängen wollte, aber er mußte noch etwas loswerden, weil er wußte, daß es in der Stadt keinen Menschen gab, mit dem er so offen wie mit Madou darüber reden konnte.
»Einmal sollte ich noch mit dir sprechen, Madou. Ganz dringend sogar!«
Ihre Stimme wurde nicht wärmer, aber sie verlor ihre Gleichgültigkeit.
»Was ist los? Ist etwas passiert? Schieß einfach los, mit mir kann man reden, wie du weißt.«
»Ja, aber das ist keine Sache fürs Telefon. Einfach zu heiß, verstehst du?«
»Ich verstehe zwar nicht«, sagte Madou, und er sah förmlich, wie sie die Schultern hob und fallen ließ, »aber wenn der Bub eine Mami braucht, um sich auszuweinen, werde ich mir Zeit nehmen. Bloß vor nächster Woche nicht. Ich habe Proben und Auftritte und einen Mann hier. Das ist ein bißchen mehr als neunzig Minuten Fußball, wenn du's genau wissen willst.«
Ihr Ton wurde wieder spöttisch und blies ihm Schnee ins Ohr.
»Wo sehen wir uns?«
»Bei mir nicht. Mein Freund macht Lieder für mich und geht praktisch nicht aus dem Haus. Und wenn deine Sache so heiß ist, wie du tust, geht wohl auch kein Lokal. Ich komme zu dir, okay?«
»Am Montag?«
»Von mir aus. Scheint ja wahnsinnig eilig zu sein. Aber die Nacht kannst du streichen. Eine Stunde muß reichen, sagen wir, von sechs bis sieben.«
Es war keine Frage, sondern eine Bedingung.
Pall nahm sie an, und als er zu Riedl zurückkehrte, der schon bezahlt hatte und auf die Uhr guckte, war sein Gesicht so düster wie die bleigrauen Wolken, die sich über der Stadt zusammenballten. Der erste Schnee lag in der Luft.

»Du siehst aus, als ob du null zu zehn verloren hättest!«
»Das«, brummte Pall, »könnte hinkommen.«
Aber er hatte keine Lust, sich von Riedl die Würmer aus der Nase ziehen zu lassen. Steif wie ein Stock saß er neben ihm und fühlte sich so sinnvoll wie eine benützte Fahrkarte.
Vielleicht, dachte er, müssen echte Profis sein wie Madou und Furtner.

20

Eigentlich hatte er mittrainieren wollen, aber er zeigte Durkovic seine kräftig schimmernde Beule, sagte etwas von Kopfschmerzen und durfte sich gleich in die Hände des Masseurs begeben. Und er spürte, ohne Stolz darüber zu empfinden, daß es für den Trainer die Hauptsache war, wenn er am Samstag spielte.

Es war eines der Spiele, die man leicht nannte. Braunschweig gehörte zu den grauen Mäusen, die auf fremden Plätzen hinten dichtmachten und vorne auf den lieben Gott hofften. Solchen Mannschaften pflegte die Bavaria ihre Spritze zu verpassen wie der Doktor dem braven Bäuerlein: Hosen runter, rein damit, und der nächste, bitte. Bloß, und das war der Fluch des Erfolgs, es war niemand scharf auf diese Prozeduren. Und wenn der Schnee kam, der in der Luft lag, dann würde die ungedeckte Gegengerade des Olympiastadions die Spieler wie ein riesiges leeres Loch anstarren. Und der Präsident würde sich wieder einmal überlegen, ob die Erfolgsprämien nicht gekürzt werden könnten bei einer Zuschauerzahl, die fast im Vereinsheim Platz hätte.

Sein Bier. Dafür konnte er, wenn Turbine Dresden zum Europapokalspiel der Landesmeister kam, mit einem Topzuschlag über eine Million hereinholen. Und einen Mittelstürmer dazu, der den ganzen Laden in seinen ersten Heimspielen auch gegen graue Mäuse füllen würde.

Auf weite Sicht allerdings. Zuerst kam die Sperre, weil es ja kein legaler Transfer war. Aber einen Fritsche füttert man gern ein Jahr durch.
Doch zuerst muß man ihn haben. Pall ließ sich, mit geschlossenen Augen auf dem Bauch liegend, vom Masseur durchkneten, und seine Gedanken gingen von dem Mann, der Mittelstürmer der Bavaria werden wollte, zu Madou zurück.
Ich hätte es wissen müssen, dachte er. Das verfluchte Biest hat mich in einer Laune aufgerissen. Hat mal was anderes gebraucht als Makler mit Goldkettchen oder diesen Liedermacher, der vielleicht eine Glatze und einen Ranzen hat und jetzt bloß noch aus ihrem Bett steigt, wenn er eine Melodie auf der Pfanne hat. Und bleiben, hat sie gesagt, kann er, so lange er will.
Natürlich war sie zehn Jahre älter. Wahrscheinlich mehr. War sie nicht schon im Geschäft gewesen, als er angefangen hatte in der B-Jugend? Und vorher mußte sie's noch viel toller getrieben haben. Hat sie ja zugegeben. Und morgens, wenn das Licht des Tages kam, hat man's auch gesehen.
Und trotzdem. Er bewunderte sie, und es mußte wohl noch mehr sein, weil er immer noch auf der Enttäuschung herumkaute und sie nicht hinunterbrachte.
Madou war klug, und man konnte mit ihr wie mit einer Mutter reden. Das war es, was man mit Holldorf nicht konnte, und mit Riedl schon gar nicht. Er mußte einfach mit Madou über Fritsche sprechen, und er wußte, daß es einen Sinn geben würde.

Riedl fuhr ihn vom Training wieder nach Hause, und diesmal sprach Pall sich aus.
»Ich ahnte, daß es was mit Madou zu tun hat, Pall, aber du wärst hochgegangen, wenn ich damit angefangen hätte.«

»Und was hättest du mir gesagt?«
»Daß sie nicht unsere Kragenweite ist.«
»Was heißt, unsere? Soviel ich weiß, trete ich bei einer Frau nicht als Mannschaft auf, oder? Sind wir vielleicht alle gleich, weil wir uns das gleiche Trikot überziehen?«
Riedl zuckte mit den Schultern. »Du willst mich nicht verstehen, und außerdem bist du stocksauer, weil sie dir einen Korb gegeben hat, stimmt's?«
»So ziemlich. Hat einen Kerl zu Hause, der Schnulzen für sie macht.«
»Na und?« Riedl bremste den Wagen grinsend vor einer Ampel ab. »Gehört wohl zu ihrem Job, oder? Was kannst du schon für sie machen, außer mit ihr ins Bett gehen? Meinst du, du bist der Mann, von dem eine träumt, die jeden Tag jeden haben kann, den sie will? Damals, bei der Gartenparty, bist du's gewesen, und einen Zacken weg hatte sie auch, wenn ich mich recht erinnere.«
»Ach, leck mich doch«, zischte Pall, und dann schwiegen sie bis zu seiner Haustür.
Aber als Riedl den Wagen wenden wollte, klopfte er an die Scheibe. »Komm doch auf einen Sprung rauf, wenn du Lust hast.«

Er machte eine Flasche von dem Rotwein auf, den ihm Furtner, der sich da auskannte, empfohlen hatte, und stellte Salzmandeln dazu. »Fehlt bloß noch Madou im Fernsehen«, blödelte Riedl.
»Wenn dir nichts Besseres einfällt, gehe ich schlafen, und du kannst Durkovic melden, wie brav ich bin!«
»Hör jetzt endlich auf, den beleidigten Liebhaber zu spielen, und tu was ins Glas, Mann! Mit diesem Liebeskummer im Bauch haust du uns am Samstag glatt zwei Eigentore rein! Gut, Madou hat dich ins Bett genommen, aber sie hat dir keine Dauerkarte für die Saison mitgegeben, oder?«

»Natürlich nicht, du Idiot!«
»Jetzt hör mal gut zu, Junge, und gib mir eine Zigarette, wenn du eine hast. Bei wichtigen Sachen brauche ich manchmal eine.«
Pall fand eine Packung in seiner kleinen Hausbar und auch ein Feuerzeug.
Sie stießen mit den Gläsern an, und der kleine Riedl nahm drei Züge, ehe er fortfuhr: »Sieh mal, ich bin nicht blöd, wie du manchmal denkst. Ich kenne meinen Platz und weiß, daß ich kein ganz Großer werde. Aber ich verdiene gutes Geld bei der Bavaria, und du wirst zugeben, daß ich ganz nützlich bin für das Abwehrspiel. Das genügt mir. Wenn ich aufhöre, habe ich genug Geld für eine zweite Karriere, aber du wirst mehr haben, weil du mehr kannst. Das wissen auch die, die dich jetzt neidisch anschielen, und gerade weil sie es wissen, schielen sie so. Wenn du ein sicherer Ersatzbänkler wärst, würden sie dich mit einer Hand streicheln und mit der anderen auf die Bank drücken. Bei der lumpigen Viktoria warst du der King, aber beim deutschen Meister sind die Bräuche anders!«
»Das«, brummte Pall, »ist nichts Neues.«
»Sicher, und du hast schon manches Maul mit Leistung gestopft. Aber sie verzeihen dir nicht den kleinsten Fehltritt. Wenigstens vorläufig noch nicht. Und deshalb ist es gut, daß mit Madou Sense ist. Was glaubst du, wie schnell es die Spatzen von den Dächern pfeifen würden, wenn du bei ihr aus und ein gingst?«
»Ich bin nicht in ein Kloster eingetreten, sondern in die Bavaria, und ich bin volljährig.«
»Und sie ist die Hexe mit den grünen Zähnen. In jeden Ball, den du verlierst, hat sie hineingebissen. Begreifst du denn immer noch nicht, daß wir der Öffentlichkeit auf dem Servierbrett präsentiert werden?«

»Ich begreife das sehr wohl«, sagte Pall und schenkte Wein nach. »Aber stell dir vor, es ist mir scheißegal, daß meine Leistung der Öffentlichkeit auch auf dem Servierbrett geliefert wird. Hast du die Zeitungen heute gelesen?«
»Natürlich. Sie haben dich sogar für die Nationalmannschaft empfohlen.«
Pall hob sein Glas ans Licht, daß der rubinrote Wein funkelte.
»Klingt gut, oder? Aber glaub bloß nicht, daß ich das überschätze. Bis jetzt hat mir außer dieser verdammten Madou noch niemand den Kopf verdreht, ehrlich! Und ich will einfach auch nicht glauben, daß sie so ist, wie du behauptest.«
»Das«, sagte Riedl und nahm einen tüchtigen Schluck, »kannst du halten, wie du willst. Aber bilde dir bloß nicht ein, daß die Fritzen von den Boulevardblättern nichts anderes im Kopf haben, als dich dem Herrn Bundestrainer zu empfehlen. Pall und Madou, das wäre eine Geschichte für sie, und du würdest staunen, wie hart man auf so was rumkaut!«
»Vielleicht kommt es auch ein bißchen drauf an, daß man gut spielt.«
»Erstens spielt man nicht immer gut, und dann ist es ganz beschissen, wenn die Brüder giftige Pfeile auf Lager haben, und zweitens kannst du's viel einfacher haben.«
»Jetzt machst du mich aber neugierig!«
Pall lehnte sich, sein halbvolles Glas in der Hand, in den Sessel zurück und blickte mit großen Augen über den Tisch.
Es sind Kinderaugen, dachte Riedl, aber spielen tut er schon wie ein Großer, und zum erstenmal durchzuckte ihn der Gedanke, daß er dem gar nicht so viel beizubringen hatte, wie er glaubte. »Warum holst du dir nicht mal 'ne Katze hierher? Du weißt genau, daß sie dir schon längst nachlaufen, und wenn du keinen

Finger rühren willst, kann ich's leicht für dich tun. Ab und zu braucht man's, weil's lockermacht, und du wirst staunen, wie schnell du deine Madou hinter dich bringst. Ein Mädchen, das dich bewundert, bringt dir mehr als eine, die schon längst alles hat und dir auch noch zeigen will, wie klein du bist!«
Er zog die rechte Hand aus dem Sessel und hielt sie, keine dreißig Zentimeter hoch, mit gespreizten Fingern über den Teppichboden.
»Wenn du gekommen bist, um mir eine ins Bett zu legen«, knurrte Pall frostig, »hättest du was Besseres mit deinem Abend anfangen können. Oder hat sie dich vielleicht geschickt?«
Der letzte Satz klang peitschend und ließ Riedl zusammenzucken.
»Wer soll mich geschickt haben?«
»Madou natürlich! Meinst du, ich bin so blöd und merke nicht, was ihr da ausgeheckt habt?«
Aber wenn der kleine Riedl etwas nicht war, dann war es ein intrigantenhafter Aushecker. Kopfschüttelnd schob er sein Glas von sich und stand auf.
»Entweder bist du besoffen oder du spinnst, Pall! Bis jetzt habe ich dich für einen Kumpel gehalten, und wenn du's genau nimmst, dann bin ich von der ganzen Bavaria der einzige gewesen, der von der ersten Stunde an zu dir gehalten hat. Aber der Herr ist vom Größenwahn gepackt, weil er mit Madame Madou geschlafen hat und für die Nationalmannschaft vorgeschlagen ist. Stimmt doch, oder? Und natürlich hat er auch ein Dresdener Hotel vergessen, in dem ich für ihn Schmiere gestanden und gezittert habe! Immer bin ich recht für ihn gewesen, für seine kleinen und großen Problemchen, die die Herren Holldorf und Furtner nicht für ihn lösen konnten, aber verdammt schnell bin ich ein kleines Arschloch für ihn geworden!«
Er wollte im Flur seinen Mantel holen, aber Pall hielt

ihn zurück. »Entschuldige, so hab ich's nicht gemeint. Vielleicht hat mir das Weib tatsächlich den Kopf verdreht. Setz dich wieder hin und laß uns noch was Vernünftiges reden.«
Riedl kam von der Tür zurück. »Aber nur, wenn du mit dieser Spinnerei aufhörst. Ich habe mit Madou noch nie ein Wort geredet, aber es ist nicht das erste Mal, daß sie in die Mannschaft hineinfunkt, und nie ist es gut gewesen.«
»Und warum soll ich mir was anderes suchen?«
»Mein Gott, Pall! Wenn einem die Reporter nachlaufen, tun's auch die Mädchen, und du kannst nicht bloß Steaks fressen und einem Ball nachrennen. Das gibt kein Gleichgewicht. Ich habe in deinem Alter in keinem so vornehmen Schuppen gewohnt, sondern in einer Mistbude, aber du darfst mir glauben, daß es nie an Bienen gefehlt hat, und ich habe schön abgewechselt.«
»Und warum hast du nicht geheiratet?«
»Weil ich immer noch ausprobiere. Vor fünfundzwanzig denk ich nicht dran. Sieh mal, wir sind bekannt und verdienen gut. Aber hast du auch schon mal drüber nachgedacht, daß wir für das, was man die Gesellschaft nennt, gar nicht richtig vorgesehen sind?«
Pall machte sich mit dem Korkenzieher an der zweiten Flasche zu schaffen, und wieder mußte Riedl an große Kinderaugen denken.
»Was heißt da: nicht vorgesehen?«
»Es heißt«, sagte Riedl und schob ihm sein leeres Glas hin, »daß wir für viele Leute frühreiche Proleten sind, die nichts gelernt haben. Wir leben halt nicht in Südamerika, und das kriegst du in diesem Land nicht aus den Leuten raus.«
»Aber ich kenne genug gescheite Leute, die nicht so denken.«
»Natürlich gibt es die, aber ich werde dir mal was zu

lesen geben von der Gesellschaft, die Helden braucht und verbraucht. Je größer der Fortschritt, um so größer die Langeweile. Das Abenteuer stirbt aus, aber wir machen den Leuten noch eines. Doch zähl mal die, die auf die Barrikaden gehen, wenn du ihnen den Fußball wegnehmen würdest, und die dich trotzdem verfluchen, weil du mehr auf die hohe Kante legen kannst als sie.«

Pall nickte. »Da kann was dran sein. Aber haben wir nicht von Mädchen geredet?«

»Gehört auch zum Thema, Pall, und ich habe herumstudiert in diesem Kapitel. Die große Schlagersängerin Madou gehört nicht hinein, damit du da gleich klarsiehst. Und von der Uni kommen sie auch ganz selten, um sich einen Profi zu schnappen.«

»Brauchst du das?«

»Quatsch! Man kann hübschere kriegen, die kaum dümmer sind, aber man darf nicht gleich zupacken. Wenn sie bloß das Pulver anzieht und von mir aus auch der Ruhm – mit dem's übrigens schneller vorbei sein kann als mit so einer Flasche Wein –, muß man sie schnell auswechseln.«

»Und wie merkt man das?«

Riedl hob grinsend sein Glas, aber als er es absetzte, war keine Ironie in seinen Augen. »Sieh mal, Fußballer sind zu ungewöhnlichen Zeiten zu Hause und zu ungewöhnlichen Zeiten fort. Und es sind keine Geschäftsreisen, bei denen das Frauchen mitdarf. Folglich brauchst du eine, die das mitmacht, ohne dir Hörner aufzusetzen, und die dir Ruhe gibt, wenn du im Haus bist, Entspannung und all das Zeug. Wenn sie ständig ausgeführt werden und mit dir angeben will, geht's dir auf den Hauptnerv.«

»Muß man«, knurrt Pall, »als Profi vielleicht ein Spießer sein?«

Wieder grinste der andere, und die zweite Flasche wurde leer. »Es gibt mehr Spießer in dieser Gilde, als du glaubst. Und es ist nicht das schlechteste, Füße, auf denen viel herumgetreten wird, mit Pantoffeln unter einen Tisch strecken zu können, der dir gehört.«

»Ein bißchen früh für mich, findest du nicht?«

»Stimmt, Pall. Du sollst dir ja auch Zeit lassen damit, aber du wirst draufkommen, verlaß dich drauf! Doch jetzt nimmst du dir erst einmal ein weniger kompliziertes Weib als die Madou, und dann reden wir weiter.«

21

Der Schnee kam in der Nacht von Freitag auf Samstag. Als sie in den komfortablen Betten des Hotels am Tegernsee aufwachten, waren die steilen Hänge am gegenüberliegenden Ufer weiß, und im Ort spritzten die Autos Fontänen von braunem Matsch auf schlüpfrige Gehsteige. Es war kein Tag, um früh aus dem Bett zu steigen, und schon gar keiner zum Fußballspielen.
Holldorf, der häufig mit ins Trainingslager fuhr, weil vieles besser mit den Spielern besprochen werden konnte, wenn sie aus ihrer gewohnten Umgebung gelöst waren, hörte in den Morgennachrichten, daß drei Bundesligaspiele wegen des frühen Wintereinbruchs ausfielen.
Er rief den dicken Geschäftsführer Vorbeck an und fragte nach der Lage im Olympiastadion.
Sie war natürlich gut. Die Schöngeister, die das Zeltdach erfunden hatten, unter dem sich eisige Windwirbel bildeten wie unter keinem anderen Tribünendach, waren immerhin so freundlich gewesen, an eine Rasenheizung zu denken.
»Wenn sie an die Zuschauerzahlen gedacht hätten«, fluchte der Manager und knallte den Hörer hin, »hätten wir für weniger Geld ein auf allen Plätzen geheiztes Stadion bekommen und auch bei Spielen wie heute vernünftige Einnahmen!«
Seit Jahren war eine längere Winterpause eines seiner Steckenpferde, aber er ritt es vergeblich, und in

der schneereichsten Großstadt Deutschlands riß der Winter regelmäßig Löcher in die Kasse der Bavaria. Die Pflichtübung gegen das Braunschweiger Nordlicht würde kaum zehntausend Leute auf die frierenden Beine bringen, obwohl man Tabellenführer war. Hinter dem Ofen würden sie hocken bleiben und Knochen und Geldbeutel schonen für das Spiel gegen Turbine Dresden. Da konnten Schnee und Hagel keinen abhalten, und in der nächsten Runde stand man nach dem Dresdener 2 : 2 praktisch auch schon. Der Europapokal war ein gewaltiger Faktor im Budget der Bavaria.
Aber diesmal war auch ein Unsicherheitsfaktor dabei. Wenn die Sache mit Fritsche schiefging, würde es Ärger geben, dessen Ausmaß überhaupt nicht abzuschätzen war.
Und die Gedanken daran ließen sich nicht mehr verscheuchen. Zehn Tage Zeit waren lächerlich wenig. Der Countdown hatte begonnen.
Deshalb stieg Holldorf nach dem gemeinsamen leichten Mittagessen auch nicht mit den gleichen Gefühlen in den Mannschaftsbus wie sonst vor einem Heimspiel. Wahrscheinlich hätte er nicht einmal dagegen protestiert, wenn Durkovic den Torhüter als Mittelstürmer aufgestellt hätte.
Jetzt erst fiel ihm wieder ein, daß der Geschäftsführer auch prominenten Besuch angekündigt hatte. Bundestrainer Zerwall wollte sich das Spiel ansehen, und das war seltsam genug. Der, den sie ›de jute Jupp‹ nannten, suchte sich zwar fast jeden Samstag eine Partie aus, aber es waren Spiele, bei denen er Männer der Nationalmannschaft oder zumindest Kandidaten auf beiden Seiten sehen konnte. Braunschweig hatte nichts dergleichen anzubieten, und die Nationalspieler der Bavaria stellten sich praktisch von selbst auf. Außerdem würden sie sich bei diesem Gegner kein Bein ausreißen.

Also kam der Bundestrainer wegen Pallmann. Klarer Fall. Der Mann las Zeitungen, und das Dresdener Spiel hatte er im Fernsehen gesehen.
Holldorf ging zum hinteren Teil des halbleeren Busses, wo Pall und Riedl saßen. Sie saßen selten da, wo die Spielkarten gezogen wurden.
»Alles klar bei euch?« Und dann leiser: »Wegen Dresden reden wir nächste Woche. Habe da ein paar Ideen. Aber die Hauptsache ist, daß nichts durchsikkert.«
Sie nickten und dachten, ihre Unterhaltung fortsetzen zu können, die sich um ein Mädchen drehte, mit dem Riedl schon ein paar Wochen zusammenlebte und das eine fatale Neigung zur Heiratskandidatin hatte.
Aber der Manager blieb sitzen.
»Zerwall hat sich angekündigt.«
»Zu dem Pamperlspiel? Muß ziemlich Langeweile haben, de jute Jupp. Aber was soll's. Wegen mir kommt er jedenfalls nicht. Durch dieses Sieb bin ich längst gefallen. Besser wär's, wenn's nicht schneien würde.«
Der kleine Riedl brummte es mit übertriebenem Desinteresse und blickte durch die beschlagenen Scheiben.
»Dann«, sagte Holldorf, »wird er wohl wegen dem kommen«, und er deutete auf Pall, der seine großen Kinderaugen kriegte.
»Wegen mir?«
»Warum nicht? Er hat Augen im Kopf und kann lesen. Es kann bei dir schneller gehen, als ich gedacht habe.«
»Aber in erster Linie kommt's doch auf den Furtner an, oder? Wenn der nicht will, kann ich noch einen langen Bart kriegen.« Er griff mit der hohlen Hand zum Kinn und zog sie vor bis zur Lehne des Vordersitzes.

Holldorf lachte. »Gegen Leistungen hat auch der noch kein Kraut gefunden, und wenn er an Dresden denkt, müßte er dir eigentlich in Altötting eine Kerze anzünden.«
»Mit Bomben«, sagte Riedl, »zündelt er lieber, aber wenn ich mir's genau überlege, kommt der Jupp tatsächlich wegen ihm.« Und zu Pall: »Ich an deiner Stelle würde mir kein Mauseloch suchen zum Verkriechen. Wenn du mit Zwanzig zur Weltmeisterschaft kommst, ist das ein Riesending!«
Holldorf stand auf. »Soweit sind wir noch nicht, aber denk ruhig dran, daß ich auch nicht älter gewesen bin!«

Der Rasen des Olympiastadions war zwar geheizt und schneefrei, aber als sie einliefen, hatte Pall das unangenehme Gefühl, in eine eiskalte Badewanne zu steigen, auf deren Rändern ein paar Ameisen krabbelten. Und er sah, daß die in teure Pelze eingemummte Schickeria unter der Mitte des Zeltdachs nicht weniger fror als die Burschen der Fanklubs mit den rot-weißen Schals in den Kurven.
»Gegner nicht leichtnehmen«, hatte Durkovic mindestens zwanzigmal in der Kabine gesagt, ganz abgesehen davon, wie oft er es am Vorabend am Tegernsee gesagt hatte. Immer haben Trainer vor den sogenannten leichten Spielen mehr Angst als die Mannschaft.
Man hatte es in der Kabine gemerkt. Die Rituale des Aberglaubens, die in Dresden mit höchster Präzision zelebriert worden waren, wurden kaum angedeutet, und Pall hatte sich auch nicht die Mühe des umständlichen Austauschs der Schnürsenkel gemacht. Immerhin war Obermayer auf den Lokus gegangen und mit feuchten Schuhspitzen zurückgekommen.
Furtner feixte ihn an wie einen Hund, der das Bein

gehoben hat. »Die Nordlichter kannst du naßmachen, aber bleib weg von mir!«
»Wenn er aufhört, wird er Klowächter im Hauptbahnhof«, brummte Mayerhofer, aber er machte trotzdem in der Badehose seine sieben Runden durch die Kabine, weil die Ticks der Torhüter fester sitzen als die der Feldspieler.
Es muß mit der größeren Verantwortung zu tun haben. Ein Fehler des letzten Mannes ist schlimmer als zehn Fehlpässe.
Pall beginnt mit einem solchen. Man spürt den Ball noch nicht richtig, wenn man kalt ist. Wie ein Fremdkörper hüpft er auf dich zu, und prompt flutscht er zum Gegner, weil du ihn gefühllos annimmst wie mit eingeschlafenen Füßen.
Aber von der frierenden Galerie kommt kein Murren. Nicht einmal von Furtner. Man hat neunzig Minuten Zeit für einen Gegner, der nur wegen seiner gelben Hemden an Turbine Dresden erinnert.
Nur mit einer Spitze spielt er, und die heißt nicht Fritsche. Ein einsamer, von seiner Mannschaft amputierter Mann, der auf Glücksbälle von hinten hofft und prompt wie im Schraubstock zwischen Vorstopper und Libero der Bavaria sitzt, wenn es den Gelben bei ihren heftigen Aufräumungsarbeiten gelingt, etwas nach vorne zu schaufeln. Mayerhofer wird einen ruhigen und kalten Nachmittag haben.
Es entwickelt sich ein Dauerdruck der Bavaria, aber es ist kein Powerplay mit Rhythmuswechseln, und vorne am Strafraum wird es eng. Der Ball, der im Mittelfeld über viele Stationen zirkuliert, bleibt im gelben Abwehrwall hängen, und wenn Rumnick ein Solo versucht, muß er ständig über Beine hüpfen, die in die Haken, die er schlägt, hineinschleifen.
Auch Pall, jetzt warm geworden wie alle anderen, läuft sich bei Dribblings fest. Und vielleicht riskiert er unbewußt nicht das Letzte, weil ihm die Beule am

Kopf Angst macht vor dem brutalen körperlichen Kontakt.
Es gibt das körperlose Spiel nur, wenn du dich schnell vom Ball trennst. Aber das wird von der Galerie als Alibi-Fußball verteufelt, wenn eine halbe Stunde gespielt ist und das 0 : 0 eunuchenhaft von der elektronischen Anzeigentafel herunterstrahlt.
»Wenn wir bei Halbzeit nicht führen«, faucht Furtner im Vorbeilaufen, »werden die noch frech!«
Mehr laufen als die anderen tut er nicht, denkt Pall. Eher weniger. Aber Antreiben mit der Schnauze hat man gern!
Doch er orientiert sich weiter nach vorne, und der Druck steigt. Selbst der kleine Riedl taucht am linken Flügel auf, und als ihm Furtner einen dieser Steilpässe in den Lauf legt, die unerreichbar an den Zehenspitzen der Abwehrspieler vorbeiflitzen, wird die Gasse zum Boulevard, und die kurzen Beine kommen ins Wirbeln. Ein paar Zentimeter nur von der Eckfahne entfernt schlägt Riedl die Flanke, und zum erstenmal kann der lange Tönes unbehindert von Fäusten und Ellenbogen hochsteigen.
Und aus drei Meter Entfernung macht er keinen Fehler. Mit einer Kraft, die sonst nur Füße erzeugen, wuchtet die Stirn den Ball unter den Querbalken, und der am Elfmeterpunkt stehende Walter Pallmann reißt nicht nur wie alle anderen die Arme hoch, sondern empfindet Bewunderung für diese ganz andere, virile und athletische Schönheit, die dieses Spiel ebenso braucht wie die technische Brillanz eines Rumnick und die kühle Übersicht eines Furtner.
Fünf Minuten vor der Halbzeit führt die Bavaria 1 : 0, und die Braunschweiger Aufräumungsarbeiten haben ihren Sinn verloren.

Man nimmt den Tee nicht, wie man den Champagner in Dresden genommen hat, aber es gibt nicht die Vorwürfe, die eine leere Anzeigentafel gebracht hätte. Und Furtner rafft sich sogar zu der seltenen Geste auf, dem Tönes einen Klaps auf den Kopf zu geben, wobei er sich beinahe auf die Zehenspitzen stellen muß.

Die graue Maus sitzt in der Falle. Man braucht bei der Bavaria in einer solchen Lage nicht viele Worte, weil nach der Pause die Art von Spiel kommt, die man beherrscht. Der Gegner muß aufmachen, wie es im Jargon heißt, und dann wird man die Konter ansetzen.

Furtner sitzt breitbeinig da und schlürft seinen Tee mit der Miene eines Mannes, der sein Tagwerk schon vollbracht hat und bloß noch auf die Sirene wartet. Er hat eigentlich sehr dünne Beine, für das, was er leistet, denkt Pall.

Und dann denkt er an den Bundestrainer und schätzt, daß er noch nicht viel gezeigt hat, was den hätte vom Stuhl reißen können. Die meisten Spieler wissen besser, was sie gezeigt haben, als die meisten Kritiker glauben.

Furtner aber, der zwei Jahre in Madrid gespielt hat, denkt an den Torrero. Man hat dem Stier die Banderillas aufgesetzt, und jetzt kommt der Stoß mit dem Degen. Schnell wird man ihn hineinlaufen lassen, weil ein 1 : 0 auch dem Überlegenen keine Sicherheit bietet.

Und das 2 : 0 läßt nur acht Minuten auf sich warten. Obermayer rammt es mit einem Weitschuß unter das Dach des Netzes, und er wird nicht einmal umarmt, weil die Bavaria bei wankenden Gegnern keine Freudenfeste veranstaltet. So gibt Obermayer seiner Schuhspitze einen freundlichen Klaps, und auf der Galerie ahnt keiner, warum.

Nummer drei serviert Rumnick für Tönes auf dem

Tablett. Der Lange braucht nur noch den Fuß hinzuhalten, und alles sieht so einfach aus, daß niemand mehr an die mühsame erste Halbzeit denkt.
Furtner gibt Handzeichen wie ein Dirigent: Piano. Kraft sparen! Ball und Gegner sollen laufen. Man hat große Aufgaben vor sich. Mönchengladbach am nächsten Samstag und vier Tage später Dresden. Da fährt man solche Siege niedertourig in die Scheune.
Aber Pall denkt wieder an den Bundestrainer. Es sind noch zwanzig Minuten, und vielleicht bleibt er gar nicht bis zum Schluß, weil eine Bavaria mit gedrosseltem Tempo und ein Gegner mit hängender Zunge nichts Umwerfendes für den hohen Gast sind.
Vom Spielfeld aus sieht man ihn natürlich nicht. Beim Präsidenten wird er wohl sitzen, und vielleicht erzählen sie sich Witze, weil der Präsident Ruhe vor den Braunschweigern hat und der Bundestrainer Langeweile.
Man könnte sie ihm vertreiben. Pall spürt die Kraft dafür, und er wartet gar nicht lange auf die gute Gelegenheit, sondern er führt sie herbei.
Im Mittelkreis nimmt er einen Querpaß von Furtner an, und er tut so, als ob er ihn an den Nebenmann weiterreichen wollte wie der Maurer den Ziegelstein.
Aber die Bewegung ist nur angedeutet. Plötzlich strafft sich der Körper, der Ball läuft nicht quer, sondern steil, und hilflos steht der Gegner, der den vermeintlichen Paß hat unterbinden wollen, auf dem falschen Fuß.
Aber es sind noch genug andere da. Ein bißchen überrascht sind sie schon, weil da einer im Mittelkreis anfängt zu sprinten, wo doch schon alles entschieden ist und sie ihre 3 : 0-Packung als eine unvermeidliche Sache hingenommen haben. Was will der

Bursche? Eben noch hat er ausgesehen wie ein Maurer, der die Kelle weggeworfen hat.
Und er läßt ihnen keine Zeit zum Denken, schlägt einen Bogen nach links und dann einen nach rechts. Jeweils zwei Gelbe machen die Bewegung mit und werden dabei überlaufen, und dann ist in der Mitte das Loch, und er stößt um so selbstverständlicher hinein, als kein Roter mitgelaufen ist. Auch Rumnick nicht.
Und Furtner stützt die Hände in die Hüften wie einer, der einer Sache zuschaut, die er nicht befohlen hat und von der er nicht viel hält.
Den gemütlichen Teil hat er befohlen, und da zerreißt man sich nicht.
Aber Pall wird noch schneller, als er den Libero umkurvt, der umkippt wie eine touchierte Slalomstange, und dann sieht er den Torhüter auf sich zurasen. Schießen könnte er jetzt, ehe der Mann im Pullover den Winkel verkürzt hat, aber die Beine sind noch leicht, und leicht ist auch die Körpertäuschung aus dem Lauf heraus. Sie läßt den Keeper hochschnellen, aber es ist einer jener Hechtsprünge, die ins Leere gehen, und ehe er seine Bauchlandung macht, ist Pall bei den letzten, unbehinderten Schritten eines Alleingangs, der an der Mittellinie begonnen und bei dem kein Gegner den Ball berührt hat.
Und er schießt nicht, sondern läuft mit dem Ball ins Tor, die Hände hoch hineinreckend ins Netz, das seinen Schwung bremst.
Er weiß nicht, wie viele Gegner er umspielt hat, und auf der Tribüne streiten sich die Reporter, ob es sechs oder sieben waren. Und zum Gratulieren ist keiner da, weil sie an der Mittellinie stehengeblieben sind, um zuzuschauen.
Nur ein Büschel Gras fliegt durch die Luft, das der wütende Torhüter aus dem geheizten Rasen gerissen hat.

Sicher, es ist kein entscheidendes Tor. Eine Zugabe nur, aber eine von der Sonderklasse, die man feiert und bei der man die Kälte vergißt. Und der Bundestrainer hat etwas gesehen, das fürs Notizbuch reichen könnte.
Aber Pall hat das Gefühl, daß es Furtner nicht paßt. Er fehlt bei denen, die ihm die Hand schütteln.

22

Am Montagabend kam Madou fast pünktlich in Palls Wohnung. In ihrem hellen Nerzmantel strahlte sie große Welt aus, und seine Verlegenheit wuchs, als sie ihn auf beide Backen küßte. »Gratuliere zum neuen großen Spiel, Pall! Mir war's ein bißchen zu kalt fürs Stadion, aber ich habe die Zeitungen gelesen.«

»Außer dem Tor«, sagte Pall, »habe ich nicht viel gebracht.«

»Aber es muß ein Riesending gewesen sein, oder? Überall steht's.«

»Na ja, Reporter stürzen sich auf so was. Aber vergiß nicht, daß es nicht ist wie bei dir. Bei uns spielen elf Mann, und der Solist ist höchstens gefragt, wenn er was ganz Entscheidendes macht. Ob drei zu null oder vier zu null ist ziemlich Wurscht.«

»Aber es ist die größte Leistung des Spiels gewesen!«

»Furtner ist da anderer Meinung. Er hat geraunzt, ich hätte es nur wegen dem Bundestrainer gemacht, und genaugenommen hat der Hundling sogar recht.«

Madou lächelte. »Das darf dir nichts ausmachen. Karrieren muß man eiskalt vorantreiben, und soviel ich weiß, ist es in eurem Metier bis jetzt noch nicht verboten, Tore zu schießen.«

»Nicht schlecht«, sagte Pall grinsend. »Aber deshalb habe ich dich nicht hergebeten. Was trinkst du?«

»Nur einen kleinen Aperitif, ich bin nachher zu ei-

nem großen Essen eingeladen. Und jetzt schieß los!«
Er hatte extra für ihren Besuch Martini besorgt, und als er die Getränke an der Hausbar richtete, sagte er über die Schulter: »Setz dich gut hin, es geht um mehr als um ein Tor, das dem Furtner nicht paßt!«
Dann erzählte er, nur selten von einer Zwischenfrage Madous unterbrochen, die Dresdner Geschichte, so komprimiert er es konnte, und im Gesicht der jungen Frau durchdrangen rote Flecken das Make-up. Am Ende war die Flasche leer, und Madou saß längst nicht mehr in ihrem Sessel. Mit ihren katzenhaften Bewegungen ging sie, immer wieder den Kopf schüttelnd, durchs Zimmer, bis sie vor Pall stehenblieb.
»Bist du dir klar darüber, was das Ganze bedeutet und daß die Flucht eines Fritsche alles in den Schatten stellt, was denen im Sport je passiert ist?«
Pall nickte. »Allmählich schon. Die Flucht von Olympiasiegern könnten sie im Dutzend verkraften, aber mit einem Fritsche können sie Weltmeister im Fußball werden, und das wiegt schließlich alle Goldmedaillen auf. Und ausgerechnet ich muß da hineinschlittern!«
Sie ließ sich wieder in den Sessel fallen und winkte ab. »Bloß jetzt kein Selbstmitleid, Junge! Ich bin keine Mutter zum Ausweinen, obwohl mir was Ähnliches schwante. Allerdings nicht von diesem Kaliber!«
»Du weißt, daß ich ein Versprechen gebrochen habe. Ich hätte dir kein Wort sagen dürfen.«
»Aber eine Mutti hast du gebraucht. Vor dem Furtner und allen anderen hältst du schön den Schnabel, wie's der Holldorf verlangt, aber mir erzählst du alles brühwarm. Und weißt du auch, warum?«
Er spürte ihren herausfordernden Blick, obwohl er seine Schuhspitzen anguckte, als ob Erleuchtung von ihnen käme.

»Ich will dir sagen, warum. Weil du nicht nur einen Vertrauten brauchst, sondern Hilfe. Auf dem Spielfeld tut ihr wie Riesenkerle, die vor nichts Angst haben, aber wenn etwas kommt, was man euch im Training nicht beibringt, macht ihr in die Hosen! Und deinen kleinen Riedl kannst du natürlich auch vergessen. Pat und Patachon als Spielerklau!« Sie girrte ihr helles Lachen, aber es schwang etwas mit, das ihm auf seltsame Weise Mut machte.

»Hast du eine Idee?«

Er fragte es mit seinen großen Kinderaugen, so daß sie sich wunderte, warum die ganze Geschichte nicht schon in Dresden geplatzt war. Wie ein Nachtwandler mußte dieser Kindskopf das hinter sich gebracht haben. Aber jetzt begann die Sache erst richtig, und Madou, das Mädchen, das aus der Berliner Gosse aufgestiegen war, empfand einen unterschwelligen Reiz, der unzweifelhaft mit der Mauer zu tun hatte.

»Jetzt hör mal gut zu, Pall. Ideen habe ich immer, sonst wäre nichts aus mir geworden. Aber für diesen Fall läßt sich nichts aus dem Ärmel schütteln. Außerdem muß sich dein Manager den Kopf zerbrechen und nicht ich. Aber ich werde nachdenken. Irgendwie macht mich die Sache an.«

Sie blickte auf die Uhr und stand auf. Als sie ging, sah sie in den runden Kinderaugen eine Mischung von Erleichterung und Erwartung blinken.

Am folgenden Samstag verlor die Bavaria in Mönchengladbach mit 1 : 2 und gab den ersten Tabellenplatz wieder an die Hamburger ab. Es war eine dieser einkalkulierten Niederlagen, die nicht weh tun, wenn die Saison noch lang ist. Im Flugzeug wurden keine nutzlosen Selbstkritiken herausgezogen, sondern die Spielkarten, und es wäre den Fans, die den preiswerten Sonderzug benützten, wesentlich unangenehmer aufgestoßen als die knappe Niederlage, wenn sie die großen Scheine gesehen hätten, um die da gespielt wurde.

In der halbleeren Maschine saßen Holldorf, Pallmann und Riedl ungestört ganz hinten, und es war bei ihnen vom verlorenen Spiel noch weniger die Rede als vorne.

»Ein Sekt«, sagte Riedl, »wäre nicht schlecht.« Aber der Manager bestellte Orangensaft und tippte sich mit dem Zeigefinger an die Stirn.

»Erstens schreien dann gleich alle danach, obwohl sie sich bei den Einsätzen eine ganze Badewanne voll Champagner leisten könnten, und zweitens glauben sie, wir hätten was zu feiern. Ihr habt hoffentlich den Mund gehalten?«

Beide nickten, und Pall dachte an Madou.

Ob es ein Fehler war? Ein Klatschweib war sie nicht, aber sehr lange angehalten hatte seine Erleichterung nicht, nachdem er sie eingeweiht hatte. Es mußte wirklich etwas mit der Angst kleiner Buben zu tun haben, die zur Mutter rennen, wenn sie nicht weiter wissen.

»Sind Sie denn weitergekommen?« fragte er.

Holldorf wartete, bis die Stewardeß den Orangensaft gebracht hatte, zündete sich eine Zigarette an und schaute auf die violettschwarzen Wolkenfetzen, durch die sich die Positionslichter der Tragflächen fraßen.

Dann kam ein Schulterzucken. Es sah aus wie das eines miesblättrigen Kartenspielers. »In gewisser Weise bin ich schon weitergekommen, aber man kann bei solchen Sachen keine Generalstabsarbeit machen. Du kommst«, er schaute Pall an, »morgen nachmittag um drei zu mir nach Hause. Auch der Präsident wird da sein.« Und zu Riedl: »Du wirst nicht gebraucht und bist hoffentlich nicht beleidigt.«

»Nein«, sagte Riedl, und es klang auch nicht beleidigt, sondern eher erleichtert.

Holldorf starrte wieder in die Nacht hinaus, ehe er fortfuhr: »Sie bringen ein zusätzliches Problem mit. Nach dem Reglement der UEFA stehen ihnen insgesamt zweiundzwanzig Personen zu, die wir unterbringen müssen. Nimmt man fünfzehn Spieler plus Präsident, Trainer, Masseur und vielleicht Arzt, bleibt da nicht viel. Aber nun haben sie plötzlich dreißig angekündigt.«

»Dürfen die das?« fragte Pall.

»Warum nicht? Sie sind bereit, für die übrigen acht selbst zu bezahlen. Das einzige, was wir könnten, ist, sie in ein anderes Hotel zu legen. Das wäre ganz einfach, aber ziemlich blöd.«

»Warum?«

Der Manager zuckte die Schultern und zog an seiner Zigarette. »Begreifst du das nicht, Mann? Meinst du, das wären verdiente Funktionäre oder brave Schlachtenbummler? Das sind Sicherheitsbeamte, und bestimmt nicht die dümmsten. Wir können also mit einer ziemlich perfekten Überwachung der Truppe rechnen.«

»Ziemlich beschissen«, brummte Pall.

»Du sagst es. Wenn ich die acht ausquartiere, bauen sie sich im Garten Zelte, und wenn der größte Schneesturm kommt. Wir müssen so tun, als ob sie unsere liebsten Gäste wären.«

»Wann kommen sie?«

»Nicht am Montag, wie vorgesehen, sondern erst am frühen Dienstagnachmittag. Und dann wollen sie trainieren. Nichts dagegen zu sagen. Wir haben es schließlich genauso gehalten, und mit dem Bus kommen sie auch. Immerhin bleiben sie eine zweite Nacht, und da muß es passieren.«

»Aber es gibt doch kein Bankett?«

»Natürlich nicht. Dieser Firlefanz ist abgeschafft, und wenn er es nicht wäre, würden sie ihn verweigern. Sie können ohnehin kaum vor elf ins Quartier kommen. Die Offiziellen werden von der Bavaria am Spieltag zum Mittagessen eingeladen, aber ihr könnt Gift drauf nehmen, daß von den acht Überzähligen keiner kommen wird.«

»Vor dem Spiel«, sagte Pall, »soll ja auch nichts unternommen werden.«

»Genau. Und vielleicht wird es sie auch ein bißchen beruhigen, daß wir uns keinen Fatz um die Mannschaft kümmern, sondern nur Gastgeschenke auf den Tisch legen.«

»Ich komme mir«, murrte Pall, »wie ein Dieb vor, der von seiner Bande vergattert ist und nicht mehr aussteigen kann.«

Aber da schlug Holldorf aufs Klapptischchen, daß sein Glas fast umgekippt wäre. »Wenn du den Moralischen kriegst, hättest du die Finger davon lassen müssen! Und wenn du richtigen Profifußball nicht verkraftest, dann mußt du eben zurück zu deiner Viktoria und es wie dein Alter machen, von dem du mir so viel vorgejammert hast!«

Das wirkte.

Pall trank seinen Orangensaft aus, lehnte sich in den schmalen Sessel zurück und fragte, was er nun eigentlich zu tun habe.

»Darüber«, sagte Holldorf, »sprechen wir morgen nachmittag.«

Und es war, als ob das längst geschmolzene Eis des Saftes in seinem Mund wieder kalt und eckig würde.

Pall war pünktlich um drei Uhr draußen vor der Stadt im Hause von Holldorf, das soliden Wohlstand ausstrahlte und dem Furtners nicht unähnlich war.

Eine kleine Kaffeetafel war angerichtet, aber für den Präsidenten stand auch ein silberner Kübel mit seinem Lieblingschampagner auf dem Tisch. Eiswürfel schwammen um den dicken Bauch der Flasche, um

den schmalen Hals hing, als ob sie sich nicht erkälten sollte, ein weißes Serviertuch.
»Wir müssen den Alten bei Laune halten«, erklärte Holldorf lächelnd. »Heute morgen hat er mir die Ohren volljammern wollen, und ich habe ihm seine lange Leitung einfach abschneiden müssen. Als ob das Gespräche fürs Telefon wären!«
Das erinnerte Pall wieder an Madou, mit der er sich nach dieser Unterredung treffen wollte. Schließlich mußte er am nächsten Tag ins Trainingslager an den Tegernsee, und diesmal hatte sie ihm, trotz ihres Musikfritzen, mehr Zeit versprochen. Und er konnte es drehen, wie er wollte: an ihrer Meinung lag ihm mehr als an den Plänen des Managers und des Präsidenten.
Bloß wissen durften das die beiden nicht.
Und offenbar durfte auch Holldorfs Frau nichts wissen. Aber die Sache schien Pall um eine Nuance zu deutlich eingefädelt. Sie hatte kaum Kaffee und Kuchen auf den Tisch gestellt, als sie sich für eine wichtige Besorgung in der Stadt verabschiedete. Es werde, sagte sie, wahrscheinlich bis zum Abend dauern, und der Manager winkte mit einem Verständnis ab, das zu nachlässig war, um Pall täuschen zu können. Das machte ihm die Sache mit Madou leichter. Klar, daß Holldorf mit seiner Frau gesprochen hatte, und im Grunde war das gar nicht soviel anders als sein Gespräch mit Madou. Man tut sich furchtbar schwer damit, haarige Dinge alleine mit sich herumzuschleppen. Man braucht jemanden. Und mit Sicherheit hatte auch der Präsident mit seiner Frau geredet. Es waren also wohl doch einige Leute mehr eingeweiht, als man sich vormachte.
Der Präsident kam nach zehn Minuten, ließ sich ächzend, als ob er eine schwere Last mitbrächte, in einen breiten Sessel fallen und freute sich über den Champagner.

»Sehr aufmerksam, lieber Holldorf, sehr aufmerksam! Es ist, schätze ich, allerdings auch das Beste, was hier geboten wird.«
Er warf einen Blick auf Pall, dem unschwer zu entnehmen war, daß er alles lieber unter vier Augen mit seinem Manager besprochen hätte. Spieler pflegte er für andere Dinge zu bezahlen.
Pall ahnte die Gedanken unter der gerunzelten Stirn, und sie machten ihn trotzig. Wenn ich in Dresden herumgesoffen hätte wie du, dachte er, säßen wir jetzt nicht hier.
Holldorf überdeckte die leise Peinlichkeit der Pause mit dem Entkorken des Champagners und holte sich nach Aufforderung des Präsidenten auch ein Glas. Pall blieb vor seiner Kaffeetasse sitzen, bemühte sich aber, diese Demonstration von Rangunterschied zu übersehen. Und gleich wurde sie noch deutlicher.
»Es darf«, sagte der Präsident, nachdem er den Champagner gelobt und mit Kennerschaft an einer der Zigarren gerochen hatte, die ebenfalls bereitgestellt waren, »unter keinen Umständen etwas an der Bavaria hängenbleiben, was immer auch passieren mag.«
Wasch mir den Pelz, aber mach mich nicht naß, dachte Pall. Wenn der feine Herr ›Bavaria‹ sagt, meint er natürlich sich selbst und im besten Fall noch seinen Manager. Wenn einer reinfällt, muß ich es sein.
Die Bestätigung kam schnell. »Sehen Sie, mein lieber Pallmann« (das gönnerhafte Du, das er den Spielern gelegentlich hinwarf, schien ihm angesichts der Problematik des Falles nicht opportun), »sehen Sie, der Klub muß sich aus solchen Dingen natürlich total raushalten. Wenigstens, bis sie gelaufen sind. Später können wir uns natürlich um diesen Fritsche kümmern. Ist sogar unsere Pflicht, oder?«
Pall sah ein komplizenhaftes Augenzwinkern auf-

blitzen, das aber sofort wieder verschwand, als er keine Antwort gab.
Der Präsident überbrückte das Schweigen, indem er die Spitze der Zigarre sorfältig abschnitt. Holldorfs Feuerzeug lehnte er ab und angelte in seiner Hosentasche nach Streichhölzern. »Die Zigarre, lieber Holldorf, will natürliches Feuer.«
Und mir, dachte Pall, machst du's unter dem Hintern!
Wieder kam die Bestätigung. Der Präsident legte ein Bein übers andere, ließ Rauch ab und fuhr, Palls Augen suchend, fort: »Wenn etwas schiefgeht, nehmen Sie die Sache auf sich. Eine Kumpanei unter Spielern, verstehen Sie? Sie haben alles mit Fritsche in Dresden besprochen, ohne das irgend jemand vom Klub was wußte. Ihnen kann überhaupt nichts passieren, und wir sind aus dem Obligo.«
Seine Stimme klang väterlich, und sein Kopfnicken hatte etwas beruhigend Aufmunterndes.
Pall sagte immer noch nichts und blickte auf Holldorf, der jedoch plötzlich nichts Wichtigeres zu tun hatte, als ihm Kaffee einzuschenken.
»Auch Milch und Zucker?«
Es klang, wenn man Holldorfs autoritäre Art kannte, so unwirklich komisch, daß Pall sich auf die Zunge beißen mußte, um nicht zu fragen, ob er vielleicht auch Staubzucker in den Hintern geblasen kriegen könnte. Dann ließ er sich Milch und Zucker reichen, rührte bedächtig mit dem Löffel um und sagte, daß er bereit sei, alles auf sich zu nehmen, aber von beiden Herren vernünftige Pläne erhoffe.
Das Aufatmen des Präsidenten wehte mit einer gewaltigen brasilianischen Rauchwolke über den Tisch und ließ seine Augen tränen.
»Ausgezeichnet, mein lieber Pallmann, ganz ausgezeichnet! Und Sie dürfen ganz sicher sein, daß alles vorzüglich vorbereitet wird. Es sind richtige Pläne

gemacht. Mit Hand und Fuß, sozusagen. Würden Sie die Sachen mal holen, Holldorf?«
Der Manager verschwand, und in seiner spontan erwachten Freude wollte der Präsident seinem Spieler zuprosten. Erst als Pall seine Tasse mit dem Milchkaffee nicht hob, bemerkte er seinen Schnitzer.
»Pardon, lieber Pallmann. Habe wohl zuviel im Kopf. Ist ja klar, daß der Profi gesünder lebt als unsereiner! Lieber eine Beule am Kopf als einen Stein in der Galle, was? Haben Sie übrigens noch Schmerzen?«
Die Frage war so unnötig wie ein Kropf, denn fast vierzehn Tage hatten sowohl die Schwellung als auch die Regenbogenfarben abklingen lassen.
Pall schüttelte den Kopf und ließ den Zeigefinger an die Stelle über der rechten Schläfe gleiten. »Der Arzt hat gemeint, ich hätte einen ganz schön harten Schädel.«
»Ausgezeichnet, haha! Und wenn ich denke, wie Sie das in Dresden gemacht haben, ist sogar was drin! Jetzt geht's bloß noch drum, daß wir die Sache auch hier schaukeln.«
In diesem Moment kam der Manager mit einer ledernen Mappe zurück, und Pall dachte, daß sie eigentlich zu elegant für die unkontrollierbare Zeitbombe darin war.
Und dann lag das Hotel, das für die zwei Übernachtungen von Turbine Dresden mit aller Sorgfalt ausgesucht worden war, auf diversen Fotos und Zeichnungen vor ihnen.
»Das gibt's doch bloß in Spionagefilmen«, fuhr es Pall heraus.
Holldorf nickte mit einem dünnen Lächeln, und während sein Präsident mit neuen Qualmwolken die Sicht vernebelte, fielen Pall die neblige Nacht von Dresden und das Haus im alten Villenviertel am Weißen Hirsch wieder ein. Wenn er doch nie dort

gewesen wäre! Und dennoch war er gepackt von einem eigenartigen Jagdfieber, das die Hände prickeln und Blut in den Kopf steigen ließ.
Der Manager erklärte mit Hilfe eines Kugelschreibers, den er wie einen Zeigestab betätigte, Lage und Ausgänge des Hotels und besonders das Umfeld, dem für das Vorhaben nicht geringe Bedeutung zukam, weil sich an den parkähnlichen Garten ein Wald anschloß, den drei Zufahrtstraßen durchschnitten. Zwei davon waren Forststraßen, aber dennoch gut befahrbar.
»Wir hätten«, sagte er, »nichts Besseres finden können, zumal Turbine eine Einquartierung in der Stadt abgelehnt hat.«
»Aus verständlichen Gründen«, fügte der Präsident unnötigerweise hinzu. »Großstadtpflaster läßt sich für die Genossen nicht so leicht überwachen wie ein hübscher kleiner Park.«
Pall unterdrückte den Ärger über den süffisanten Ton und hakte ein: »Was soll gut sein für uns an einem Park, der sich leicht überwachen läßt? Wie ich gehört habe, kommen mindestens acht Geheimbullen mit.«
»Stimmt.« Holldorf spürte Palls Ärger und füllte dem Präsidenten das Glas, als ob er ihm seine Rolle zeigen wollte.
»Wir haben trotzdem eine gute Ausgangsposition. Hier –«, er umkreiste mit dem Kugelschreiber ein größeres Areal, »– ist der Parkplatz. Hier läuft nichts, weil sie den im Auge haben werden. Aber erstens sind sie nur ein kleines Häuflein, und zweitens gilt es, ihren entscheidenden Nachteil zu nützen.«
Der Präsident nickte, aber Pall machte ein Gesicht wie ein Verteidiger, der von einem Doppelpaß überrumpelt wird.
»Welchen Nachteil?«
In Holldorfs Lächeln mischten sich Überlegenheit

und Nachsicht. »Wir sind hier auf bundesdeutschem Boden, und sie würden ziemlich alt aussehen, wenn sie mit ihren gewohnten Methoden arbeiten wollten. Wenn der Fritsche ein paar Meter Vorsprung hat, ist er weg. Sie können hier schließlich keinen Alarm schlagen oder gar in der Nacht herumballern!«

»Er soll einfach davonrennen?«

»Nun ja, im schlimmsten Fall muß er rennen. Kann er ja, oder? Aber schau her –«, er zeigte mit dem Kugelschreiber auf einen anderen Ausgang des Parks, »– da kommt schon der Wald, und hier wird unser Auto stehen.«

Pall sah ein quergestelltes rotes Kreuz zwischen grünen Kringeln, die den Wald darstellten.

»Wieviel Meter sind das?«

»Genau achtunddreißig vom Zaun des Parks aus. Nicht einmal ein halbes Spielfeld. Das machst du normalerweise in zehn Sekunden mit dem Ball am Fuß!«

»Aber nicht mit Bullen im Kreuz«, brummte Pall.

»Womit wir endlich bei der Hauptsache wären«, sagte Holldorf. Aber diesmal lächelte er nicht.

»Wir werden Fritsche so früh wie möglich zu verstehen geben, daß du während des Spiels mit ihm redest. Alles andere ist mir zu gefährlich.«

Pall runzelte die Stirn. »Holt ihr uns vielleicht ein Bänkchen rein, auf dem es sich besser plaudert?«

»Red keinen Quatsch!« Holldorfs Gesicht rötete sich. »Ich habe ein paar Spiele mehr auf dem Buckel als du, und es sind auch wichtigere dabeigewesen, falls du das vergessen haben solltest! Meinst du, ich weiß nicht, was man sich während eines Spiels alles an den Kopf schmeißen kann?«

Pall aber sagte mit leiserer, wenn auch fester Stimme: »Es ist ein gewaltiger Unterschied, ob ich mit einem Gegner herumstreite oder ob ich einen Fluchtplan mit ihm aushecke!«

Der Präsident sah plötzlich besorgt in sein Champagnerglas, während Holldorf in gemäßigterem Ton fortfuhr: »Gut, Pall, laß uns das in Ruhe diskutieren. Ihr sollt kein Palaver abhalten, aber auf jeden Fall bist du clever genug, um ihm beizubringen, was am Abend des Spiels genau eine Viertelstunde nach der Rückkehr von Turbine Dresden ins Hotel passiert.«
»Das müßte gehen. Und was wird passieren?«
Holldorf zündete sich eine Zigarette an und inhalierte tief, bevor er weitersprach: »Ein unbeleuchteter Wagen, dessen Kennzeichen niemand sehen kann, weil es dort stockdunkel ist, wartet auf Fritsche, und es ist ganz egal, ob er mit Trainingsanzug, Sporthose oder nackt kommt. Gleichzeitig werden wir ein bißchen Rabatz auf dem Parkplatz machen, um die Leibwächter abzulenken. Es wird hundertprozentig klappen, aber zunächst kommt alles auf dich an, weil es vor dem Spiel viel zu gefährlich ist, Kontakt aufzunehmen.«
Pall trank kalten Kaffee und hatte keine Lust auf Kuchen. »Ich muß ihm also alles während des Spiels erklären?«
»Ja, aber er wird ja Bescheid wissen und darauf warten.«
»Darauf«, sagte Pall und schob die Kaffeetasse weg, »brauch ich einen Champagner!«
Der Präsident selbst schenkte ihm ein. Er beugte sich über den Tisch und tat, als ob er Pall vorhin aus schierer Zerstreutheit übersehen hätte, und ehe er ihm zuprostete, gab er ihm einen Klaps auf die Schulter.

Drei Stunden später klingelte Madou an Palls Wohnungstür. Es ging auf 21 Uhr, und nach den Erwartungen seines Trainers Durkovic nahte die Zeit, in der der Profi Pallmann normalerweise sein Bett aufsuchen sollte. Aber dies war kein Normalfall. Ein

Spieler war, ohne Wissen seines Trainers, in Nöte geraten, die ganz anders waren als jene, die vor entscheidenden Partien den Schlaf sowohl zu fördern als auch zu rauben vermögen.
»Du siehst blaß aus«, sagte Madou. »Ich würde dir Cognac empfehlen, falls du einen hast.«
Pall schüttelte den Kopf. »Erstens habe ich keinen, und zweitens bin ich noch immer so klar, daß ich aufs Saufen verzichten kann. Ich habe ein Spiel und noch eine andere Aufgabe vor mir und will keines von beiden verlieren.«
»Aber ich brauche etwas Starkes. Hast du nichts außer deinem faden Martini?«
»Ein Kirsch ist noch da.«
»Dann her damit. Schadet meiner Stimme nicht. Du kannst ja Milch trinken. Man sieht dir an, daß du jetzt schon weiche Knie hast!«
Er stellte trotzdem ein zweites Glas neben die Flasche und schenkte ein. Madou nahm Zigaretten aus ihrer Handtasche, zündete sich eine an und prostete ihm zu. »Also, was ist rausgekommen?«
Der Schnaps machte Feuer in seiner Magengrube, aber es stieg nicht in die Augen.
»Es soll vor dem Spiel überhaupt nichts unternommen werden. Sie haben eine unheimliche Angst vor jedem Kontakt mit Fritsche.«
»Und wie soll's dann gehen?«
»Das soll ich ihm während des Spiels beibringen. Rund fünfzig Meter vom Hotel entfernt steht ein Auto bereit. Wenn sie vom Stadion zurück sind, meine ich.«
»Und das ist der ganze Plan? Sie sind sehr amateurhaft, deine Profibosse, meinst du nicht?«
Pall hob die Schultern und goß Kirsch nach. »Vielleicht«, sagte er und blickte den grauen Rauchkringeln ihrer Zigarette nach, »habe ich deshalb so ungeduldig auf dich gewartet.«

»Nun erzähl erst mal der Reihe nach.«
Er gab ihr jede Einzelheit des Gesprächs wieder, sprach von der mit Angst vermischten Jovialität des Präsidenten und von Holldorfs Skizzen. Doch als sie nach weiteren Details fragte, konnte er nur wieder mit den Schultern zucken.
Sie verzog den Mund geringschätzig.
»Und damit wollt ihr euren großen Fisch angeln? Weißt du, wie ihr mir vorkommt? Wie Bankräuber, die am Nachtschalter klingeln und warten, bis der Nikolaus mit einem Sack Geld herauskommt!«
Zum ersten Mal mußte Pall lachen. »Mit einem solchen Gefühl bin ich heimgefahren, Madou. Ich hab's bloß nicht so ausdrücken können.«
»Und jetzt«, sagte sie, nach einer neuen Zigarette greifend, »will ich dir sagen, wie wir das Kind schaukeln. Ich will nicht behaupten, daß ich ein unfehlbares Rezept hätte, weil es das für solche Fälle überhaupt nicht gibt, und ich muß dir sagen, daß ich lange gezögert habe. Schließlich kann es mir Wurscht sein, wo die Bavaria ihre Spieler hernimmt, oder? Aber dann hat mich das Abenteuer fasziniert. Verstehst du das? Es gibt kein Abenteuer mehr in dieser Welt. Ich habe es immer gesucht, schon als ich noch viel jünger war als du. Und deshalb habe ich es auch manchmal gefunden. Ich habe dir einmal von der Piaf erzählt, stimmt's?«
Pall nickte.
»Siehst du, das war auch so eine. Um Gottes willen kein Vorbild. Im Beruf schon, weil sie arbeiten konnte wie ein Tier, aber sie hat gesoffen wie ein Loch, gefixt wie eine Verrückte und sich den Hafenarbeiter genauso ins Bett gezogen wie den Generaldirektor. Sie hat einfach das gemacht, worauf sie Lust hatte, und ich habe jetzt Lust, diesen Fritsche zu holen.«
»Dann sag endlich wie!« Pall füllte Kirsch nach, ob-

wohl er ihn jetzt nicht nur in der Magengrube, sondern auch im Kopf spürte.

»Sag erst, ob du den Plan hast.«

Er bekam seine großen Augen, und sie wirkten noch größer durch den Glanz, den ihnen das ungewohnte Getränk gab.

»Was willst du mit dem Plan anfangen?«

Ihr Lachen war nicht nachsichtig, sondern ärgerlich.

»Du bist wirklich noch ein Kind, Pall! Wenn ich dir helfen soll, muß ich alles wissen, begreifst du das nicht?«

»Aber der Plan liegt bei Holldorf, wahrscheinlich sogar in einem Safe!«

»Dann besorg ihn mir bis morgen mittag. Ich werde ihn Fritsche zuschanzen. Oder willst du das abends auf dem Spielfeld machen?«

»Es war keine Rede davon, daß er ihn kriegen soll!«

»Weil ihr nichts durchdenken könnt! Meinst du, der kann riechen, wo nachts im Wald ein Auto steht? Und wenn seine Bullen hinter ihm herrennen, sieht er alt aus!«

»Ganz so blöd sind wir auch nicht. Es werden, wie zufällig, einige Leute herumstehen, die ihnen den Weg versperren.«

»Das ist zuwenig. Aber jetzt will ich dir sagen, was ich vorhabe.«

Sie zerdrückte ihren Zigarettenstummel im Aschenbecher.

»Wann kommen die Dresdener an?«

»Mit dem Bus am frühen Dienstagnachmittag.«

»Sehr gut. Ich habe mich entschlossen, am Abend ein paar Lieder für sie zu singen. Das mußt du deinem Holldorf noch beibringen.«

»Aber . . .«

Sie unterbrach ihn mit einer unwilligen Handbewegung. »Ist überhaupt kein Problem, Junge. Wahrscheinlich weißt du nicht, daß ich drüben schon aufgetreten bin und einen großen Namen habe und daß das Fernsehen nicht nur Fußball überträgt. Wenn du einmal so viel Fan-Post wie ich aus der DDR willst, mußt du tausend Tore schießen.«

»Ich will's gern glauben, aber das muß alles mit Holldorf besprochen sein, und ich habe keine Ahnung vom Programm der Dresdener.«

Sie legte ihm die Hand auf den Arm, und ihr Lachen perlte wieder hell. »Man sollte kaum glauben, daß du Profi bist. Alle Mannschaften essen abends zwischen sieben und acht, und zum Nachtisch werde ich ein bißchen was für sie singen. Das geht ganz zwanglos, und du wirst sehen, es kommt sogar an.«

»Und soll ich Holldorf alles sagen? Ich meine, auch das mit Fritsche?«

»Warum nicht? Er kennt mich gut genug, daß er mir die Sache zutraut, und er weiß, daß ich den Mund halten kann. Froh wird er sein, wenn du mich fragst!«

Pall kratzte sich am Kinn und schenkte ihr nach. Aber sein Glas ließ er leer. Die Sache wurde ihm zu heiß für einen schweren Kopf.

»Du willst Fritsche dabei den Plan übergeben?«

»Selbstverständlich. Du mußt mir schon zutrauen, daß ich das fertigbringe. Aber es gehört auch noch ein Brief mit allen notwendigen Details dazu. Den wirst du jetzt schreiben, und morgen vormittag bekomme ich ihn mit dem Plan.«

»Morgen vormittag trainieren wir, und dann fahren wir ins Quartier an den Tegernsee.«

»Ein bißchen flexibler«, schnippte Madou, »mußt du schon sein, wenn ihr den Fritsche wollt. Du rufst also nachher Holldorf an und sagst ihm, er soll den Plan morgen zum Training mitbringen. Dein Training wirst du dann ja wohl unterbrechen können, um mir das Zeug zu übergeben.«

»Wann und wo?«

»Sagen wir, um halb zwölf.« Dann nannte sie ihm eine Straßenkreuzung, die nicht weit vom Trainingsgelände des FC Bavaria entfernt war.
»Und jetzt reicht's für heute. Tu, was ich dir gesagt habe, und verlaß dich auf mich.«
Pall spürte wieder diese eigenartige Erleichterung, als Madou gegangen war. Es war, als ob sie Verantwortung aus dem Zimmer getragen hätte, in dem es nach Rauch und dem herben Duft ihres Parfüms roch. Trotzdem, dachte er, hätte sie bleiben können über Nacht.
Dann rief er Holldorf an.

23

Durkovic kannte beim Abschlußtraining kein Erbarmen. Er ließ sie laufen und schwitzen, und Pall war froh, daß er noch einen Teil des Kirschwassers in den Schrank zurückgebracht hatte. Gleichwohl spürte er trotz der empfindlichen Kühle klebrigen Schweiß unter der Trainingsjacke und war froh, als ihn der am Spielfeldrand stehende Holldorf herauswinkte.

»Ich habe den Plan dabei. Hast du auch den Brief geschrieben?«

»Natürlich. Kann ich noch kurz duschen?«

»Ja, aber mach schnell, es ist zehn nach elf, und wenn Madou eines nicht gerne tut, dann ist es warten. Und zieh dich warm an, morgen geht's um mehr als ein Spiel. Da kannst du dir keine Grippe leisten!«

Er ging mit ihm in die Kabine, und während Pall unter der heißen Dusche stand, las der Manager den Brief, den er in der Nacht geschrieben hatte und den Madou mit dem Plan Fritsche übergeben sollte. Er fand sowohl den Brief als auch die Idee der Sängerin gut.

Er sagte es Pall, der nach fünf Minuten fertig war und noch einen dicken Wollpullover überzog.

»Geht auf keinen Fall in ein Lokal! Du kannst dich zu ihr ins Auto setzen, aber nicht lange. Wenn du zurück bist, ißt du mit der Mannschaft, und dann fahrt ihr an den Tegernsee. Ich gehe ins Hotel und warte auf die Dresdner. Es kann spät werden, bis ich zu

euch hinauskomme, aber ich muß wissen, ob die Sache so klappt, wie es sich Madou vorstellt. Du kannst auf dein Zimmer gehen, wenn es nach zehn wird, aber ich muß dich auf alle Fälle noch sprechen, klar? Schlafen kannst du morgen früh, so lange du willst. Ich werde Durkovic sagen, daß du ein bißchen erkältet bist.«
Pall nickte, schob seinen Brief in den Umschlag mit den anderen Unterlagen und ging zu seinem Auto. In vierzehn Tagen würde es ein neuer Sportwagen sein, aber daran dachte er jetzt nicht.

Zehn Meter vor der verabredeten Kreuzung stand ihr Wagen. Er stoppte in einiger Entfernung und ging zu Fuß weiter. Es war eine zu dieser Stunde fast unbelebte Seitenstraße.
»Wenigstens pünktlich«, sagte Madou und ließ ihn einsteigen. »Hast du alles dabei?«
Er gab ihr den Umschlag, und sie las zuerst den Brief.
»Nicht schlecht. Du kannst dich ziemlich konzentriert ausdrücken.«
Dann studierte sie den Plan und fand auch den verständlich.
»Gut, daß das Papier dünn ist. Ich muß das Zeug natürlich zusammendrücken, kann es ihm nicht überreichen wie eine Einladung auf Büttenpapier.«
»Bist du nervös, Madou?«
»Quatsch. Ein bißchen Prickeln wie vor einem Auftritt, aber das gehört dazu. Ich sehe es als eine Art von Sport an, wenn du das verstehst. Aber sag mal, wie steht's bei dir? Hast du wenigstens eine Erfolgsprämie ausgehandelt?«
Er bekam seine staunenden Kinderaugen und spürte ihre Hand auf seinem Arm. »Ein richtiger Profi, Pall, bist du wirklich noch nicht. Seit Dresden hast du alles eingefädelt, und es wird höchste Zeit, daß

du deinen Holldorf noch unter Druck setzt. Morgen abend, wenn alles geklappt hat, holst du keine müde Mark mehr heraus!«
Eine Weile schwieg er, aber dann gab er sich einen Ruck und schüttelte den Kopf. »Ich habe nie daran gedacht und tu's auch jetzt nicht.«
»Und warum?«
»Weil ich mir wie ein Menschenhändler vorkäme.«
Sie nahm ihre Hand von seinem Arm und öffnete sie wie ein Geschäftsmann, der es bedauert, nicht zum Abschluß zu kommen.
»Deine Sache, Pall. Was meinst du, was meine Impresarios und all das Gesocks, das meine Stimme vermarktet, für Methoden haben? Die gehn nicht mal auf den Lokus ohne Vorteil, verstehst du?«
»Wenn du dich aufregst«, sagte Pall und lachte, »redest du wie ein Strichmädchen.«
»War ich vielleicht keines? Da lernt man die Menschen kennen und auf seinen Vorteil achten, mein Lieber! Aber lassen wir das und spielen wir beide die Selbstlosen, obwohl ich nicht einsehe, warum die Bavaria einen Weltklassemann geschenkt bekommen soll.«
»Bis jetzt hat sie ihn noch nicht.«
»Aber sie wird ihn kriegen. Glaubst du, ein Furtner würde ein solches Risiko umsonst auf sich nehmen?«
»Das allerdings nicht. Scharf genug ist er auf den Fritsche.«
Sie schaute auf die Uhr. »Das ist jetzt noch kein Thema, und überhaupt wird es Zeit für mich, und für dich wahrscheinlich auch. Und besprochen ist alles. Drück mir die Daumen und laß dir heute nacht alles von Holldorf erzählen.«
Pall drückte ihr lange die Hand und ging langsam zu seinem Wagen zurück. Ein dünner Nieselregen hatte eingesetzt und ließ ihn unter seinem dicken Pullover frösteln.

Draußen am Tegernsee war die Stimmung am späten Nachmittag besser als das Wetter. In der Wärme des Hotels war nichts von den Nebelschwaden zu spüren, die aus dem See stiegen, sondern nur luxuriöse Behaglichkeit und Optimismus. Holldorf hatte sowohl die pünktliche Ankunft der Dresdner gemeldet als auch ihre Mannschaftsaufstellung. Sie war die gleiche wie beim Hinspiel, und Pall dachte, daß es wohl auch eine Nachricht für ihn bedeutete. Fritsche war dabei, und das war bis zu diesem Augenblick immerhin noch offen gewesen.

Er spürte eine Mischung von Erleichterung und Nervosität. Und er sah, daß es dem kleinen Riedl nicht anders ging. Außer ihnen wußte hier keiner, daß Fritsche diesmal viel mehr bedeutete als eine Gefahr für das Tor der Bavaria. Denn der Präsident kam nie ins Trainingslager.

Ihm geht jetzt die Muffe, dachte Pall. Und es fiel ihm ein, daß er Holldorf gar nicht gefragt hatte, ob er seinen Boß über die Mitwirkung Madous eingeweiht hatte.

Wahrscheinlich nicht. Je weniger der wußte, um so weniger konnte er unnötigen Senf beisteuern. Vereinspräsidenten sind notwendig und können nützlich sein, aber nicht in allen Fällen.

Furtner pflegte sie nützliche Idioten zu nennen, und das war für seine Verhältnisse fast eine Liebeserklärung, weil er bei den Schiedsrichtern das ›nützlich‹ wegließ.

Im übrigen war er so glänzender Laune, daß er beim Abendessen sogar mit Tönes sprach.

»Du darfst«, sagte er, »deine Birne morgen wieder im Dresdner Strafraum hinhalten. Ein Trick geht bloß einmal, und wir garantieren dir so viel Munition, wie du noch nie gehabt hast, was, Pall?«

Pall hielt ein Kopfnicken für eine ausreichende Antwort. Nie war ihm der Flachs, von dem er längst

nicht mehr ausgeschlossen wurde, bei einem gemeinsamen Abendessen banaler erschienen. Und da er weiter schweigsam blieb und ohne Appetit kaute, wurde Durkovic besorgt.
»Fühlst dich nicht gut, Pall?«
Er zuckte mit den Schultern, erkannte aber im gleichen Moment, daß eine Krankmeldung jetzt das Ungeschickteste wäre. Der Trainer würde ihn sofort ins Bett schicken und womöglich den Arzt kommen lassen.
»Alles okay«, sagte er. »Ein bißchen nervös vielleicht, weil ich noch nicht an den Europapokal gewöhnt bin wie ihr.«
Das klang nicht schlecht und entlockte Furtner Worte der Aufmunterung. »Du hast ja gesehen, daß die auch bloß mit Wasser kochen, und auswärts sind sie viel zahmer. Unsere internationale Erfahrung ist größer, weil sie viel zu selten aus ihrer Inzucht herauskommen. Außerdem würde uns ein eins zu null reichen, aber du wirst sehen, daß der Kittel schon bei Halbzeit geflickt ist, weil wir's diesmal nicht langsam angehen lassen.«
»Mannschaftsbesprechung ist morgen vor Mittagessen«, raunzte Durkovic. Manchmal riskierte er auch gegen den Bärtigen eine Lippe und nicht nur gegen die Ersatzspieler.
Aber er tat es nicht ungestraft. Furtner hatte nicht seinen trainerfreundlichen Tag und fragte süffisant, wer denn in Dresden die Variante Tönes/Pallmann erfunden habe.
Da hatte Durkovic Pause, und auch die Ersatzspieler genossen sie. Wenn keine Presseleute um den Weg waren, lagen die Karten bei der Bavaria meist offen auf dem Tisch wie ein Nullouvert, und der Trainer mußte die Hosen runterlassen. Plötzlich kaute auch er hoch. Mit dem Unterschied, daß er nicht, wie Pall, gefragt wurde, ob ihm nicht gut sei.

Und Furtner bestellte sich zum Nachtisch ein Glas Rotwein. Man wußte, wie er ihn schätzte, aber in diesem Augenblick war es eine Despektierlichkeit, der sich keiner anzuschließen wagte.
Überziehen, dachte Pall, kann nur der King. Aber eines Tages will ich auch soweit sein wie er.
Und dann dachte er wieder an Madou. Es ging auf 20 Uhr, und es war anzunehmen, daß sie jetzt im Hotel von Turbine Dresden ihre Nummer abzog. Aber eine Pleite war immer drin. Da durfte man sich nichts vormachen.
Er setzte sich, als der Trainer die Tafel aufhob, mit Riedl in eine Ecke der geräumigen Hotelhalle. Vor 22 Uhr meldete sich bei Durkovic nicht die Sorge, es könnte einer zu spät ins Bett kommen.
Es hatte auch schon Fälle gegeben, wo Spieler nicht in dem ihnen zugewiesenen Bett nächtigten, weil auch der Profi allemal nur ein Mensch ist und es in diesem feudalen Hotel nie an Damen fehlte, die einen Star der Bavaria um einiges attraktiver fanden als glatzköpfige Generaldirektoren mit Embonpoint.
Jetzt freilich war Zwischensaison. Der erste Schnee war zu spärlich gefallen, und das naßkalte Wetter drückte wie ein häßlicher Schwamm, der Lebensfreude und Unternehmungslust aufsaugt, auf den Kurort.
»Nichts los heute«, brummte Tönes, als er auf seinen langen Beinen an der Ecke vorbeistelzte, in die sich Pall und Riedl zurückgezogen hatten. Er wollte sich in einen Sessel neben ihnen fallen lassen, und Pall hatte einige Mühe, ihm beizubringen, daß er mit Riedl ein privates Gespräch führte. Es tat ihm leid, weil er den Langen mochte, aber ihn jetzt unter keinen Umständen brauchen konnte.
»Dann eben nicht. Wartet ihr vielleicht auf zwei Miezen?«

»Wer weiß«, machte sich Riedl nützlich. Und er schnitt ein Gesicht, das vieldeutig genug war, den Mittelstürmer abzuwimmeln, ohne ihn vor den Kopf zu stoßen.
»Wenn er wüßte«, sagte Pall, als Tönes außer Hörweite war, »daß er morgen gegen seinen Nachfolger spielt!«
Riedls Lächeln war von säuerlicher Skepsis. »Wenn's nur schon soweit wäre, wär's mir lieber. Und ewig herumhocken können wir hier auch nicht. Wenn Durkovic um zehn seine Runde dreht, jagt er uns aufs Zimmer.«
»Logisch. Auch wenn der Furtner in der Bar hockt. Hackordnung bleibt Hackordnung. Weißt du, worüber ich mich manchmal wundere?«
»Spuck's schon aus«, sagte Riedl mit müdem Interesse.
»Ich wundere mich darüber, daß wir uns auf dem Spielfeld besser zusammenfinden als die meisten Mannschaften.«
In Riedls Grinsen lag wissende Nachsicht. »Du solltest inzwischen schon gemerkt haben, daß dieser Haufen, der nach der Dienstzeit auseinanderläuft, weil manchmal einer den anderen nicht mehr sehen kann, eine Interessengemeinschaft in Sachen Fußball ist. Was ihn zusammenhält, sind die Kohlen, die nur gemeinsam zusammengeschaufelt werden können. Aber es ist auch noch eine andere Kleinigkeit. Es werden immer wieder Leute geholt, die was können und hineinpassen. Das muß man dem Holldorf lassen. Natürlich kommen auch Fehlkäufe vor, das liegt in der Natur der Sache. Aber du mußt zugeben, daß sie dieser Hundling meistens geschickt weiterverkauft wie ein Roßtäuscher. Aber bei dir hat er einen Volltreffer gelandet, das weißt du ja selber.«
»Diese Blumen«, knurrte Pall, »kannst du dir an den Hut stecken. Ich werde langsam nervös und fange an

zu beten, daß er beim Fritsche keine Fahrkarte schießt!«
Wieder zuckte ein Lächeln in Riedls Augenwinkeln. »Was macht man nicht alles, wenn man herumhokken muß und warten! Es ist wie in der Kabine vor dem Spiel. Wir haben einmal in Barcelona gespielt, und die haben eine richtige Kapelle mit Kruzifix und Kerzen und allem unter der Tribüne. Kurz vor dem Spiel ist die ganze Mannschaft zum Beten hineingegangen, aber wir haben doch zwei zu eins gewonnen. Und glatt umhauen würde es dich, wenn du einmal eine Macumba der Brasilianer sehen würdest, bei der sie die Geister beschwören!«
»Man kann Verständnis dafür kriegen«, sagte Pall und betrachtete seine Handflächen, die feucht wurden. »Es ist Viertel vor zehn, und ich fürchte, wir müssen aufs Zimmer verschwinden, bevor Holldorf kommt.«
Riedl nickte. »Am liebsten würde ich noch einen doppelten Whisky nehmen, aber das macht sich schlecht hier in der Halle. Weißt du, daß dem Jaschin bei den Russen früher nie die Wodkaflasche im Zimmer gefehlt hat?«
»Erstens können die Russen besser saufen als wir, und zweitens ist das bei den Torhütern eine ganz andere Sache. Sie sehen dann zwei Bälle ansausen und brauchen sich bloß den richtigen zu schnappen!«
Riedls Grinsen ging in ein befreiendes Lachen über, aber Pall war noch nicht fertig.
»Weißt du, was am meisten beschissen an diesem hochbezahlten Profileben ist?«
Der andere runzelte fragend die Stirn.
»Es sind«, fuhr Pall fort, »diese toten Zeiten vor den Spielen. Gut, Training ist in Ordnung und notwendig, auch wenn es dir nicht jeden Tag in den Strumpf paßt. Mit einem bißchen Phantasie könnte der Durkovic diesen Mist schon etwas auflockern.«

»Du hast recht, aber ich fürchte, er hat bloß eine einzige Mistgabel, mit der er umgehen kann. Es müßte wie beim Golf sein, wo es ein Dutzend Schläger für alle möglichen Lagen gibt.«
»Wenn es bloß das alleine wäre! Die Zeit wird einfach nicht richtig ausgefüllt, und vielleicht gibt es auch gar nichts Sinnvolles dafür. Ich frage mich manchmal bloß, ob man den Kessel, der für neunzig Minuten Volldampf angeheizt werden muß, nicht ein bißchen anders behandeln könnte.«
»Jetzt«, sagte Riedl, »fängst du an, wie ein Professor zu reden. Laß uns lieber aufs Zimmer gehen. Wenn du willst, lasse ich noch was zum Trinken hochkommen. Ich habe ein paar Beziehungen im Haus.«

Um Viertel nach zehn, kaum daß sie die Jacken ausgezogen hatten, läutete das Zimmertelefon. Pall war mit einem Satz am Apparat; es war Holldorf.
»Komm sofort auf mein Zimmer.«
»Hat es geklappt?«
»Wenn man so was durch den Draht blasen könnte, würde ich dich nicht auf mein Zimmer bitten, klar?«
Ohne ein weiteres Wort legte er auf, aber Pall hatte ein gutes Gefühl. In der Stimme des Managers war etwas gewesen, das nicht nach Pleite klang. Er sagte es Riedl.
»Und von mir hat er nichts gesagt?«
»Nein. Es genügt wohl einer, und zwei Ohren habe ich ja.«
»Also Stallwache wie in Dresden!«
»Spiel jetzt nicht den Beleidigten«, sagte Pall und schlüpfte in seine Trainingsjacke. »Es wird nicht die halbe Nacht dauern!«
Auf Holldorfs Tisch standen eine Flasche Whisky und zwei Gläser, und er streckte Pall die Hand mit dem Gesicht eines Mannes hin, der kein schlechtes Tagwerk hinter sich hat.

»Den ersten Schluck können wir trinken, Pall. Das Unternehmen ist angelaufen. Ein Glas, denke ich, verträgst du auch vor einem schweren Spiel, oder?«
»Ich hätte sogar darum gebeten nach dieser blödsinnigen Rumhockerei. Lieber drei Spiele mit Verlängerung!«
Holldorf blickte auf die Uhr. »Madou hat ihre Nummer erst kurz vor acht abziehen können, und du kannst dir ausrechnen, wie ich gerast bin!«
»Und sie hat alles übergeben?«
»Aber ja, Junge! Sie ist ein As. Sie hat den Fritsche gar nicht angeguckt und überhaupt so getan, als ob sie nur für die Funktionäre käme. Das haben sie gern, und sie sind überall gleich. Aber ich habe nicht gewußt, wie populär das Weib auch drüben ist! Wenn ich mit einem weißen Elefanten hereinspaziert wäre, hätten sie keine größeren Augen gekriegt. Auch die Geheimbullen, verstehst du?«
Pall saß kerzengerade in seinem Sessel, und die Augen, die an Holldorfs Mund hingen, wurden immer größer. »Und dann?«
»Dann ist das gegangen wie in einem Theaterstück, das sie schon fünfzigmal gespielt hat. Zwei, drei Lieder, Beifall und Augenaufschläge, die müde Männer zu Tigern machen. Und dann ist sie herumgelaufen, hat jedem die Hand gedrückt und Autogrammkarten verteilt. Bloß der Fritsche hat noch zerknülltes Papier in die Hand gedrückt bekommen, und ich schwöre dir, daß auch der scharfsichtigste Geheimbulle nichts merken konnte! Und der Junge hat eiskalt geschaltet. Hat gefragt, ob er auch einen Kuß kriegt, und er ist für alle ein King gewesen, während er das Zeug in die Tasche steckte. Und dann ist sie singend weitergetänzelt, aber man kann das nicht beschreiben, man muß es gesehen haben. War ein Erlebnis, Pall! – Aber du hast ja schon bessere mit Madou gehabt, was?«

Palls große Augen zogen sich zusammen, und er schluckte den Rest seines Whiskys.
»Vergessen wir's. War wohl so eine Art Zufall, aber für den Klub scheint es sich gelohnt zu haben. Hauptsache, oder?«
Holldorf nickte und schenkte sich nach. »Volltreffer dieser Art geben Vertrauen. Es ist wie bei einem großen Spiel, wenn du verstehst, was ich meine.«
»Ich denke schon. Aber wir dürfen nicht vergessen, daß das Schwerste erst kommt.«
Der Manager nahm einen Schluck und blickte wieder auf die Uhr. »Zeit für dich, Pall. Geh jetzt ins Bett und nimm das gute Gefühl mit, das ich habe. Wird ein schweres Spiel morgen, aber wir packen es, und dazu noch den Mittelstürmer, den wir brauchen!«
Trotz der Schwere des Spiels nahm Pall vor dem Einschlafen noch einen Schluck Whisky, den Riedl dank seiner Beziehungen im Hause besorgt hatte.

24

In der Kabine war für Pall alles anders als sonst. Die Dresdner waren schon da, als die Bavaria kam, und die Männer in den schweren Mänteln, die im Gang standen und wie Funktionäre des Klubs aussahen, wirkten eine Spur zu unbeteiligt. Pall hätte sich nicht gewundert, wenn sie ihre Köpfe hinter Zeitungen gesteckt hätten.

Sie können, dachte er, ihre Augen verstecken, und gleichzeitig war es ihm, als ob die Kabinenwand transparent würde und er Peter Fritsche sähe.

Wie fühlt man sich, wenn man zum letztenmal in ein Trikot schlüpft, in dem man groß geworden ist? Dachte er an das Spiel oder an das, was kommen würde? Konnte man überhaupt über ein Spiel hinausdenken?

Er fand keine Antwort, aber er spürte eine Art von narkotischer Beruhigung durch die gewohnten Rituale, die sich um ihn abspielten. Er sah Mayerhofers alte Badehose, mit der er drei Europapokale gewonnen hatte, und er sah die giftgrünen Socken des kleinen Riedl.

Und ganz langsam fing er damit an, die neuen weißen Schnürsenkel seiner Schuhe auszutauschen. Man hatte noch mehr als eine Stunde Zeit, aber alle paar Sekunden linste Obermayer auf seine Quarzuhr, weil er genau 45 Minuten vor Spielbeginn seine Stiefelspitzen nässen mußte.

Jeder hatte mit sich zu tun, weil sich nebenan keine

grauen Mäuse umzogen, sondern die Meister der DDR, die ein 2 : 2 im Gepäck hatten, das gar nicht so leicht wog, wie die Zeitungen und die Leute draußen auf den Rängen glaubten.
Sicher, die Bavaria hatte noch kein Heimspiel im Europapokal verloren, und mit einem 1 : 0 wäre die ganze Sache erledigt. Aber man hatte in Dresden ein gut funktionierendes Teamwork nur mit einem Trick aufgeweicht, der jetzt nichts mehr bringen konnte.
Und sie hatten einen Fritsche. Weit und breit war in Europa kein Mittelstürmer dieser Klasse zu sehen, und mit halbem Ohr hörte Pall, wie ihn Durkovic als Teufel an die weiße Kabinenwand malte.
»Kein Zentimeter Platz lassen! Kann er jedes Spiel alleine entscheiden! Und ist schnell. Wer ihn laufen läßt, sieht ihn nie wieder!«
Wenn du nur recht hättest, dachte Pall. Aber das bezog sich nicht aufs Spiel.
Und es gelang ihm nicht, sich auf dieses Spiel zu konzentrieren.
Als Obermayer mit feuchten Stiefelspitzen zurückkam, hatte er nicht die Vision von einem gut geschmierten Mittelfeldmotor, sondern von einem beinhebenden Hündchen.

Fritsche sah er erst, als der englische Schiedsrichter die Mannschaften aus der Kabine pfiff. Er kam ihm blaß vor, doch das konnte im Halbdunkel des Korridors eine Täuschung sein; immerhin glaubte er, ein Augenzwinkern zu erkennen, und versuchte es zurückzugeben.
Aber erst als der Ball rollte, fühlte er die Last abfallen wie Bruchschnee von einem Dach. Und es kam das berufliche Pflichtbewußtsein dazu, der randvollen Galerie die Faszination des Spieles zu bieten.
Auch der Bundestrainer war wieder da. Er war viel

wichtiger als die Achttausend-Mark-Prämie, aber er konnte nicht wissen, daß dies für den Spieler Walter Pallmann eine Partie war, die so ganz anders war als alle, die er bisher bestritten hatte.
Trotzdem war die Angst weg. Die ersten Ballkontakte gelangen, und es war sofort klar, daß Turbine Dresden diesmal auf Sicherheit ging und den Konterschlag suchte.
Mit einem Fritsche war das gefährlich. Aber hatte er noch die Motivation, den richtigen Biß?
Pall denkt nicht darüber nach. Ja, er staunt sogar, wie leicht die Beine werden im Kampf, dessen Härte und Intensität keinen Platz lassen für Gedanken über die unwirkliche Verrücktheit, die anschließend passieren soll.
Und es muß Fritsche nicht anders gehen. Als er nach fünf Minuten zum ersten Mal in den Strafraum der Bavaria hineinwirbelt, stockt den Fünfundsiebzigtausend der Atem, und nur um Zentimeter pfeift der ansatzlos aus dem Kniegelenk geschlagene Ball über den Querbalken.
So spielt und schießt keiner, den Belastungen drükken.
Eigenartiges geht in Pall vor. Er fühlt die Sache zu einem Duell der Komplizen anwachsen, aber darüber hinaus auch die Gefahr, die ein Dresdner Führungstor bedeuten würde. Wenn du gegen eine so gut organisierte Mannschaft zu Hause einem Rückstand nachrennst, kannst du in eine verteufelte Klemme geraten.
Weitere Gedanken werden von den Beinen des Mannes zerschnitten, den sie auf ihn abgestellt haben. Sonderbewachung für Pallmann ist die Dresdner Antwort auf den Trick des Hinspiels.
Und der Bursche hat die Samthandschuhe in der Kabine gelassen. Nicht, daß er ein Rowdy wäre. Mit höchstem körperlichem Einsatz geht er nicht über

die Grenze hinaus, die die Regeln gezogen haben und die englische Schiedsrichter immer noch klarer erkennen als viele andere.
Aber die Moral bleibt intakt, und nach einer Viertelstunde riskiert Pall größere Ausflüge in die Hälfte des Gegners. Schließlich stehen immer noch zwei Tore auf beiden Waagschalen, und die Balance kann sich nur durch einen Treffer ändern. Wenn man ihn nicht selbst schießt, sieht es bös aus.
Und der Kampf um dieses Tor nimmt ihm die letzten Reste einer Befangenheit, die er sonst nie zuvor gekannt hat.
Zuerst gewinnen. Was später kommt, ist eine ganz andere Sache.
Fritsche scheint ähnlich zu denken. Pall merkt es an Bewegungen, die vom Talent ebenso geprägt sind wie von der Besessenheit des Kampfes.
Spiel? Das Wort ist ein Witz auf diesem Platz, wo du über gestreckte und zuschlagende Beine springen mußt, um nicht umgesäbelt im Dreck zu liegen. Und die Ostdeutschen zeigen keine Spur von der Zahmheit, von der Furtner geredet hat.
Furtner!
Pall hört seine Stimme meist hinter sich, und mit den berühmten Impulsen, die ihm die Presse so gerne für das Angriffsspiel bescheinigt, ist für die beiden Spitzen Rumnick und Tönes kaum mehr anzufangen als mit den heftigen Handbewegungen, die Durkovic auf seiner Bank macht.
Wenn Pall gelegentlich in der Nähe vorbeikommt, hört er auch die Schreie des Trainers, aber sie sagen ihm nichts, weil er selbst mitzudenken versucht bei dem, was hier Spiel genannt wird.
Und man kann nicht behaupten, daß es die Bavaria kontrolliere. Sie macht, wenn man scharf hinsieht, ein Spiel, das weder Fisch noch Vogel ist, weil ihr das Konterspiel aus der Defensive heraus viel besser

liegt. Aber das ist ein Trumpf für das Auswärtsspiel. Auf fremdem Platz darfst du das Tempo verschleppen und gegen die Galerie spielen, aber hier und heute ist der Angriff gefordert, und erst wenn man das Führungstor geschossen hat und der Gegner aus seiner Reserve heraus muß, kriegt man die Sache in den Griff.

Aber dann geschieht das Unfaßbare. Es ist der Gegner, der sie in den Griff kriegt, und der Torschütze heißt in der 21. Minute – Fritsche. Das mag dem Spielverlauf nicht entsprechen, und noch weniger entspricht es den Vorstellungen, mit denen Walter Pallmann in dieses Spiel gegangen ist.

Ist es nicht total verrückt für einen, der auf dem Absprung ist?

Auf alle Fälle ist es gegen den bisherigen Verlauf des Spiels, aber es gibt da im Fußball keine Gesetze. Gäbe es sie, müßte man längst Rettiche auf den Spielfeldern pflanzen.

Fast eine Minute dauert es, bis Pall den Peter Fritsche wiedersieht. Schier erdrückt wird er in einer Traube von Gelbhemden, und als er zur Mittellinie zurückläuft, tut er es mit dem triumphierenden Gesicht aller Torschützen.

Kann er das? Darf er das? Pall sucht die Augen des einzigen Spielers, der sich ähnliche Fragen stellen muß; aber Riedl kniet am Boden und benützt die Verschnaufpause, um sich die Schuhe fester zu binden.

Und Holldorf hat neben dem brüllenden Durkovic den Kopf in die Hände gelegt, als ob er über etwas Unbegreifliches nachdenken müßte.

Wenn sie noch eines machen, denkt Pall, sind wir aus dem Europapokal geflogen. Es kann sogar schon reichen, wenn sie den Laden dichtmachen.

Man soll denken beim Spiel, aber nicht zweigleisig.

Alles muß sich auf die Aktion konzentrieren, doch er bringt es nicht mehr fertig. Ja, wenn es ein Zufallstor gewesen wäre oder eines von denen, die von anderen vorbereitet werden und bei denen du nur noch den Fuß hinhalten mußt!
Da hätte man nichts gegen den Fritsche sagen können. Aber diesem Tor war ein Solo von so grandioser Frechheit und Eleganz vorausgegangen, daß mit dem Mann etwas nicht stimmen konnte.
Wenn alles gezinkt war? Wenn er überhaupt nicht abhauen wollte und es den Dresdnern nur auf einen Riesenwirbel ankam, bei dem die Bavaria auf die Schnauze fallen mußte?
Pall, unfähig, einen klaren Gedanken zu fassen, tut etwas, das sich keiner, der auf diesen Platz geschickt worden ist, leisten kann: Er vergißt das Spiel.
Und er merkt gar nicht, wie es an ihm vorbeiläuft. Er nimmt nicht daran teil, läuft mechanisch mit, einmal in die falsche Richtung, und wenn er die richtige erwischt, ist es zu spät.
Das kann passieren, aber es darf sich nicht wiederholen. Gellende Pfiffe prasseln auf den Mann nieder, dem die Zeitungen das Talent eines Rumnick bescheinigt haben und der plötzlich hilfloser herumläuft als Tönes in seinen schwärzesten Tagen.
Und die Zeit vergeht viel zu langsam für ihn. Den Schutz der Kabine bräuchte er jetzt, ein Gespräch mit Holldorf vielleicht oder auch bloß mit Riedl – irgend etwas anderes eben als diese blödsinnige Rennerei, aus der jede Überzeugung gewichen ist.
Aber noch fast zwanzig Minuten muß er bis zur Halbzeit überstehen, und es werden die längsten, die Walter Pallmann auf einem Fußballplatz verbracht hat.
Er durchlebt sie, unfähig, ein paar richtige Schritte zu tun, die das Pfeifkonzert eindämmen würden. Ein Blinder unter Sehenden, ein Lahmer unter Laufen-

den. Zwischen den Pfiffen hört er Furtners gellendes Schimpfen, und er weiß, daß die Vorwürfe der anderen nur deshalb ausbleiben, weil der Bärtige sich nicht in seine Vorrechte hineinquasseln läßt.
Ab und zu ein Blick zur Bank. Jede Minute wächst die Gefahr, daß ihn Durkovic auswechselt. Ob es Holldorf verhindert? Er ist der einzige, der dort sitzt und seine Nöte kennt und ihn vielleicht auch retten wird bis zum Halbzeitpfiff.
Noch sechs Minuten.
Er sieht Holldorf und Durkovic heftig auf der Bank diskutieren, aber es wird kein weißes Schild mit der Nummer 10 hochgehoben.
Unterschwellig spürt er, daß ihm Holldorf hilft. Unverletzte werden kurz vor der Halbzeit selten ausgewechselt, weil man sich beim Tee aussprechen und die Dinge ins Lot bringen kann.
Aber es wird höchste Zeit dafür. Die Bavaria schwimmt, verliert ihren Rhythmus, und es bedarf dreier Glanzparaden von Mayerhofer, um die Dresdner 2:0-Führung zu verhindern. Jeder weiß, daß dann alles aus wäre. Noch nie hat die Bavaria vor eigenem Publikum in einem Spiel um den Europapokal so gewackelt.
Dann endlich der langgezogene dreifache Pfiff. Und er wird von der bissigen Galerie zigtausendfach verlängert, bis sie die Geborgenheit der Kabine erreicht haben.

Die meisten lassen sich auf die Bänke fallen wie Leute, die Unfaßbares erlebt haben und außerstande sind, darüber zu reden.
Aber das sind Einsatzzeichen für große Auftritte Furtners. Ehe Durkovic, der die geballten Fäuste vor Ärger und Aufregung nicht mehr öffnen kann, ein Wort los wird, tobt der Bärtige: »Pall muß raus! Ich mache nicht mit Spinnern weiter!«

Es gibt murmelnde Zustimmung, aber die meisten sind still, warten auf die Worte des Trainers. Und es gibt außer Riedl keinen, der an eine andere Lösung glaubt. Wenn der Furtner so brüllt, bekommt er immer recht, und außerdem hat jeder gesehen, welch heillosen Stiefel der Pall heruntergekickt hat.
Aber wieder setzt der Trainer vergeblich an, und große Augen blicken auf Holldorf, der ihm das Wort abschneidet.
»Pall spielt weiter. Er war zwanzig Minuten indisponiert, und ich habe es genauso gesehen wie ihr.«
»Indisponiert?«
Furtners Stimme will eigentlich bloß ätzenden Spott ausdrücken, aber sie überschlägt sich vor Wut, und es ist eine Wut, die die Mannschaft teilt. Gruppenhaß kocht hoch gegen einen, der zu schnell hineingewachsen ist in die Gruppe und nun, nach einem glanzvollen Senkrechtstart, plötzlich so versagt, daß er einfach geschüttelt werden muß an einem Kopf, der zu groß geworden ist.
Vergessen ist nicht nur, daß er das Unentschieden in Dresden gerettet hat. Vergessen ist auch, daß andere Anteil an den miesen zwanzig Minuten der Bavaria gehabt haben, in denen der Traum vom Europapokal am Platzen gewesen ist.
Und er ist es noch. Sie schlürfen ihren Tee mißmutig und begreifen noch immer nicht, warum Pall weiterspielen soll und warum der Trainer nicht mit Furtners Hilfe dem Holldorf übers Maul fährt.
Wer ist denn ausgepfiffen worden? Die Mannschaft vielleicht? Pallmann und kein anderer ist es gewesen!
Aber Holldorf, das spüren alle, ist bereit, Grenzen zu überschreiten. Sie sind bei der Bavaria sowieso eigenartiger gesteckt als bei anderen Klubs. Die Entscheidungsgewalt des Trainers wiegt nicht sehr schwer gegen die von Furtner und Holldorf, aber

jetzt ist eine ganz neue Situation eingetreten, weil Holldorf allein gegen Furtner und Durkovic steht. Und er handelt schnell. Er weiß, daß ihm keine zehn Minuten bleiben, um eine Ordnung wiederherzustellen, die dringend notwendig ist, und er fährt sein schwerstes Geschütz auf.
»Pall spielt weiter, und ich übernehme die volle Verantwortung!«
Die Augen um ihn herum werden noch größer, und die Knöchel von Durkovics Fäusten werden weiß vom Drücken.
Denn Verantwortung ist nicht übertragbar, und die Verantwortung für das Spiel hat der Trainer.
Wenigstens auf dem Papier. Es gibt da noch einen Furtner, der sie ihm manchmal abnimmt, ohne daß das in den Medien bemerkt, geschweige denn breitgetreten würde.
Aber jetzt steht Holldorf, der Manager, gegen die starre Front Furtner/Durkovic. Wie will er da einen Pallmann im Spiel lassen, der total von der Rolle gefallen ist und dem die Teetasse in der Hand zittert?
Keiner begreift das, und die Hälfte der Pause ist schon vorbei.
»Ich habe«, sagt Holldorf in eine Stille hinein, deren Grimmigkeit Wände sprengen könnte, »mit Pall zu reden. Und ich werde es, wenn keiner was dagegen hat, draußen im Gang tun.«
Solches hat es noch nie gegeben. Und das Überraschungsmoment ist ausgenützt, ehe eine Reaktion kommt. Selbst Furtner starrt sprachlos auf die Tür, die Holldorf von außen schließt.

Vor der Tür von Turbine heben zwei Männer mit Hüten und langen Mänteln die Köpfe. Es ist klar, warum sie da stehen, aber völlig unklar ist ihnen, was der Bavaria-Manager mit dem Spieler Pallmann hier draußen im Gang will.

Er ist leer. Nur an dem Ende, wo er zum Spielfeld führt, stehen ein paar Ordner, die ebenfalls erstaunt herüberblicken.
Auf halbem Weg bleiben der Mann mit der wattierten roten Jacke und der Spieler stehen, und obwohl sie weit genug von den Dresdner Zerberussen und den Ordnern entfernt sind, spricht Holldorf leise.
»Du mußt unbedingt drinbleiben, Pall, aber wenn du diesen Stiefel weiterkickst, holt dich Durkovic nach fünf Minuten vom Platz, und ich kann es nicht verhindern! Reiß dich zusammen und frag Fritsche auch, ob alles klar ist.«
In Palls großen Augen steht die Hilflosigkeit eines Kindes, das sich verkriechen will. »Der will doch überhaupt nicht abhauen, Mann! Merken Sie das nicht? Auf den Arm nimmt er uns, wenn Sie mich fragen! Macht ein Riesentor und beinahe ein zweites und ist noch besser als im Hinspiel!«
Holldorf schüttelt den Kopf mit einem frostigen Lächeln.
»Natürlich will er abhauen. Je besser er spielt, um so weniger passen sie nachher auf ihn auf, und außerdem hat er mehr von einem Profi in der kleinen Zehe als du in beiden Füßen. Der spielt voll durch, daß kein Mensch auf dumme Gedanken kommen kann, und du rennst herum wie das leibhaftige schlechte Gewissen!«
»Aus dem Europacup will er uns auch noch schmeißen!«
»Um das zu verhindern«, sagt Holldorf, »habt ihr noch fünfundvierzig Minuten Zeit. Und du spielst mit, als ob nichts anderes wäre, verstanden! Renn ihn von mir aus um, aber frag ihn, ob alles klargeht. Spiel und Flucht sind zwei paar Stiefel für den, aber du kannst Gift darauf nehmen, daß jeder paßt!«
Pall will noch etwas sagen, aber der Manager zieht ihn zur Kabine zurück. »Schluß jetzt, und tu, was ich

sage! Und merk dir: Mit Leuten, die ein Tor so umschmeißt wie dich, kann man keinen Blumentopf gewinnen!«

Zwei Minuten später kann sich Pall wieder draußen auf dem Rasen Pfosten und Querlatte des Dresdner Kastens betrachten, den er stürmen soll. Es gibt einige Pfiffe, die unzweifelhaft ihm gelten, aber die natürlich auch Durkovic mit knirschenden Zähnen über sich ergehen lassen muß. Wer nach der Pause einen Versager aufs Feld zurückbringt, ist selber einer. Das braucht ihm die Galerie erst gar nicht vorzupfeifen.

Nicht nachgeben dürfen hätte er diesem eingebildeten Holldorf!

Und was er auf Serbisch dazu flucht, ist schlimmer als alles, was bisher bei der Bavaria einem an den Kopf geschmissen wurde, obwohl es da nun wirklich nicht immer zimperlich zugeht.

Auch Pall flucht. Aber er tut es gegen sich selbst, kämpft gegen die Angst, die in ihm hochgestiegen ist, und er merkt plötzlich, daß er gegen den Vater kämpft, diesen Versager, der in seinem winzigen Tabakladen herumhockt, weil er nichts aus seinem Talent gemacht hat.

Er hat es ihm vererbt. Aber hat er ihm auch das Versagen vererbt?

Diese Frage muß gelöst werden. Es bleiben drei Viertel von einer Stunde dazu, und wenn er es jetzt nicht packt, ist viel mehr kaputt als der Europapokal. Auch der Bundestrainer sitzt auf der Tribüne.

An Geld denkt Pall nicht. Und plötzlich denkt er nicht einmal mehr an Fritsche. Er muß ihn was fragen, aber zuerst muß er spielen. Zumindest das tun, was sie Spielen nennen und was eigentlich etwas ganz anderes ist.

Und auch er wird ein anderer. Man sieht es daran,

wie er den ersten Ball behandelt, den ihm Riedl zuschiebt.
Es kann Zufall sein, daß es Riedl ist. Der einzige, der auf dem Spielfeld außer ihm und Fritsche weiß, daß nicht bloß der Europapokal auf dem Spiel steht.
In der Kabine hat er bloß mit den Augen mit Riedl reden können.
Jetzt kommt die Antwort. Der Paß ist gut und präzis, reißt eine halbe Gasse auf.
Und die zweite Hälfte reißt Pall auf. Das Gelbhemd vor ihm rennt, von einer Körpertäuschung düpiert, ins Leere, und Pall hat, mit Füßen, aus denen alles Blei herausgeschmolzen ist, freien Raum vor sich.
Keine gemähte Wiese, aber gut zehn Meter, die ihn vor der Pause erschreckt hätten. Jetzt aber laden sie ihn aufmunternd ein, und er spürt, daß die Verbindung zwischen Kopf und Beinen, die abgeschnitten war, wieder funktioniert.
Seltsam genug ist das im Fußball. Du kannst, wenn diese Verbindung nicht da ist, versuchen, was du willst. Nichts geht, und es ist wie in einem Traum, wenn du rennen willst und keinen Fuß vor den anderen bringst. Aber wem willst du's erzählen? Das Volk pfeift, und die Pressefritzen hauen deine Fehlversuche mit eiskalter Buchhaltermanier in ihre Notizblöcke. Zur Schnecke machen sie dich.
Aber der Mann, der als Schnecke in die Kabine gekrochen ist, nimmt ihnen plötzlich das Gift aus den Griffeln.
Katzenhaft werden Bewegungen, die vorher eckig waren, und als er den freien Raum leichtfüßig durchlaufen hat, macht er den Angreifer mit einer so eleganten Kurve zum Mehlsack, daß die Schreier von vorhin ganz still werden und große Augen kriegen.
Und er ist noch nicht fertig. Jubeln läßt er sie mit dem zweiten Dribbling, das die Gasse öffnet für Rumnick, der unbehindert in den Strafraum ein-

dringt und aus zehn Metern einen Schuß abzieht, der den Querbalken vibrieren läßt.
Es ist das, was sie in den Zeitungen einen Bilderbuchangriff nennen. Bloß ein paar Zentimeter haben zum 1:1 gefehlt.
Und ein ganz neues Spiel fängt an. Die Dresdner, die am zweiten Tor herumgebastelt und aufgespielt hatten, als ob das Publikum ihr eigenes wäre, scheinen plötzlich körperlich kleiner zu werden. Und das Mittelfeld wird rot. Immer ist einer mehr von der Bavaria da.
Es ist das Powerplay, das nicht nur die Galerie verlangt, sondern die Situation. Oft genug hat die Bavaria bewiesen, daß sie sich ihr anpassen kann.
Und Pall scheffelt Beifall statt Pfiffe. Leistung verdeckt seine Komplizenschaft mit Fritsche, der sich ins Mittelfeld zurückfallen läßt, weil es ein taktischer Nonsens wäre, vorn auf den Ball zu warten, der nicht mehr von den eigenen Spielern kontrolliert wird.
Aber Pall muß wissen, ob es wirklich zum letztenmal die eigenen sind. Er sucht die Gelegenheit und findet sie schnell, weil er den Fritsche sucht, statt ihm davonzulaufen.
Am Mittelkreis wird es besprochen, als der Ball weit drüben auf der linken Flanke gespielt wird. Von weitem hat es den Anschein, als ob einer den anderen markiere, und der nächste Dresdner Spieler steht zehn Meter entfernt.
»Läuft alles?«
Palls Lippen öffnen sich kaum, und bei der Antwort ist es genauso.
»Alles klar!« Zwei Worte, nicht mehr, und das Kopfnicken ist nur angedeutet.
Eine Minute später wiederholt Pall die beiden Worte, als er an der Trainerbank vor Holldorf niederkniet und sich die Schuhe bindet, und der Ge-

danke saust ihm durch den Kopf, daß er dem Fritsche auch hätte empfehlen können, seinen verdammten Ehrgeiz zu zügeln.
Tatsächlich rackert und kämpft der Bursche weiter, als ob er allein den Klub, zu dem er will, aus dem Rennen werfen müßte.
Aber Holldorf kann recht haben. Je mehr er sich einsetzt, um so weniger kommen die Männer mit den Hüten und den langen Mänteln auf dumme Gedanken.
Bloß übertreiben soll er's nicht. Ein Fritsche-Tor reicht diesmal, und noch immer kaut die Bavaria – bei aller Überlegenheit, die sie herausspielt – wütend drauf herum.
Sie rennt gegen ein Tor an, das zugenagelt scheint, und was aus dem vollgepackten Strafraum an Schüssen aufs Tor kommt, angelt sich der lange Keeper mit einer Selbstverständlichkeit, die nicht nur dem Schützen die Haare sträubt.
Die ganze Galerie wird zum wütend knurrenden Raubtier.
Und die Uhr beginnt an der letzten Viertelstunde eines Spiels zu nagen, das einen unfaßbaren Ausgang haben kann: Bavaria aus der ersten Runde des europäischen Meisterpokals geworfen! Und noch dazu von einer DDR-Mannschaft!
Holldorf zerquetscht den Kaugummi zwischen seinen Zähnen, als ob er Fritsche hieße, und der Präsident wischt kalten Angstschweiß von der Stirn, weil er an die Schlagzeilen von morgen denkt.
Der Gedanke an Geld kommt keinem, obwohl er sonst ganz oben steht.
Auch Pall denkt. Nicht mehr an Fritsche und schon gar nicht an das, was geplant ist. Es sind Gedanken, die die Zeitnot bringt, diese Hexe mit den grünen Zähnen, die keinen Platz läßt für eine über die nächste Sekunde hinausgehende Zukunft.

Damals, als die Viktoria im letzten Spiel gegen den Abstieg kämpfte, ist es auch so gewesen. Und dann hat er das Tor gemacht, das den Klub gerettet und ihn zur Bavaria gebracht hat.
Und Holldorf hat gesagt, man kann es nicht wiederholen.
Warum kann man nicht? Kein Versuch ist verboten, und jetzt, da alle gemeinsamen Anstrengungen an dem gelben Abwehrwall hängengeblieben sind, ist es Sense mit Taktik und allem, was besprochen worden ist.
Die großen Predigten von der Koordination der Kräfte. Hat man sie in dieser zweiten Halbzeit nicht wie Musterschüler befolgt? Das Spiel ohne Ball, dieses ständige Mitdenken und Mitlaufen für den ballführenden Spieler: ist es nicht gelaufen, als ob Durkovic von seiner Bank aus an den Fäden ziehe?
Aber es ist nicht ein einziges Törchen dabei herausgekommen, und der Trainer ist kein Lehrer, der mit guten Noten dankt für ein Teamwork, wie es sein soll, wenn der Ball nicht im Tor landet. Daß ihn Rumnick und Tönes zweimal an Pfosten und Latte gedonnert haben, ist zum Verzweifeln, aber kein Gramm mehr wert, als wenn sie die Eckfahnen umgeschossen hätten.
Und die Zeit läuft weiter. Turbine Dresden ist noch sechs Minuten vom Einzug in die zweite Runde des Europapokals der Landesmeister entfernt.
Längst spielt Pall ganz vorne. Es ist keine Rede mehr von Raumdeckung im Mittelfeld, weil es Turbine der Bavaria freiwillig überläßt, nur noch den Wall um ihren Strafraum zieht und sich wie ein gelber Tausendfüßler wehrt.
Es ist wie mit einem Gesetz der Physik: Wo ein Körper ist, kann kein anderer sein.
Trotzdem muß es einen Weg geben, weil Turbine Dresden keine neuen Gesetze im Fußball einführen

kann. Pall erkämpft sich, nach einem Paß von Furtner startend und zwei Gegner rempelnd, ein Stück freie Bahn. Oh, es ist keine aufgerissene Gasse, aber instinktiv spürt er, daß er da durch muß. Einen solchen Ball gibt man nicht mehr her, wenn die Zeit drängt und man im Strafraum nur Gelb sieht.

Aber wenn sich zwei Körper und vier Füße gegen dich recken, kannst du nicht mittendurch. Das sind diese verdammten physikalischen Gesetze. Man denkt nicht an sie, aber man bekommt sie zu spüren, weil Ellenbogen unheimlich spitz und Fußtritte hundsgemein hart sein können, wenn man den Ball eng führen muß. Ihr Angriff mag dem Ball gelten, aber dein Fuß führt ihn ja, weil du ihn in diesem Gewimmel nicht verlieren darfst. Elfmeter springen da selten heraus, weil der Schiedsrichter dem Angreifer kaum böse Absichten unterstellen kann.

Außerdem machen die Dresdner das alles eher geschickt als ruppig. Die Bavaria wird nicht jammern können, sie sei wegen Brutalität aus dem Rennen geflogen.

Ganz eng ist der Bogen, den Pall um die beiden Angreifer schlägt. Ein größerer hätte ihn abgedrängt und in eine Karambolage mit dem Gegner hineinlaufen lassen.

Trotzdem steht schon der nächste vor ihm. Ein Riese, der sich breitbeinig und schnaubend aufbaut und ihm kaum einen Meter Spielraum läßt.

Und bei ihm wagt Pall die perfide Tour, die kein Dribbling, sondern eine Frechheit ist. Er schiebt ihm den Ball zwischen den Füßen durch und läuft, blitzschnell den Rhythmus wechselnd, so eng an ihm vorbei, daß ihm der Ellenbogen des anderen an die Rippen kracht.

Aber er hält die Balance, sieht von links noch einen gelben Schatten heranrasen und holt zum Schuß aus. Es gibt einen Preßschlag, der den Ball zwirbeln läßt,

aber die Wucht des Schusses ist größer als die Wirkung des verzweifelten Spagatschritts.
Nur abgebremst und abgefälscht wird der Ball. Dann hoppelt er mit zeitlupenhafter Langsamkeit am Torhüter, der durch den Preßschlag auf dem falschen Fuß erwischt worden ist, vorbei und über die weiße Linie und hat nicht einmal mehr Kraft, das Netz zu wölben.
Damit steht der FC Bavaria in der zweiten Runde des Europapokals. Nach dem 2:2 von Dresden genügt dieses 1:1, weil Auswärtstore laut Reglement bei gleichem Punktstand doppelt zählen.
Ein Erfolg mit der Brechstange, und ein Erfolg durch den Mann, den Fünfundsiebzigtausend vom Platz hatten pfeifen wollen.
So, wie sie ihn jetzt feiern, ist schon lange keiner mehr im Olympiastadion gefeiert worden. Er geht unter in einer roten Traube von Leibern, und sogar Mayerhofer eilt aus seinem Kasten übers ganze Feld. Auf der Ehrentribüne brüllen die feinen Leute nicht vornehmer als die Fanklubs in ihrer Kurve.
Und jetzt wird es auch leichter, dem DDR-Meister Respekt zu erweisen. Eine unheimlich starke Mannschaft, ehrlich! Und was für ein Mittelstürmer! Auch unter größtem Druck immer wieder fähig zum Konter, der leicht das 2:0 hätte bringen können gegen eine Bavaria, die alles auf eine Karte setzen mußte.
Sogar der Bundestrainer, der sonst immer fünf oder zehn Minuten früher zu gehen pflegt, um nicht in den Verkehrsstau nach dem Spiel zu geraten, kommt in die Kabine.
Wegen Pall. Dazu braucht keiner eine Brille. Und Pall kriegt seinen Schlag auf die Schulter von Furtner und Rumnick.
Zerwall wird deutlicher. »Vor der Pause warst du tot, Junge! Ich hätte nie geglaubt, daß du wieder so auf die Füße kommst!« Und nach einer kleinen

Pause etwas leiser: »Wir sprechen noch miteinander. Ich rufe dich in den nächsten Tagen an.«
Dann kommt der Präsident und hinter ihm der Zeugwart mit einer Kiste seines Lieblings-Champagners.
Und sie lassen ihn zischen, um besser begreifen zu können, daß sie von ganz weit herkommen und dennoch diesen Berg bestiegen haben.
»Ihr sie zu leicht genommen nach zwei zu zwei von Dresden«, sagt Durkovic, »aber das jetzt vergessen.«
»Haben Sie auch vergessen, daß Sie Pall bei Halbzeit rausnehmen wollten?« Es klingt wie prustendes Grunzen und kommt vom kleinen Riedl, der eine halbe Champagnerflasche bloß so für den Durst leergemacht hat und sich Schaum von den Lippen wischt.
Das trägt ihm vom Trainer einen schiefen Blick ein, den Holldorf aber sofort zurechtbiegt. »Kein blödes Palaver jetzt! Es war eine unheimlich schwere Sache, und jeder hat seinen Anteil daran, daß es noch geklappt hat.«
Er sagt nicht, daß er den Trainer und Furtner überstimmt und alles auf seine Kappe genommen hat, und Pall denkt, daß das wohl auch zu der Kunst gehört, eine Mannschaft zu managen, die so unter Erfolgszwang steht wie die Bavaria.
Dann verschwindet Holldorf, der sonst gerne abwartet, bis sie von der Dusche zurückkommen, aber in der schäumenden Euphorie des Erfolgs fällt das keinem auf außer Riedl und Pall. Sie wissen, daß für den Manager noch eine dritte Halbzeit ansteht, die es sonst nicht gibt.

Nebenan in der Kabine von Turbine Dresden weiß das nur einer. Und jetzt erst merkt Peter Fritsche, wieviel Sicherheit und Geborgenheit neunzig Minuten Fußball geben können. Nichts war draußen im

brüllenden Kessel von der Angst zu spüren gewesen, die er jetzt von den schwer werdenden Beinen hochsteigen fühlt in die Kehle, die nicht vom Durst trokken ist. Und keiner darf etwas ahnen.
Gut ist nur, daß auch die Geheimbullen, von denen die eine Hälfte in der Kabine und die andere im Korridor steht, den Schock des Ausgleichstors noch nicht verdaut haben. In diesem Moment sind sie nichts anderes als enttäuschte Fans, Schäferhunde mit trockenen Schnauzen, die ihren Spürsinn verloren haben.
Aber das bleibt nicht so, da macht sich Fritsche keine Illusionen. Außerdem ist noch nie ein nackter Mann aus einem Duschraum geflohen. Früh genug werden sie wieder mit dem Schnüffeln beginnen.
Antreiben tun sie schon. Sie wollen keine Kontakte mit der Bavaria, und nach einer elend kurzen Duschzeit wird die Mannschaft in die Kabine zurückgeschickt, in der der Trainer seinen Spießrutenlauf zwischen den Funktionären macht.
Überall auf der Welt bleiben Mißerfolge am Trainer hängen.
»Wenn's wenigstens beim Elfmeterschießen passiert wäre, wie in Moskau«, stöhnt einer.
Und da muß Peter Fritsche zum erstenmal, seit der Abpfiff des Spiels sein eigenes großes angepfiffen hat, ein Grinsen unterdrücken.
In Moskau haut keiner ab. Da brauchen sie keine acht Bullen zum Aufpassen. Und Stereoanlagen können sie sich auch keine kaufen.
Er trocknet sich ab wie die anderen. Mit geübten Griffen und schnell, als ob noch etwas ungeheuer Wichtiges zu erledigen wäre. Dabei geht es den Männern in den langen Mänteln nur darum, daß sie im Bus sitzen, ehe die Kabinentür der Bavaria aufgeht.
Auch angezogen sind sie schnell, denn nur die gelb-

schwarzen Trainingsanzüge hängen an den Haken. Auch das gehört zur Methode. Man taucht in einer anonymen Menge nicht im Trainingsanzug von Turbine Dresden unter.
Fritsche ist einer der Schnellsten. Nur jetzt nicht auffallen. Daß er nichts spricht, nimmt ihm jeder ab. Wenn man der Beste gewesen ist, drückt die Enttäuschung schwerer.
Im Bus nimmt er einen Fensterplatz und wischt mechanisch mit dem Ärmel die beschlagene Scheibe blank. Trotz des sich heimwärts wälzenden Zuschauerstroms kommt der Bus, von zwei Polizisten eskortiert, an deren Motorrädern Blaulichter zukken, flott vorwärts.
An den Türen sitzen, wie zufällig, die Herren mit den langen Mänteln. Nur die Hüte haben sie abgenommen. Zwei von ihnen rauchen, obwohl das der Trainer normalerweise im Mannschaftsbus von Turbine verbietet.
Viele starren hinaus auf die Autos und die Menschen, aber keiner weiß, was im Kopf des anderen vorgeht.
Das mag mit der Geschichte zusammenhängen, die vor einem Jahr passiert ist. Da haben sie einen im letzten Moment beim Absprung erwischt, und nicht nur er ist eingesperrt worden, sondern noch zwei andere, die bloß Mitwisser waren. Deshalb hat sich Fritsche auch keinen Riedl gesucht. Niemand soll hineingezogen werden, wenn's schiefgeht. Und es gibt keine Garantie.
Er blickt auf die Uhr. Zwanzig nach zehn. In einer Viertelstunde werden sie beim Hotel sein, und in der nächsten Viertelstunde muß es passieren; den Plan hat er auswendig gelernt und dann zerrissen. Jetzt denkt er an die Mutter. Der Vater ist vor zwei Jahren bei einem Arbeitsunfall als Brigadier ums Leben gekommen, und sie werden die Witwe mit den beiden

Töchtern in Ruhe lassen. Alle drei sind überzeugt davon, und alles ist auch mit ihnen besprochen.
Er hat beschlossen, die allerersten Minuten der Ankunft beim Hotel zu nützen und im Trainingsanzug abzuhauen. Wenn die Bullen mit einem Coup rechnen, dann bestimmt erst nach dem Abendessen oder gar spät in der Nacht.
Aber die Madou wird diesmal wohl nicht zum Singen kommen.

25

Der Wagen, der etwa fünfzig Meter vom Hotel entfernt in einer Waldschneise stand, war weder beleuchtet noch besetzt. Der Fahrer stand in einem Gebüsch, das ihn gut tarnte und zugleich freien Ausblick auf die hellerleuchtete Einfahrt gewährte. Es fiel ihm schwer, die Lust auf eine Zigarette zu unterdrücken, aber er hielt sich an die Anweisungen und wurde für seine Selbstbeherrschung belohnt mit der pünktlichen Ankunft des Busses von Turbine Dresden. Der Zeitplan stimmte mit einer so erfreulichen Präzision, daß es fast schon wieder beängstigend war.

Langsam ging der Mann zu seinem Wagen zurück, der kein Münchner Kennzeichen trug und auch nicht auffallend, dafür aber sehr schnell war.

Laut Plan mußte er von nun an am Steuer sitzen, jederzeit zu schneller Abfahrt bereit, denn es war Fritsche überlassen, den Zeitpunkt der Flucht zu wählen. War die Gelegenheit günstig, konnte er es sofort riskieren.

Der Mann am Steuer sah jetzt nicht mehr, was sich vor dem Hotel abspielte, aber er hörte vereinzeltes Händeklatschen, Gäste wohl, die den vergeblichen, aber großen Kampf der Dresdner im Fernsehen verfolgt hatten. Vielleicht, dachte er, hätte ich noch in den Büschen bleiben sollen, um zu sehen, ob die Bullen das Haus bewachen.

Weiter brauchte er nicht zu denken. Auf dem Weg

raste mit langen Sätzen ein Schatten auf ihn zu, und dann stand keuchend ein junger Mann im schwarzgelben Trainingsanzug neben dem Wagen. Die angelehnte Tür wurde aufgerissen, und im selben Augenblick, in dem sich Fritsche in den Sitz fallen ließ, drehte der Fahrer den Zündschlüssel, der Motor sprang an, und mit quietschenden Reifen schoß der Wagen aus seiner Tarnung auf die schmale Forststraße. Nicht einmal eine Minute war seit der Ankunft des Busses vergangen.
Er schaltete die Scheinwerfer erst ein, als sie die erste Biegung hinter sich hatten. Hohe alte Tannen, die zuvor wie eine düstere schwarze Wand ausgesehen hatten, sausten, nun von den hellen Lichtkegeln gestreift, vorbei, und dann war schon kein Schotter mehr unter den Reifen, sondern das graue asphaltierte Band einer Landstraße. Keine Scheinwerfer im Rückspiegel. Nur mattes gelbes Licht drang aus den kleinen Fenstern eines Bauernhauses zur Linken.
Der Mann schaltete höher und legte dann dem immer noch keuchenden Fritsche die Hand auf die Schulter. »Alles okay, Junge. Von Ihren Leuten holt uns keiner mehr!«
Er zog eine Packung Zigaretten aus der Tasche und hielt sie ihm hin, bekam aber nur ein Kopfschütteln zur Antwort. Als er sich eine anzündete, drehte der andere den Kopf nach hinten, um durchs Rückfenster zu blicken.
Niemand verfolgte sie.
»Ich fange an zu glauben, daß es geklappt hat.«
Der Fahrer, der um die Dreißig sein mochte, schlug lachend mit der flachen Hand aufs Lenkrad. »Nach den ersten zehn Metern ist das klar gewesen! Wie sollen eure Bullen ohne Auto eine Jagd veranstalten? Und selbst dann hätten sie keine Chance, die Karre läuft spielend zweihundert!«
Er bog in eine Bundesstraße ein, auf der der Verkehr

reger war. »Auf dem Rücksitz liegt eine Windjacke. Ziehen Sie die über. Wenn uns einer überholt, muß er nicht unbedingt das ›Turbine‹ im Lichtkegel haben.«
Fritsche griff sich die Jacke und schlüpfte hinein. »Sie haben recht. Und wie geht's jetzt weiter?«
»In ein sicheres Haus zunächst mal. Dauert keine halbe Stunde mehr. Aber warum sind Sie eigentlich so unheimlich schnell dagewesen? Ich bin auf der Lauer gelegen, und um ein Haar wären Sie schneller am Wagen gewesen als ich!«
Zum erstenmal, seit er eingestiegen war, huschte der Anflug eines Lächelns über Fritsches Gesicht.
»Ich habe beim Aussteigen aus dem Bus plötzlich so eine Intuition gehabt und alles umgeschmissen. Es dauert ja immer ziemlich lange, weil noch Mannschaftskoffer und solches Zeug herausgeholt werden müssen. Ich bin als erster ins Hotel und habe gemerkt, daß die Bullen noch bei der Ausladerei dabeisein wollen. Aber ich bin nicht zur Rezeption wegen des Zimmerschlüssels, sondern nach links in den Gang zur Toilette. Vielleicht wissen Sie, daß er einen zweiten Ausgang hat.«
»Richtig. Und dann?«
»War ganz einfach. Ich bin dort hinaus und dann durch den Garten geschlichen bis zur kleinen Pforte. Das Haus hat mich abgedeckt, und als ich durch die Pforte war, die auch im toten Winkel liegt, bin ich losgerannt. Der Plan hat genau gestimmt.«
»Und Sie glauben, keiner hat Sie rennen sehen?«
Fritsche zuckte mit den Schultern. »Zurückgeschaut habe ich nicht. Bloß gerannt bin ich wie noch nie in meinem Leben!«
»Wahrscheinlich«, sagte der andere, »haben sie nichts gemerkt. Der Weg zum Wald, den Sie genommen haben, liegt im Dunkeln, und es ist hell und laut gewesen vor dem Hotel.«

»Aber nach spätestens zwei oder drei Minuten müssen sie's gespannt haben.«
»Logo! Aber wissen Sie, wie weit wir da schon gewesen sind? Für die so weit wie der Mond, mein Lieber! Die können auf westdeutschem Boden überhaupt nichts unternehmen.«
»Aber Ärger wird die Bavaria schon kriegen.«
»Das ist nicht unsere Sache. Ich bin übrigens kein Klubmitglied. Hab Sie ganz als Privatmann mitgenommen, verstehen Sie?«
»Sie meinen, als ob ein Anhalter gewinkt hätte?«
»Genau das. Ist ja wohl mein Recht, oder?«
Er lachte und zündete sich eine neue Zigarette an. »In ein paar Minuten sind wir da, und dann werden wir erst mal einen Willkommenstrunk nehmen und was Ordentliches essen. Sie haben schließlich ein bißchen mehr hinter sich als nur ein schweres Spiel!«
Er mußte jetzt langsamer fahren, weil die Straße schmäler wurde und sich in engen Serpentinen bergauf wand.
»Werde ich auf einer Almhütte versteckt?« fragte Fritsche.
Der Fahrer lachte. »So ungefähr, bloß ein bißchen komfortabler. Aber mit Sennerin ist nichts. Sie müssen schon mit mir vorliebnehmen!«

Das Holzhaus mit dem weit ausladenden Balkon war wie aus dem Bilderbuch für Feriensitze wohlbetuchter Leute geschnitten, und die wohlige Wärme, die ihnen beim Eintreten entgegenschlug, ging nicht nur von den glimmenden Holzscheiten im Kamin des Wohnzimmers aus. Und in der Küche war eine kalte Platte gerichtet, die von keinem Bauernmetzger kam.
»Gut vorbereitet, was? Wir haben, wie Sie sehen, nicht nur ans Abhauen gedacht!«
Fritsche nickte, und fast hätte ihm die Geborgenheit,

in die er sich plötzlich wie eingebettet fühlte, feuchte Augen gemacht.
Er wollte wissen, wer das alles hergerichtet hatte, und auch noch weitere Fragen lagen ihm auf der Zunge, aber der andere winkte ab.
»Bevor ich den Kellner spiele, wollen wir uns die Mitternachtsnachrichten ansehen. Es ist gleich soweit, und Sie können Gift drauf nehmen, daß Sie der Star der Sendung sind!«

Auch Pall, der auf Holldorfs Weisung sofort vom Stadion nach Hause gefahren war, hatte den Fernseher eingeschaltet. Bisher war kein Anruf gekommen, und obwohl das nichts Negatives bedeuten mußte, stieg ihm die Nervosität bis in die Haarwurzeln. Erst hatte er die Flasche mit dem Kirschwasser leergemacht und dann sogar eine Zigarette geraucht.
Sie brachten es an erster Stelle und zeigten Peter Fritsche in Großaufnahme. Der Mann, der als Europas bester Mittelstürmer gelte, sei unmittelbar nach der Rückkehr von Turbine Dresden ins Hotel verschwunden, und es fehle jede Spur von ihm.
Das war das Wichtigste. Nur noch mit halbem Ohr hörte Pall, daß Vermutungen, es handle sich hier um eine sorgfältig vorbereitete Flucht, nicht von der Hand zu weisen seien, doch habe der FC Bavaria bisher jede Stellungnahme abgelehnt. Es folgten Spekulationen über einen etwaigen Übertritt Fritsches zur Bavaria, und dann schrillte das Telefon.
Holldorfs Stimme hörte man die Anspannung der vergangenen Stunden an.
»Seit einer Stunde komme ich nicht vom Telefon weg! Die Nachtredakteure der Zeitungen und die Agenturen wollen mich ausquetschen, und die Funktionäre von Turbine machen ein Riesentheater.«
»Sie verdächtigen den Klub?« fragte Pall.
»Kannst du dir ja wohl denken! Aber Fritsche ist in

Sicherheit, und es gibt keine Spur. Morgen früh, wenn Turbine abgefahren ist, sprechen wir weiter. Geh jetzt ins Bett und nimm meinetwegen eine Schlaftablette. Und noch etwas: Es bleibt wie besprochen. Du weißt von nichts, auch der Mannschaft gegenüber. Ende.«

Der Manager überlegte, ob er noch ins Hotel der Ostdeutschen fahren sollte, kam dann aber zu dem Schluß, daß ein nächtliches Palaver mit aufgescheuchten Funktionären und Geheimdienstleuten von nervenaufreibender Nutzlosigkeit sei.

Immerhin hätte er sehen können, daß die Leute, die mit Turbine nicht nur gereist waren, um sich ein Fußballspiel anzuschauen, etwas von ihrem Handwerk verstanden. Mit starken Taschenlampen fanden sie die Stelle, wo der Wagen auf Fritsche gewartet hatte, und in der feuchten Erde entdeckten sie auch Fußspuren, die eindeutig das Profil von DDR-Sportschuhen aufwiesen. Auch die Schuhgröße stimmte, und sie konnten den Weg des Flüchtlings, der ihre Heimkehr zu einem verdammt schweren Gang machte, bis in den Hotelgarten zurückverfolgen. Und an den langen Sätzen konnten sie sich sowohl sein Tempo ausrechnen als auch die Tatsache, daß er sein Ziel kannte. Der hatte sich im Wald kein Loch zum Verkriechen gesucht. Alles war raffiniert vorbereitet, und in den Männern mit den langen Mänteln kochte die Wut um so heißer, als das Alarmieren bundesdeutscher Polizei ungefähr so sinnvoll war wie das Löschen eines Großbrandes mit Teetassen.

Peter Fritsche war nicht der erste, der sich auf diese Weise verabschiedet hatte, aber er war der Beste. Das war ein Unterschied, der Männern, denen Furcht ein Fremdwort war, Angst vor der Heimkehr machte.

Und sie brauchten gar nichts nach drüben zu melden. Die ersten Anrufe aus Dresden und Ostberlin kamen schon kurz nach Mitternacht. Die Chancen einiger Karrieren schmolzen zusammen auf das, was einen Schneeball in der Hölle erwartet.
Also war Holldorf doch gut beraten, keinen Besuch mehr in diesem Quartier gemacht zu haben, in dem es nicht weniger heiß herging.

26

Am nächsten Tag trainierte die Bavaria erst nachmittags, lange nachdem Turbine Dresden die freudlose Heimfahrt angetreten hatte. Fritsche war bei der Mannschaft Thema eins wie in den lokalen Zeitungen, die ihre Rotationen angehalten hatten, um die Sensation noch nachzuschieben. Und in keinem der eiligen Kommentare fehlte die Vermutung, daß die Bavaria sich einen großen neuen Mittelstürmer geholt habe.

Im Umkleideraum bedrängten die Spieler Durkovic. Aber der Trainer schwor Stein und Bein, nicht mehr zu wissen als sie, und er war nie in seinem Leben ehrlicher gewesen.

Selbst Furtner begann es zu glauben.

»Gehn wir auf den Platz«, sagte er zu den anderen, »und warten wir auf Holldorf. Wenn einer was weiß, ist er's, und ich wette zehn Kisten Champagner, daß er was weiß!«

Aber als der Manager kam – nach dem Training, und sie hatten schon Dusche und Entmüdungsbecken hinter sich –, gab es eine neue Enttäuschung.

»Noch wissen wir gar nichts«, sagte Holldorf mit einem kaum angedeuteten Seitenblick auf Pall und Riedl, »aber wenn ihr's genau wissen wollt, dann vermute ich, daß sich Fritsche heute noch beim Klub melden wird. Wie ihr wißt, hat es ähnliche Fälle in Frankfurt und Kaiserslautern gegeben. Daß er mit Fußball aufhören und bei einer Großmutter unter-

schlupfen will, glaube ich so wenig wie ihr. Ihr habt ja gesehen, daß er uns beinahe allein aus dem Europapokal geworfen hätte. Klar also, daß er einen Klub sucht, und einen attraktiveren als die Bavaria kann er nicht finden. Der Junge hat, so, wie ich es sehe, seinen Coup sorgfältig geplant, und jetzt warte ich auf ein Zeichen von ihm.«
»Wir auch«, brummte Furtner, »aber ich habe das verdammte Gefühl, daß du uns doch mehr sagen könntest!«
»Tut mir leid«, sagte Holldorf und streckte die leeren Handflächen von sich, »mehr kann ich zu der Sache im Augenblick nicht sagen, und ich möchte, daß keiner den Journalisten, die draußen lauern, etwas anderes erzählt. Sie bombardieren mich schon den ganzen Tag, und ich kann bloß jedem in seinem eigenen Interesse und in dem des Klubs empfehlen, nichts anderes weiterzugeben als diesen Stand der Dinge.«
»In Ordnung«, sagte Furtner, »das war wenigstens eine Nuance deutlicher. Wir wissen jetzt, daß wir nichts wissen, und warten auf weitere Informationen vom Klub. Ist das klar?«
Sein Blick ging in die Runde, und alle nickten. Auch Pallmann und Riedl.
Später, als sie umgezogen waren, nahm Holldorf Pall beiseite und flüsterte: »Ich komme heute abend bei dir vorbei, so zwischen acht und neun. Sei also zu Hause.«
Pall nickte, nahm seine Tasche und ging zu seinem Auto. Nächste Woche würde es der neue Sportwagen sein.

Holldorf kam erst um halb zehn und ließ sich mit dem Ächzen eines alten Mannes in den Sessel fallen. »In der Nacht kein Auge zugetan, und heute den ganzen Tag Wirbel. Das wirft den stärksten Mann um, glaub's mir! Und nicht nur die Reporter wollen wissen, wo Fritsche ist, sondern natürlich auch die Polizei.«

»Die Polizei?«

»Logisch! Ist schließlich kein Bagatellfall, oder? Wir können ihn gar nicht länger verstecken. Morgen mache ich eine Pressekonferenz und stelle ihn vor.«

»Einfach so?« Pall bekam seine großen Kinderaugen.

»Einfach so! Ich komme gerade von ihm, und es ist alles besprochen. Für die Öffentlichkeit hat er das Ding mit einem Freund, dessen Namen er natürlich nicht preisgeben wird, vorbereitet. Dann hat er sich mit mir in Verbindung gesetzt, und es ist wohl klar, daß ihm die Bavaria bei dem ganzen technischen Kram der Asylfragen behilflich ist, oder?«

»Und daß er einen Vertrag kriegt!«

Das Grinsen des Managers geriet zur Grimasse. »Daß die Sache ein Gerüchlein hat, ist klar, und daß sie mit Fragen bohren werden, auch. Ich würde jeden Betrag zusammentrommeln, wenn er gleich spielberechtigt wäre, aber um ein Jahr Sperre kommen wir halt nicht herum. Und deshalb kann er auch nicht gleich einen Vertrag kriegen.«

»Aber er muß doch leben!«

»Natürlich werden wir uns um ihn kümmern. Fünftausend im Monat, denke ich, so ähnlich wie du am Anfang, und wohnen muß er auch wo. Das ist übrigens auch einer der Gründe, warum ich hier bin.«

»Er soll bei mir wohnen?«

»Du hast keine lange Leitung, Pall. Deine Wohnung gehört dem Klub, und du weißt, daß er über sie verfügen kann. Aber es ist genug Platz für zwei, und es wird wohl keine Probleme geben, oder?«

»Ein bißchen überraschend«, sagte Pall, »kommt es schon, aber ich denke, man sollte ihn am Anfang auch nicht allein lassen.«

»Richtig, Junge! Vieles wird für ihn ungewohnt sein, und auch manches nicht so hübsch glitzernd, wie er es sich vorstellt. Er wird einen zum Reden brauchen, und wenn ich an Dresden denke, bist du genau der Richtige, findest du nicht?«
»Aber ich hoffe, daß sich der Klub um alles andere kümmert.«
»Ist doch klar.«
Holldorf stand auf und öffnete die Tür zu Palls Schlafzimmer.
»Wenn ich's recht sehe, muß bloß ein zweites Bett her, oder?«
»Eine Schlafcouch fürs Wohnzimmer«, sagte Pall, »wäre mir lieber. Riecht so nach Trainingslager, zu zweit in einem Zimmer, und ich finde es ganz gut, wenn jeder seine Tür zumachen kann.«
»Von mir aus. Wird morgen alles erledigt.«
»Aber er braucht was zum Anziehen und was weiß ich noch alles. Bis jetzt kann er ja noch kein Hemd auf dem Leib haben.«
»Ist alles schon eingeleitet, Pall. Morgen abend wird er mit zwei Koffern einziehen, in denen nichts fehlt. Aber über alles andere wirst du den Mund halten wie bisher. Auch vor der Mannschaft. Der Klub nimmt Fritsche auf, aber von den Umständen seines Absprungs hat er keine Ahnung. Ist das klar?«
»Von mir«, sagte Pall, »erfährt keiner was.«
»Täusch dich nicht in den Pressefritzen! Sie können zäh sein, und das Bohren wird auch nach der Pressekonferenz weitergehen. Erst wenn sie tatsächlich nichts zum Nachhaken finden, werden sie Ruhe geben.«

Der große Saal des Klubhauses war bei der Pressekonferenz überfüllt, und es waren nicht nur Leute von der Fachpresse da. Holldorf bewies mit seinen einleitenden Worten bemerkenswertes Geschick, indem er auf Peter Fritsches Intimsphäre hinwies und auf die Verantwortung der Medien. Er stellte die Flucht als ureigene Privatangelegenheit des jungen Mannes dar, der mit offenem Sporthemd und grauer Flanellhose im Kreuzfeuer der Kameras neben ihm saß und mit sicherer Stimme Fragen, je nach Inhalt, parierte oder beantwortete. Das jungenhafte Gesicht erinnerte ein wenig an Pallmann, aber die Schultern waren breiter, und er mochte fast einen halben Kopf größer sein.

Ob er Gelegenheit zum Ausschlafen gehabt habe, wollte ein Reporter wissen, und als Fritsche lächelnd nickte, kam von hinten wie ein Pfeil die Frage »Wo?« angeschwirrt.

»Nicht im Wald«, sagte Fritsche, aber die Lippen wurden schmäler, und das Lächeln in den grauen Augen war kälter geworden. »Und mit der Bavaria habe ich erst heute morgen Fühlung aufgenommen.«

Holldorf bekundete ergänzend das natürliche Interesse des Klubs an einem so außergewöhnlichen Mittelstürmer und führte das Thema damit auf rutschfesteres Terrain. Ein Jahr Sperre durch die Europäische Fußball-Union sei leider unvermeidlich, aber angesichts der Jugend des Spielers kein allzu großes Handikap.

»Mit zweiundzwanzig hat er noch nicht einmal den Höhepunkt seiner Leistungsfähigkeit erreicht, und jeder hat sich davon überzeugen können, von welcher Klasse sie ist!«

Einige klatschten, und dann wollte eine Journalistin wissen, ob er auch bundesdeutscher Nationalspieler werden wolle.

»Darüber«, sagte Fritsche und zuckte mit den Schultern, »kann man wohl heute noch nicht reden. Auf alle Fälle komme ich nie mehr zu einer Weltmeisterschaft, weil man nur spielberechtigt ist für das Land, in dem man geboren wurde.«

Noch eine halbe Stunde stand der zukünftige Mittelstürmer des FC Bavaria im Kreuzfeuer mehr oder weniger gescheiter Fragen, und als einer wissen wollte, wo er wohne, blockte Holldorf ab.
»Das wird sich zeigen. Schließlich sind wir auch von den Ereignissen überrascht worden, und ich möchte Sie herzlich bitten, Herrn Fritsche, auf den jetzt so manches Problem zukommt, in den nächsten Tagen in Ruhe zu lassen.«
Das wirkte. Zwar wußte der Manager, daß die Boulevardpresse nicht lange brauchte, um den Mann, der morgen die Schlagzeilen machen würde, aufzustöbern, aber es war Zeit gewonnen für einen ruhigen Einzug bei Pall, und außerdem erhoffte er sich ein ganz natürliches Erlahmen des Interesses an einem Namen, der sportlich gesehen zunächst einmal auf Eis lag.
In seinem Schlußwort appellierte er noch einmal an die Fairneß der Journalisten, die es plötzlich sehr eilig hatten, in die Redaktionen zu kommen, weil sie an diesem Tag sehr wichtige Leute ihrer Zeitungen waren.

Holldorf selbst fuhr am späten Abend Peter Fritsche in Palls Wohnung, und noch ehe die beiden Koffer im kleinen Flur abgestellt waren, spürte er das beruhigende Gefühl, eine richtige Entscheidung getroffen zu haben.
Die beiden Spieler begrüßten einander wie Freunde, die etwas Ungewöhnliches miteinander fertiggebracht haben, und obwohl er vor Müdigkeit kaum noch die Augen aufbrachte, nahm der Manager den Sessel an, den ihm Pall anbot. Die Schlafcouch war schon mit Leintuch, Steppdecke und Kissen für die Nacht hergerichtet.
Holldorf grinste mit geröteten Augen, denen der Schlaf fehlte. »Ich habe nicht gewußt, daß du auch

Hausfrauenqualitäten hast, Pall!« Dann schwenkte er, sich eine Zigarette anzündend, zu Fritsche hinüber: »Nicht schlecht, wenn man sich nach diesem Wirbel in ein gemachtes Bett legen kann, was?«
»Kann mal wohl sagen, Herr Holldorf. Und ich bin froh, daß es bei Pall ist. Ohne ihn säßen wir jetzt nicht hier.«
»Stimmt, Junge. Aber vielleicht hat es auch etwas mit meiner Nase zu tun. Als ich Pall zur Bavaria holte, habe ich dich natürlich nicht mit einkalkuliert, aber das Gefühl, daß er uns mehr bringen würde als das Übliche, war unheimlich intensiv. Nenn es meinetwegen Intuition. Auf alle Fälle ist es etwas, auf das ich mich verlassen kann.«
»Und auf alle Fälle«, sagte Fritsche, »ist er auch der Mann, der euch in den beiden Europapokalspielen gegen uns gerettet hat. Bei der Pressekonferenz habe ich gemerkt, daß das wegen mir fast untergegangen ist.«
»Stimmt.« Holldorf nickte und langte nach Palls Arm. »Ohne ihn säßen wir nicht bloß nicht hier, sondern wären raus aus dem internationalen Geschäft. Und das wiederum hätten wir einem gewissen Herrn Fritsche zu verdanken gehabt, der uns in beiden Spielen niedermachen wollte. Weißt du überhaupt, daß ich Pall zur Halbzeit im Olympiastadion davon überzeugen mußte, daß du keinen Türken bauen, sondern tatsächlich kommen wolltest? Leicht hast du's uns wirklich nicht gemacht!«
»Durfte ich auch nicht.« Peter Fritsche hob die rechte Hand und streckte den Zeigefinger vor wie einer, der auf einer Wandtafel etwas klarmachen will. »Sie haben mich im Visier gehabt, wenn ihr begreift, was das bei uns bedeutet.«
»Klar«, brummte Holldorf. »Ich hab das dem Pall zur Halbzeit auch erklärt. Aber du mußt anfangen, dir etwas abzugewöhnen.«

»Und das wäre?«
»Du sprichst immer noch in der alten ›Wir‹-Form. Vorhin hast du gesagt, Pall habe die Bavaria gegen ›euch‹ gerettet, und jetzt machst du weiter. Du fragst, ob wir verstehen, was es bei ›euch‹ bedeutet, wenn sie einen im Visier haben.«
Fritsche runzelte über irritierten Augen die Stirn.
»Sieh mal, Peter Fritsche, du gehörst jetzt zu uns, und ›wir‹ bedeutet für dich Bavaria. Das geht nicht von heute auf morgen, aber ich bin sicher, daß dir Pall dabei helfen wird. Mich entschuldigt ihr jetzt, sonst schlafe ich noch am Steuer ein. Ein solcher Transfer steht nämlich nicht im Lehrbuch der Manager und kostet Nerven. Ich wünsche dir eine gute Nacht im neuen Nest, Peter Fritsche, und sehe dich morgen früh auf der Geschäftsstelle!«
»Über einen solchen Manager«, sagte Fritsche, als Holldorf gegangen war, »kann man nur staunen! Du mußt mal sehen, was er alles an Klamotten angeschleift hat, und vorher hat er mir eigenhändig die Maße genommen.«
»Stimmt, er kann arbeiten wie ein Pferd, aber mit Köpfchen, und das ist auch eines der Geheimnisse von der Bavaria. Er verdient natürlich auch gut, aber er ist kein Absahner wie die meisten.«
»Auch als Spieler hat er mir gefallen. Ich habe ihn oft im Fernsehen gesehen, als ich noch in Erfurt spielte.«
Pall war überrascht.
»Das habe ich nicht gewußt. Wann bist du transferiert worden?«
»Vor zwei Jahren. Aber das ist nicht wie bei euch, es war sozusagen eine Versetzung. Sie konzentrieren Nationalspieler, die zusammenpassen, gerne in einem Klub.«
»Wir wissen wenig von drüben«, sagte Pall.
Fritsche lachte. »Wir um so mehr von euch. Fast in der ganzen DDR kannst du Westfernsehen empfan-

gen; nur im Dresdner Becken braucht man Spezialantennen, und auch dann ist der Empfang mies.«
Er lehnte sich in den Sessel zurück und versuchte vergeblich, ein Gähnen zu unterdrücken. »Ich glaube, wir sollten ins Bett, Pall. Es hat doch verdammt viel Nerven gekostet.«
»Aber zuerst sagst du mir noch, wie du abgehauen bist. Ich habe eine Riesenangst gehabt!«
»Meinst du, ich nicht? Wenn sie mich auf diesen fünfzig Metern geschnappt hätten, könnte ich jetzt durch Gitterstäbe gucken.«
Dann erzählte er in ein paar kurzen Sätzen, was er seinen Absprung nannte.
Pall hörte mit großen Augen zu, war aber immer noch nicht zufrieden.
»Und warum hast du gespielt wie ein Weltmeister und uns beinahe allein aus dem Pokal geschmissen?«
»Das«, sagte Fritsche und hob die Schultern, »ist eigentlich gar nicht geplant gewesen. Und du wirst lachen, wenn ich dir sage, daß ich selber gar keine richtige Erklärung dafür habe. Ich habe schon in der letzten Nacht darüber nachgedacht und kann es nur so sehen, daß das Spiel, genau wie das erste in Dresden, ganz anders als alle anderen für mich war. Überhaupt keine Nervenbelastung, wenn du das verstehen kannst. Erklären kann ich es mir nur so, daß mich das Spiel von der anderen Angst befreit hat. Der Ball hat sie weggeblasen und mich auf eine ganz eigenartige Weise, die ich nie vorher gespürt habe, freigemacht. Wenn ich in den schwierigsten Situationen etwas probiert habe, ist es gelungen, verstehst du? Beschreiben kann man das nicht. Wahrscheinlich ist es nichts anderes als ein Abreagieren der Angst gewesen.«
»Ich glaube, ich verstehe es«, sagte Pall. »Dir ist alles geglückt, was du angepackt hast, weil es eigentlich gar nicht darauf angekommen ist, sondern auf etwas

ganz anderes. Wir müssen das einmal meinem Psychologen erzählen.«
»Du hast einen Psychologen?«
»Sagen wir, ich habe mal einen gebraucht, als mein Selbstvertrauen im Eimer gewesen ist. Das war ganz am Anfang bei der Bavaria. Ich werd's dir mal erzählen, aber jetzt wollen wir schlafen.«

27

Am nächsten Tag war Freitag, und sie fuhren ins Trainingslager an den Tegernsee, weil sie ein Heimspiel gegen Kaiserslautern hatten. Fritsche wurde mitgenommen, und draußen erklärte Holldorf der Mannschaft seine neue Situation.
Da er mit Pall die Wohnung teilte, sollten die beiden auch hier Zimmergenossen sein, und außer Riedl störte das keinen. Er kam sich abgeschoben vor, obwohl er ja auch sein Teil dazu beigetragen hatte, daß es jetzt einen Fritsche im Klub gab. Auf einem einsamen Waldspaziergang versuchte er, seinen Ärger abzureagieren.
Peter Fritsche erlebte das Spiel gegen Kaiserslautern auf der Tribüne und mußte die Hände von vielen Leuten schütteln, die schier vor Gönnerschaft zerschmolzen. Ehe das Spiel anfing, hatte er schon ein Dutzend Visitenkarten in der Tasche nebst der Zusicherung, man werde ihm helfen, falls irgendwelche Probleme auftreten sollten. Die Schickeria der Bavaria zeigte sich von ihrer süßesten Schokoladenseite.
Auch die Sängerin Madou gab ihm die Hand, und einen Augenblick lang glaubte er, sie würde ihn umarmen. Aber lächelnd zog sie den Kopf zurück, sagte ihm, er sei ein cleverer Junge, und wünschte ihm weiterhin Glück.
Nicht nur sie trug einen teuren Pelzmantel, sondern auch ihr Begleiter, und Fritsches Freude wurde durch diesen stenzenhaften Anblick verwässert.

Dann ließ er sich packen von einem Spiel, das lange Zeit auf des Messers Schneide stand und bei dem man der Bavaria anmerkte, wieviel Kraft sie im Kampf mit Turbine Dresden gelassen hatte. Auch Pall spielte, wie ihm schien, erheblich unter seinen Möglichkeiten, und wenn man genau hinsah, dann war der Umschwung nach der Pause eigentlich nur Furtners Ruhe und Übersicht im Mittelfeld zu verdanken.
Und Tönes, der Mann, den er ablösen sollte, erzielte die beiden Tore zum mühsamen 2:1-Sieg.

An diesem Abend lud Pall seinen neuen Wohngenossen zum Essen in ein kleines Lokal ein, das man in fünf Minuten von der Wohnung zu Fuß erreichte und das er wegen seiner angenehmen Atmosphäre schätzengelernt hatte.
Eigentlich hatte Fritsche ihn einladen wollen, aber lachend hatte Pall ihm vorgerechnet, wie leicht es ihm fiel.
»Sieh mal, ich habe in drei Tagen allein zehntausend Mark Prämie gemacht – achttausend gegen euch und zweitausend gegen die Lauterer.«
»Aber jedesmal«, sagte Fritsche und grinste, »hätte es auch ins Auge gehen können.«
»So ist unser Job. Aber du wirst zugeben, daß ich es mir leisten kann, dich einzuladen. Ich schätze, daß es gar nicht leicht für dich werden wird, ein Jahr lang nicht einmal an Prämien hinriechen zu dürfen.«
Fritsche legte die Gabel beiseite, nahm einen Schluck Rotwein und stellte das Glas gelassen wieder hin.
»Ich weiß es nicht, Pall, nein, ich weiß es wirklich nicht. Im Moment spüre ich nichts als Geborgenheit, und du hättest sehen sollen, mit welcher Freundlichkeit ich auf der Tribüne aufgenommen worden bin. Von vornehmen Leuten, meine ich.«

Pall zog mit einem Schluck Wein nach, machte aber ein Gesicht, als ob er in die sauerste Zitrone gebissen hätte.
»Glaub bloß nicht, daß die alle so fein sind, wie sie tun! Und du mußt auch noch ein Auge für echte und falsche Millionäre kriegen. Es ist eine Schickeria, die sich für unheimlich wichtig hält, aber wenn du genau hinsiehst, sind die Fans in der Kurve für den Klub wichtiger, denn er kann nur von Popularität leben und nicht von Bonzen!«
Fritsche zog ein gutes Dutzend Visitenkarten aus dem Blazer, den ihm Holldorf im Schnellverfahren besorgt hatte und der beinahe wie angegossen saß. Wie Spielkarten legte er sie zwischen Tellern und Gläsern auf den Tisch.
»Hübscher Nullouvert«, grunzte Pall und fing an, einzusammeln. Nur vier Karten blieben auf dem Tisch liegen.
»Die anderen kannst du wegschmeißen. Lauter Angeber und Halbseidene. Nach einem halben Jahr bekommt man Durchblick.«
»Ich gebe zu«, sagte Fritsche und ließ den Rotwein im matten Licht der Tischlampe funkeln, »daß ich den nicht habe, aber es ist einfach phantastisch, so aufgenommen zu werden. Den meisten Formalitätenkram erledigt Holldorf für mich, und wenn ich denke, daß andere durch Lager geschleust werden und dann noch lange keinen Job haben, komme ich mir wie ein König vor.«
Pall nickte.
»Da ist was dran. Aber nur, weil du einen Namen hast. Wenn einer eurer Reservespieler hiergeblieben wäre, würde er jetzt auch erst mal Lagersuppe löffeln, und die Bavaria würde keine müde Mark investieren. Im übrigen darfst du dir da nichts vormachen: Du bist da, weil wir eine sehr teure und zum Erfolg verdammte Mannschaft sind.«

»Heute waren aber bloß achtzehntausend Zuschauer da. Ich hatte mit vierzigtausend gerechnet.«
»Siehst du.« Pall deutete auf die Eisbecher, die der Ober zum Dessert brachte. »Früher hätte ich drei von diesen Dingern genommen, heute lasse ich die Hälfte stehen. Im Fußball ist es genauso. Unser Publikum ist verwöhnt, und wir haben keine spanischen Verhältnisse. Der FC Barcelona hat mit seinen einhunderttausend Socios praktisch bei jedem Heimspiel den Laden voll.«
»Was sind Socios?«
»Mitglieder mit Dauerkarten. Deswegen sage ich dir, daß die kleinen Leute für den Klub wichtiger sind als die paar Bonzen, die einen satten Aufschlag zu ihrer Dauerkarte zahlen, um bei Halbzeit eine elegante Brotzeit im Raum der Ehrengäste zu kriegen. Furtner sagt, daß es für sie Zirkus ist und wir die Zirkuspferde sind.«
»Aber der ist doch der allerletzte, der sich dressieren läßt, oder?«
Pall löffelte grinsend aus seinem Eisbecher. »Scheint sich herumgesprochen zu haben. Aber ich will dir mal was sagen: Wenn der von Pferden spricht, dann meint er große Futterkrippen, und seine muß die größte sein.«
»Macht er tatsächlich eine Million im Jahr?« fragte Fritsche. Er konnte es sich einfach nicht vorstellen.
»Das kommt leicht hin. Aber du mußt bedenken, daß die Hälfte von Werbung kommt und daß er da eben bessere Verträge macht als andere. Solche, die ohne Zeitaufwand viel bringen. Der sortiert lieber seinen Weinkeller, als wie ein Irrer von einer Autogrammstunde zur anderen zu rasen, und da kommt höchstens noch Rumnick mit, der sich jetzt sogar einen japanischen Werbevertrag geschnappt hat. Da brauchst du bloß ab und zu einen schlitzäugigen Fotografen anzulachen und zu kassieren. Für Auto-

grammstunden außerhalb der Stadt, wie ich's mache, kriegst du von denen keinen mehr, aber sie haben schließlich auch einmal so angefangen, und ich bin ganz zufrieden damit.«

»Ich bin sogar ohne Autogrammstunden zufrieden.«

»Der Appetit«, sagte Pall, »kommt mit dem Essen. Täusch dich da nicht. Und ich weiß ehrlich nicht, wie ich jetzt ein Jahr Sperre überstehen würde. Vielleicht ist es ganz gut, daß du noch nicht richtig in den Profibetrieb reingerochen hast.«

»Ich glaube schon, daß ich warten kann. Was ich brauche, bekomme ich, und das Spielen kann ich schließlich nicht verlernen, wenn ich im Training bleibe, oder?«

»Das nicht, aber Wettkampfpraxis ist nicht zu ersetzen, und es werden Tage kommen, wo es dir stinkt. Das glaubst du jetzt vielleicht noch nicht, aber wenn einer von deiner Sorte nicht spielen darf, ist es anders als bei den kleinen Pfeifen. So was spüre ich.«

»Man wird sehen«, sagte Fritsche und trank seinen Wein aus.

Pall verlangte die Rechnung, und das brachte ihn auf eine praktische Idee.

»Logisch, daß du ein Auto brauchst. Du kannst zwar mit mir zum Training fahren, aber du willst ja auch selber mal was unternehmen. Hat Holldorf schon was gesagt?«

Fritsche schüttelte den Kopf.

»Dann mach ich dir einen Vorschlag: Nächste Woche kriege ich meinen Sportwagen, und du nimmst dann erst mal meine alte Karre, bis sich was Besseres findet.«

»Das kann ich nicht annehmen, Pall!«

»Ist er dir vielleicht nicht gut genug?«

»Quatsch, Pall! Aber du tust schon genug für mich, und ich kann ja beim Klub einen Kredit aufnehmen.«

»Auch das ist Quatsch. Halt dein Geld erst mal zusammen und betrachte den Wagen meinetwegen als geliehen. Verkauft ist er schnell, wenn's sein muß.«
So kam Peter Fritsche nach den beiden gefüllten Koffern von Holldorf auch zu einem Auto. Ein vielversprechender Start in die neue Karriere.

Zu Fritsches erstem Training bei der Bavaria kamen ein paar hundert Neugierige, und sie wurden nicht enttäuscht. Beim Spielchen, das Trainer Durkovic an die Gymnastik anhängte, ließ er keine Schüßchen los, sondern so großkalibrige Brocken, daß mitleidige Blicke zum langen Tönes flogen. Und sogar Furtner klatschte ein paarmal in die Hände, was im Grunde das gleiche bedeutete.
Ein Jammer war nur, daß diese Kanone nicht in Stellung gebracht werden konnte. An Fritsche glitt solches Bedauern zunächst ab, weil die Gewißheit, anerkannt zu werden, andere Gefühle verdrängte. Aber als er aus den Schlagzeilen verschwand, verliefen sich auch die Neugierigen, und sein Alltag wurde seltsam eunuchenhaft.
Profi-Alltag hat etwas von der Monotonie des Torfstechens. Nicht unbedingt Akkord, aber immer das gleiche, und diese Phantasielosigkeit wird nur durch ein Ziel erträglich, das Spiel, Punkte und Prämien heißt. Aber den goldenen Boden, den die Galeere des Trainings bei der Bavaria hatte, bekam Peter Fritsche nicht unter die Füße.
Bei den Auswärtsspielen war er nie dabei. Holldorf hielt es für unnötig, und er war dem Manager sogar dankbar, weil ihn schon das Trainingslager am Tegernsee, in das sie ihn vor den Heimspielen mitnahmen, zu bedrücken begann.
Es ist ein gewaltiger Unterschied, ob du das 24 Stunden entfernte Spiel in dir prickeln fühlst oder nicht. Wenn Fritsche ein Prickeln spürte, dann war es das

Prickeln einschlafender Füße, und er ertappte sich dabei, Ersatzspieler zu beneiden, die von Durkovic für so schwach eingestuft wurden, daß sie sich nur eine Chance ausrechnen durften, wenn vier oder fünf Stammspieler der Schlag träfe.
Pall bemerkte Fritsches Niedergeschlagenheit sehr wohl, und er spürte sie am stärksten, als ihm der Bundestrainer Hoffnung auf die Nationalmannschaft machte. Schon zweimal hatte er angerufen und ihn gelobt, und er hatte sich auch, was noch wichtiger war, mit Furtner besprochen.
Walter Pallmann, das war jedem klar, der sich für das Spiel interessierte, stand auf dem richtigen Sprungbrett. Sogar von großen spanischen und italienischen Klubs waren schon Offerten gekommen.

»Für einen, der noch nicht zwanzig ist, machst du Riesenschritte«, sagte Fritsche, als sie an diesem Abend im gemeinsamen Wohnzimmer saßen.
Das stimmte, aber es war etwas am Unterton, das Pall die Freude verdarb. Und zum erstenmal ärgerte er sich über Fritsches Depressionen.
»Willst du mich madig machen? Du bist gerade zweiundzwanzig und hast fünfundzwanzig Länderspiele hinter dir, und ich denke, daß das erste auch für dich etwas Besonderes gewesen sein muß. Oder bist du mit dem gleichen Sauertopfgesicht hineingegangen, mit dem du mich jetzt seit Wochen nervst?«
»Leck mich doch am Arsch!«
Und Pall goß neues Öl ins Feuer ihres ersten wirklichen Streits. »Ich habe wohl überhaupt nichts für dich getan, was?«
»Morgen ziehe ich aus. Eine Bude kann ich mir noch leisten, und dein Auto kannst du dir an den Hut stekken!«
Pall ballte die Faust, daß die Knöchel weiß wurden, und knallte sie auf den Couchtisch. »Dann hau doch

ab, du verdammter Neidhammel! Kopf und Kragen hab ich für dich riskiert, und dann hab ich dich noch ins Haus geholt, statt mir eine Mieze zu nehmen wie der Riedl oder andere. Aber jetzt hab ich die Schnauze voll von deinem täglichen Gemecker! Warum bist du nicht in deinem Scheißland geblieben, und was kann ich dafür, daß dir die UEFA ein Jahr Sperre aufgebrummt hat! Das hast du vorher gewußt, und ich Idiot habe mich bemüht, dir ein Kumpel zu sein in einem Klub, in dem Kameradschaft, die es vielleicht bei euch drüben noch gibt, nicht so groß geschrieben wird wie der Zaster! Pack ruhig deine Klamotten, und es wird mir nichts fehlen, wenn du weg bist!«

Fritsche stand so brüsk auf, daß er fast den Tisch umgeworfen hätte. Mit langen Schritten ging er durchs Zimmer, aber er drückte die Türklinke nicht, sondern wiederholte seinen Rundgang.

Dreimal ging das so, ehe er stehenblieb. Er hatte den Unterkiefer vorgeschoben, und sein Atem ging schwer.

»Vielleicht bin ich zu weit gegangen.« Er preßte es tonlos aus schmalen Lippen hervor und vermied es, Pall anzusehen. »Es müssen die Nerven sein. Ich trainiere jede Woche, als ob ich am Samstag spielen müßte. Weißt du, was das ist?«

Pall zuckte die Schultern, und es sah nicht nach Einlenken aus.

»Spinnerei ist das, Wahnsinn! Genausogut kann ich in den Wald gehen und Bäume umspielen! Ich mache mich fit für nichts, verstehst du? Das ist, wie wenn du mit einer schönen Frau Vorspiele machst und dann aus dem Bett geschmissen wirst!«

Palls gerunzelte Stirn begann sich zu glätten. »Ich habe, wenn du dich erinnern kannst, vorausgesehen, daß es Probleme gibt. Einem wie dir fällt das Warten schwerer, als sogar Holldorf glaubt, obwohl er es ei-

gentlich wissen müßte. Jetzt haben wir uns hochgereizt wie Hähne, und vielleicht sollten wir etwas dagegen tun.«
»Was meinst du?«
»Einen saufen. Von mir aus auch eine Disco. Du kannst dir's eher erlauben, aber ich steh's auch durch.«
Fritsche streckte ihm die Hand hin. »Danke, Pall. Aber morgen früh ist Training. Für dich ist es wichtig, doch ich habe das verdammte Bedürfnis, einmal eine Sache zu schwänzen, die mich keinen Schritt weiterbringt. Was hältst du davon, wenn ich mal allein losziehe?«
»Eigentlich nicht viel, wenn ich ehrlich sein soll. Vielleicht ist das auch so eine Art von Neid, verstehst du?«
»Weil es völlig egal ist, ob ich Kondition habe oder nicht?«
»So ungefähr. Man hat als Profi Geld, von dem andere nur träumen können, aber man liegt falsch, wenn man sie deshalb für Deppen hält. Sie können nach Feierabend machen, was sie wollen, und manchmal möchte ich nichts weiter in der Tasche haben als Freiheit!«
»Das«, sagte Fritsche, »siehst du zu westlich. Du hast auch als Profi Freiheiten, von denen man im Osten nur träumen kann, und außerdem redest du Unsinn. Du würdest dumm gucken, wenn du plötzlich nichts anderes mehr als Freiheit in der Tasche hättest. Das merke ich ja schon, wenn mein Taschengeld klimpert. Außerdem hast du ja jetzt ein Riesenauto.«
»Um zum Training zu fahren«, knurrte Pall. »Noch nicht einmal einen richtigen Ausflug habe ich gemacht!«
»Gut, das kommt noch. Wenn einer von uns Geduld braucht, bin eher ich's, meinst du nicht? Und deshalb

ziehe ich los heute abend, ehe mir die Decke auf den Kopf fällt, und ich weiß auch schon, wohin!«
Pall bekam seine großen Kinderaugen.
»Ein Mädchen?«
Der andere nickte, und ein kleiner Schuß eitler Selbstbestätigung war darin. »Die, von der ich dir erzählt habe.«
»Aber du hast doch gesagt, es ist dir zu umständlich, weil man ein Vierteljahr braucht, um so was umzulegen. Sie ist eher eine Rosi Mittermaier als eine Madou!«
»Aber sie hat Seele, mein Lieber, Seele! Und auch Seelchen sind zu knacken. Heute abend ist sie fällig. Ich muß endlich wieder einmal ein Tor schießen, wenn du das verstehst.«
Palls Kinderaugen wurden schmäler, weil sich wieder Neid hineinschlich, und er wußte nicht, wie sehr er sich entblößte.
»Wollen wir nicht lieber zusammen ausgehen?«
»Wer Glück im Spiel hat, soll anderen ein bißchen Glück in der Liebe lassen, meinst du nicht?«
Und obwohl Pall das eher als Rache denn als ausgleichende Gerechtigkeit empfand, gelang ihm ein säuerliches Grinsen. Aber der andere hatte noch nicht genug.
»Hör mal, Pall, ich hätte da noch eine Bitte.«
»Du willst sie zum Schlafen mitbringen?« Er machte, ohne es zu wollen, das Gesicht eines Vaters, der über die Moral des heimischen Herdes wacht.
»Das nicht. Aber ich möchte, daß du mir dein neues Auto leihst. Wäre unheimlich gut für mein Selbstvertrauen, wenn du das verstehen kannst.«
»Jetzt spinnst du aber. Als ob es darauf ankäme!«
»Warum hast du's dann gekauft?«
»Weil . . . weil ich mir's leisten kann.«
»Siehst du, jetzt willst du mir zeigen, wie hoch du über mir stehst!«

Pall bekam böse Augen und trommelte nervös auf die Tischplatte. »Hör mit dem Quatsch auf und nimm die Kiste!«
Er ging zur Garderobe im Flur, kramte in seinem Jackett und warf die Schlüssel auf den Tisch. »Ich geh schlafen!«

28

Das Telefon weckte ihn kurz nach Mitternacht. Es klingelte lange, weil Palls erster Schlaf tief war wie der eines Kindes. Holldorf war am Apparat, und was er mit schneidender Stimme sagte, nahm Pall den Atem.

»Fritsche liegt im Krankenhaus Holzkirchen. Schwerer Beinbruch, Gehirnerschütterung, und was sonst noch ist, wissen sie nicht. Und dein Auto ist futsch, Totalschaden. Wieso eigentlich dein Auto?«

Pall zog sich einen Stuhl an den Apparat, brachte aber kein Wort über die Lippen.

»Wieso hatte er dein Auto, Mann?«

»Ich ... ich hab's ihm geliehen. Er geht kaum weg sonst, ehrlich!«

»Du bist ein Idiot, Pall! Er hat noch nie so einen Flitzer gefahren, noch dazu bei diesem Wetter!«

Pall schob mit der linken Hand den Vorhang zur Seite. »Ich sehe nichts von Schnee oder Regen.«

»Schon mal was von überfrierender Nässe gehört? Die Autobahn war spiegelglatt!«

»Er hat mir nichts von Autobahn gesagt, Herr Holldorf. Ich habe geglaubt, er bleibt in der Stadt.« Und nach einer Pause: »War es ein Zusammenstoß?«

»Zum Glück nicht. Er hat den ganzen Mist allein gebaut. Gegen die Leitplanke soll er gerast sein und sich dann überschlagen haben.«

»Kann man ihn jetzt besuchen?«

»Untersteh dich! Du fährst morgen früh nach Holzkirchen, meldest dich erst bei der Polizei als Fahrzeughalter und gehst dann ins Krankenhaus. Ich komme am Nachmittag, aber ich mach dich gleich auf was aufmerksam. Er wird davonkommen, doch ich fürchte, daß es den Fußballspieler Fritsche nicht mehr gibt!«

»Ist es wirklich so schlimm?«

Die Stimme im Hörer wurde ungeduldig. »Jetzt frag nicht wie ein altes Weib! Meinst du, daß Ärzte mitten in der Nacht so gesprächig wären? Hättest du ihm lieber die Kiste nicht gegeben!«

Pall wollte noch etwas sagen. Aber Holldorf hatte aufgelegt.

Am Morgen fuhr Pall mit seinem alten Wagen über die Autobahn nach Holzkirchen. Er spürte den fehlenden Schlaf nicht, sondern eine bisher nie gekannte Stufe des Wachseins. Es war eine Art von Übersensibilität, die im Hals zum Knoten wurde und die Wimpern zucken ließ.

Klar, daß sie Holldorf angerufen hatten. Seinen neuen Ausweis hatte er dabeigehabt, und sein Bild war in allen Zeitungen erschienen. Fritsche kannte man. Aber niemand wußte, was er, Walter Pallmann, mit ihm zu tun hatte.

Niemand wußte von den Nebeln, die aus der Elbe gestiegen waren, als ob sie beim Vertuschen eines deutsch-deutschen Dramas mithelfen wollten.

Walter Pallmann war auf seinem schwersten Gang, und nicht einmal Holldorf wußte, was mit jedem Meter, den er zurücklegte, auf ihn zukam.

Die Autobahn war vergleichsweise trocken, aber er fuhr mit lächerlicher Langsamkeit auf die Holzkirchener Ausfahrt zu. Hier irgendwo mußte es den Freund erwischt haben.

Denn ein Freund war Fritsche geworden. Das hatte er nie so gespürt wie an diesem diesigen Montag-

morgen, an dem die Woche anfing für die Leute, die an ihm vorbeisausten und an ihre Geschäfte dachten oder an anderes, das nur wenig mit ihnen zu tun hatte.
Pall spürte die verrückte Ausnahmesituation mit trockener Kehle und einem Schuldbewußtsein, das ihn aufs Gaspedal drücken ließ wie einen Mitschuldigen, der in etwas hoffnungslos Verlorenes eingreifen will.
Madou, diese Frau, die außerhalb der vorgeschriebenen Linien der Gesellschaft lebte, hatte ihm, aus eigener Erfahrung wohl, ein französisches Sprichwort mitgegeben: »Tant qu'il y a de la vie, il y a de l'éspoir.«
So lange man lebt, gibt es Hoffnung.
Pall klammerte sich daran. Beinbrüche und Gehirnerschütterungen sind reparabel. Tausende von Fußballern haben das überstanden. Warum sollte es Peter Fritsche nicht? Die moderne Medizin kann viel, und der Mann, der aus den Nebeln der Elbe an die Isar geschleudert worden war, konnte genauso aufstehen wie andere und weitermachen in einem Beruf, in dem er ein viel größerer Künstler war als die meisten.
Daran klammerte sich Pall, als er einbog in die Holzkirchener Ausfahrt.
Allerdings war das Auto, das er bei der Polizei besichtigte, ein solcher Schrotthaufen, daß er es als Wunder bezeichnen mußte, daß der Mann, der es gefahren hatte, noch lebte.

Man ließ ihn im Krankenhaus erst durch, als ein des Fußballs kundiger Assistenzarzt grünes Licht gab. »Sie sind Pallmann«, sagte er. »Ich kann Ihnen nur ein paar Minuten genehmigen. Versuchen Sie, ihn nicht aufzuregen, sondern zu beruhigen.«
Pall ging durch einen dieser Korridore, die so lang

sind wie ein Tag ohne Brot, und was er dann von Peter Fritsche sah, waren weiße Binden, die nur Augen, Nase und Mund freiließen sowie ein vergipstes Bein, das, schräg hochgezogen, an einer Art von Galgen hing. Und er kam ihm auch tatsächlich wie ein Erhängter vor.
»Hast du Schmerzen?«
Er wußte, daß die Frage von banaler Lächerlichkeit war, aber er brachte keine andere heraus. Bei der Viktoria hatte er mal einen unmittelbar nach einer Meniskusoperation besucht und schon zur Begrüßung Witze gerissen.
Aber was sagt man, wenn ein Bündel Mensch so vor einem liegt?
Peter Fritsche schüttelte den Kopf und sagte mit einer leisen Stimme, die von weit herkam: »Sie haben mich die ganze Nacht auf dem Schragen gehabt, und ich weiß nur noch, daß ich in deinem Auto gesessen bin. Ist es kaputt?«
»Ist doch unwichtig, Peter, die Kiste ist versichert. Um dich geht's!«
Aber die Leere der grauen Augen unter dem Verband zeigten ihm, daß nicht er es war, der hier Fragen zu stellen hatte. Da lag einer, der nicht wußte, was mit ihm geschehen war, und der beruhigt werden wollte.
Ich muß, dachte Pall, ehe ich aus diesem Haus gehe, wissen, wie es unter dem Gips aussieht, und alles andere auch. Vielleicht hat er Glück gehabt. Man hat schon Leute wieder aufstehen und kicken sehen, die noch übler dagelegen sind.
Laut aber sagte er: »Sieh mal, Peter, Hauptsache ist, du lebst, und warum sollte sich einer wie du, der sowieso gesperrt ist, nicht ein paar Monate Krankenhaus leisten können? Man muß immer auch die guten Seiten sehen, und im Grunde bist du ein Idealfall für die Klinik, stimmt's nicht?«

»Idealfall? Spinnst du?« Das Fragen in Fritsches Augen wich blanker Verständnislosigkeit.
»Aber natürlich, Junge! Man muß aus allem das Beste machen, und du mußt das so sehen: Wenn du draußen herumläufst, juckt es dich jeden Tag in den Füßen, und du gehst anderen Leuten auf den Wekker. Weißt du nicht mehr, wie blödsinnig wir uns gestern abend herumgestritten haben, ehe du weggefahren bist?«
»Gestritten?«
Was ein Kopfschütteln hätte werden sollen, wurde eine ganz langsame, verständnislose Bewegung des vermummten Gesichts.
»Ich weiß nichts von Streit.«
»Schon gut, Peter.«
Pall rückte seinen Stuhl näher ans Bett und legte ihm die Hand auf den Arm. »Ich habe nur sagen wollen, daß kein Grund zur Aufregung besteht. Du kurierst dich in Ruhe aus, und du hast Zeit dazu. Bis du für die Bavaria spielberechtigt wirst, rennst du längst wieder herum wie ein Hirsch!«
»Meinst du?«
»Aber klar, Mann!«
Er sah, wie die Leere aus den Augen wich und sich eine Hand öffnete, die den Druck der Hand des Freundes brauchte.
Aber als er die Tür hinter sich zumachte, spürte er nichts von der Erleichterung, die er Peter Fritsche gegeben hatte.

Im Zimmer des Chefarztes wurden Palls Befürchtungen zur Gewißheit.
»Es hat keinen Zweck, drumherum zu reden«, sagte der Mann im weißen Mantel, der mit den Spitzen feinnerviger Chirurgenhände auf die Glasplatte seines Schreibtischs trommelte. »Er wird nie mehr spielen können.«

Pall würgte an einem Kloß in der Kehle und starrte den Arzt an, als ob er diesem Gesicht mit den randlosen dicken Brillengläsern noch einen Hoffnungsschimmer entreißen könnte.
»Sie sind sicher, Doktor? Es hat Spieler gegeben, die von den Ärzten aufgegeben waren und in die Nationalmannschaft zurückgekehrt sind.«
»Der«, sagte der Arzt und hob die trommelnden Finger von der Glasplatte, um die Brille abzunehmen, »kommt nicht wieder. Als Mensch schon, das kann ich Ihnen versprechen, aber nicht als Fußballer. Die Kniescheibe ist so zertrümmert, daß er eine künstliche braucht, und von Menisken und zerrissenen Bändern brauchen wir gar nicht zu reden. Ich sage nicht, daß sein Bein steif wird, aber er wird hinken, und hinkende Mittelstürmer sind wohl nicht gefragt, oder?«
Der Arzt hob seine Hände mit einer Geste der Ohnmacht, ohne die Betroffenheit seines Gegenübers zu registrieren.
»Sehen Sie, Herr Pallmann, es gibt viel Schlimmeres und Hoffnungsloseres in diesem Haus. Der Mann ist jung und athletisch und wird, sagen wir, in drei, vier Monaten, ohne Krücken hinausspazieren, denn an inneren Verletzungen haben wir nichts entdeckt. Was glauben Sie, wie viele meiner Patienten ihn beneiden?«
»Aber er ist in einer ganz anderen Lage, Herr Doktor!«
Pall schleuderte es wie eine Anklage über den breiten Schreibtisch. »Er ist aus der DDR geflüchtet, um hier zu spielen, verstehen Sie! Als Krüppel will ihn keiner, aber er kann nicht zurück!«
»Das«, sagte der Arzt mit einer Nüchternheit, die Pall das Blut in den Kopf trieb, »ist eine Sache, die nicht mich, sondern andere angeht. Im Zweifelsfall Ihren Verein, oder? Ich kann ihn nur gesund machen

bis zu dem Grad, den die menschliche Natur bei solchen Zerstörungen erlaubt. Zaubern geht nicht.«
Er legte die Brille auf den Tisch und schaute Pall aus rotgeränderten Augen an, in denen die Müdigkeit sich jetzt aber auch mit Verständnis mischte.
»Ich habe die Nacht für ihn geopfert und alles getan, was möglich war. Und Sie dürfen mir glauben, daß ich sehr wohl gewußt habe, um welchen Sonderfall es sich handelt. Wenn er hier hinausgeht, hat er vielleicht keinen Weg vor sich.«

29

Es war Frühling, als Peter Fritsche die Klinik verließ, und der FC Bavaria stand vor dem Gewinn einer neuen Deutschen Meisterschaft. Gesichert war auch der Einzug ins Finale des Europapokals der Landesmeister und damit eine finanzielle Bilanz, von der jeder Profiklub träumt. Die Prämien flossen so reichlich wie die Tränen bei der ohnmächtigen Konkurrenz, und Walter Pallmann stand vor seinem ersten Länderspiel.
Es war eine Reise, auf die er sich freute wie auf keine andere zuvor, denn es ging in Rio gegen Brasilien. Daß ihn der Bundestrainer mitnahm, kam der Einreihung ins Aufgebot für die Weltmeisterschaft gleich, und wegen seiner Jugend verglichen ihn Zeitungen mit Pelé, der noch keine achtzehn gewesen war, als sein Stern bei der Weltmeisterschaft 1958 unter blankem schwedischem Sommerhimmel aufgegangen war.
Freilich wußte Pall auch, daß sich Furtner für ihn stark gemacht hatte. Ohne seine Hand wäre diese Tür nicht so schnell aufgestoßen worden. Es war nicht schwer für ihn gewesen, den Bundestrainer davon zu überzeugen, daß er zusammen mit Pallmann wichtige Elemente des Bavaria-Spiels in die Nationalelf transplantieren konnte, in diese Ansammlung von Stars, die nicht oft genug zusammenkam, um bei jedem Länderspiel das Maximum am Zusammenwirken außergewöhnlicher Kräfte zu erreichen.

Furtner und Pallmann ergänzten einander auf dem Spielfeld. Daran gab es längst keinen Zweifel mehr, und der Bundestrainer gratulierte sich dazu, mit dem einstigen Rebellen wieder Frieden geschlossen zu haben.

Aber der FC Bavaria konnte sich nicht zu dem auf abenteuerliche Weise erworbenen Mittelstürmer Fritsche gratulieren. Früher als andere, nämlich schon in der Nacht des Unfalls, hatte der Manager den hinter dem komplizierten Beinbruch herlaufenden Pferdefuß erkannt.

Da man einen richtigen Vertrag noch gar nicht abschließen durfte, war es auch nicht möglich gewesen, Fritsche profihaft zu versichern. Natürlich wäre das noch gekommen, und man hätte, wie bei den anderen Assen, auch die hohen Prämien von Lloyd's in London nicht gescheut, um diese kostbaren Beine millionenschwer abzusichern.

Jetzt stand man da mit losen Abmachungen und einer gewöhnlichen Krankenversicherung für einen ungewöhnlichen Fall. Und es gab für den Mann, der als Europas bester Mittelstürmer gegolten hatte, weder Verwendung noch Rückkehr.

Peter Fritsche wußte, als er das Krankenhaus verließ, daß er keinen Weg vor sich hatte.

Er wußte auch, daß er durch ein Spalier von Reportern gegangen wäre, wenn sie ihn wegen eines Bagatellfalls eingeliefert hätten.

Aber nur Pall war da. Und der Witz, den er beim Einsteigen ins neue Auto riß, mißriet kläglich. »Diesmal wollen wir ein bißchen aufpassen, Peter, obwohl ein Doppelzimmer im Krankenhaus gar nicht so langweilig wäre, was?«

Fritsche sagte nichts und drückte den Sitz nach hinten, um das operierte Bein ausstrecken zu können.

Er sitzt wirklich wie ein Invalide da, dachte Pall und schaltete das Radio ein, um sich neues falsches Geschwätz zu ersparen.
Und wieder ging ihm alles durch den Kopf, was ihn seit vielen Wochen plagte. Er war sowohl daran schuld, daß Fritsche gekommen war, als auch daran, daß nun ein Krüppel neben ihm saß.

Nur im Spiel konnte er sich von diesen Gedanken befreien. Abends kamen sie, und das Mädchen, das er jetzt manchmal in die Wohnung nahm, wollte ihm nicht helfen und konnte es wohl auch nicht. Sie war hübsch, aber einfältig, obwohl ihn Riedl immer wieder vor gescheiten Frauen warnte: »Was willst du anfangen mit einer, die ständig diskutieren will? Unsereiner hat entweder ein Spiel im Kopf, oder er hat es in den Knochen. Und wir schleifen genug Pulver an, daß ein Weib auch das Maul halten kann, wenn's uns danach ist, oder vielleicht nicht?«
Madou sprach anders, und sie versuchte ihm zu helfen. Leider war sie viel auf Tournee, aber wenn sie in der Stadt war, trafen sie sich.
Nicht nur in Lokalen. Pall durfte sie auch besuchen, ohne daß es gewesen wäre wie am Anfang. Sie war fast wie eine Mutter zu ihm, und wenn ihn Depressionen plagten, fand sie andere Worte als das Betthäschen, das ihn nur anhimmelte.
»Du mußt dich endlich von dem idiotischen Vorwurf lösen, daß du ihm dein Auto gegeben hast, Pall! Er hätte genausogut eine Treppe herunterfallen können oder ausrutschen oder was weiß ich. Und glaubst du nicht, daß auch ich mir Vorwürfe machen könnte? Verlaß dich drauf, er wäre mit seiner Mannschaft nach Dresden zurückgefahren, wenn ich ihm den Plan nicht zugeschustert hätte. Aber wo steht geschrieben, daß es dort keine Autounfälle gibt?«
Pall fühlte sich nach solchen Gesprächen besser,

aber die Erleichterung hielt nicht lange an. Zuhause wäre ein Mann wie Fritsche, davon war er überzeugt, abgesichert gewesen. Zwar hätte ihm keine Versicherung eine Million ausgezahlt, aber Verein und Staat hätten sich um ihn gekümmert. Es gab da viele Möglichkeiten der Protektion, die zu einem tauglichen Job führten. Und auch Nestwärme.
Das war vielleicht die Hauptsache. Fritsche hatte gar keine Zeit gehabt, im neuen Nest warm zu werden, und jetzt sollte er plötzlich auf eigenen Beinen stehen, die nichts mehr taugten.
Und klarer als andere, die einen unbrauchbar gewordenen Mittelstürmer einfach abhakten, erkannte Pall die Not eines Mannes, der sich selbst entwurzelt hatte und für den nun fremder Boden, den er ersehnt hatte, zu Granit wurde. Die Bavaria löste die Wohngemeinschaft Pallmann/Fritsche zwar nicht auf, aber mit jedem Tag wurde den beiden klarer, daß sie keinen Bestand haben konnte. Es war wider alle Gesetzmäßigkeiten des Leistungssports.
Holldorf sagte es so: »Gefühlsduselei drückt auf die Leistung, Pall. Man merkt, daß du Fritsche mit dir herumschleppst, ob du's wahrhaben willst oder nicht. Wenn du heimkommst, fehlt dir Entspannung, und das ist schlimmer, als wenn ihr miteinander in Bars rumhocken würdet. Ich überlege mir, was wir für Fritsche tun können, aber so geht's nicht weiter. Für dich ist es gut, daß die Südamerikareise kommt, obwohl sie der Bavaria nicht paßt. Wir sind im entscheidenden Stadium der Meisterschaft, und Reise und Klimawechsel schlauchen mehr, als du denkst. Und an die Verletzungsgefahr will ich gar nicht denken!«
Vier Bavaria-Spieler standen im Aufgebot des Bundestrainers: Furtner, Rumnick, Obermayer und Pallmann.

Sie flogen Nonstop von Frankfurt nach Rio, wo es jetzt Herbst sein sollte. Aber auf der Gangway hatte Pall das Gefühl, mit Beinen, die vom langen Sitzen staksig geworden waren, in eine Waschküche zu steigen. Er war schon nicht mehr neu im Kreis der ganz Großen, aber immer noch beeindruckte ihn die Lässigkeit, mit der sie fremde Länder betraten. Keine großen Augen, kein Staunen. Sie landeten in Rio wie in Hamburg oder in Köln, und manche machten Gesichter, als ob sie die feuchte Hitze, die ihnen entgegenschlug, einfach ignorieren wollten. Furtner hatte die Trainingsjacke in der Hand wie einer, der ins Geschäft geht, die Aktenmappe und schlenderte gelangweilt an den gezückten Notizblöcken der Reporter vorbei, obwohl jeder wußte, daß er sich glänzend auf Spanisch mit ihnen unterhalten konnte. Wenn man ihn zu lange in ein Flugzeug sperrte, spielte er gern den Muffel.
Pall hatte, als sie in den klimatisierten Bus stiegen, immer noch das grandiose Bild des Anflugs über der Bucht von Rio vor sich, über die der Christus von Corcovado die Hände breitete. Schwarz und massig hob sich der Zuckerhut aus grünen Wellen in einen wolkenlosen blauen Himmel, und Rumnick, der ihm den Fensterplatz überlassen hatte, nannte ihm die Namen der weißen Strände, gegen die der Atlantik mit seinen Schaumkronen auf ameisenhaftes Gekrabbel brandete: Copacabana, Botafogo und auch Ipanema, wo man in einem der neuen großen Hotels mit eigenem Strand wohnen würde.
»Copacabana«, hatte er gesagt, »ist nur zum Angukken. Da liegen sie wie die Sardinen in der Büchse, und daneben spielen Buben auf hundert kleinen Sandfeldern den ganzen Tag Fußball. Barfuß und mit einer Technik, die dich umschmeißt. Richtige Katzen sind das, und wenn du das siehst, begreifst du, daß Fußball hier Religion ist.«

Pall war froh, das Zimmer mit Rumnick teilen zu dürfen. Er war nie launisch, ließ nie den Star heraushängen und gab ihm das Gefühl, mit der Bavaria unterwegs zu sein. Mit einem wie ihm faßte man leichter Fuß in der Nationalmannschaft.
Nach dem Abendessen – sie hatten nach einem leichten Auflockerungstraining ein kurzes Bad im Atlantik nehmen dürfen – ging er mit Rumnick barfuß durch den Sand, da, wo die Brandung ihn naß machte.
Ein auffrischender Wind vertrieb die feuchte Schwüle, und Pall genoß ihn, wie der Durstige kaltes Wasser genießt. Es ging auf neun zu, die Zeit, zu der am nächsten Abend das Länderspiel beginnen würde.
Aber Rumnick ließ ihn nicht zuviel Optimismus tanken. »Laß dich nicht hier am Meer täuschen, Pall. Im Maracana steht die Hitze wie ein Klumpen. Es ist das größte Stadion der Welt, und beim ersten Mal meinst du, du wirst von gewaltigen Betonwänden erdrückt. Du spürst keinen Lufthauch und meinst, sie hätten den ganzen Sauerstoff aus diesem Kessel geblasen. Nach den ersten Starts fängst du zu japsen an, und erst wenn die zweite Luft kommt, wird's besser. Aber dann können wir schon verloren haben, weil die Brasilianer natürlich unsere Probleme kennen und ihren Blitzstart bringen. Wir hätten ungefähr die gleichen Trümpfe in der Hand, wenn wir sie zu Hause bei Schnee empfangen würden. Aber natürlich kommen sie dann nicht. Kann man ja auch nicht verlangen, oder?«
Pall schüttelte den Kopf und nahm sich vor, es im Maracana langsam angehen zu lassen. Und seit langer Zeit gelang es ihm, vor einem Spiel jeden Gedanken an Peter Fritsche auszuschalten.

Das Maracana war der riesige Siedkessel, von dem Rumnick gesprochen hatte. Als Pall einlief, meinte er, die Raketen, die aus dem gewaltigen Zuschauerwall in den violettschwarzen Himmel zischten, würden die letzte Luft hinaustragen und das Spielfeld mit glühendem Goldregen übersprühen. Erst die Nationalhymne, die eine Militärkapelle viel zu schnell spielte, nahm ihm etwas von dieser Angst, und als die brasilianische folgte, schaute er hinüber zu den Männern in den gelben Jerseys. Es waren ganz weiße und ganz schwarze Gesichter dabei, und auf anderen sah er alle Farben, die Milch und Kaffee zusammen hervorbringen können.
Vor allem aber sah er heiligen Ernst. Einige legten die rechte Hand auf die linke Brustseite, andere sangen mit, und bei dem, der am nächsten stand, vibrierten die Schultern, als ob ihm elektrische Stöße durch den Körper gejagt würden. Und in allen Augen war ein Leuchten, wie es Pall nie gesehen hatte.
Rumnick hat recht, dachte er. Fußball ist Religion hier. Was er nicht wußte, war, daß sie eine Macumba hinter sich hatten. Es ist die Beschwörung der alten Geister, und der Zustand der Trance, in die sie die Macumba versetzt, ist voll von geheimnisvoller Mystik, die der Europäer nur erahnen kann.
Furtner, der neben Pall stand und die großen Kinderaugen sah, gab ihm einen Stoß in die Rippen und flüsterte: »Mach dich bloß nicht verrückt! Wenn sie angeheizt sind, gucken sie immer so. Aber es ist alles nur halb so wild, wenn wir schön kühl den Ball laufen lassen.«
Sie probierten es auch, aber in den ersten Minuten wurde Pall weder seine Angst noch seine Komplexe los. Es war ihm, als ob die Brasilianer nicht mit Füßen, sondern mit Pfoten von Raubkatzen an den Ball gingen. Greifen schienen sie ihn zu können mit Mitteln, die nur sie besaßen, und hinter jeder Bewegung

steckte eine Finte, die sowohl vom Oberkörper als auch von der Hüfte oder den Beinen ausgehen konnte.
Tempo verschleppen, hatte der Bundestrainer für diese Anfangsphase angeraten. Aber erst brauchst du mal den Ball dazu!
Und die Luft. Rumnick hatte recht gehabt. Die ersten Starts ließen Pall um so mehr keuchen, als sie vergeblich waren. Weit hinten am eigenen Strafraum bewegte er sich, ohne mehr tun zu können als die Löcher zu stopfen. Und die gewaltige Kulisse peitschte Brasilien in einen Angriffswirbel hinein, wie er ihn noch nie erlebt hatte.
Fußballer spüren Tore, die in der Luft liegen, wie Rheumatiker den Wetterumschwung. Die Überlegenheit der Brasilianer schrie nach einem Treffer, und er kam nach zehn Minuten, als einer dieser kaffeebraunen Wirbelmänner aus kurzer Entfernung und ansatzlos aus dem Kniegelenk heraus einen jener Schüsse losließ, die das Netz wölben, ehe der Torhüter den Ball richtig gesehen hat.
Der Schuß glich den unaufhörlich aus allen Ecken des Maracana in den Nachthimmel zischenden Raketen, und der Schütze kniete auf der deutschen Torlinie nieder und grüßte sein Volk mit ausgebreiteten Armen wie der Christus von Corcovado.
War es überhaupt Fußball von dieser Welt? Pall hatte die Brasilianer am Bildschirm gesehen und war auf einiges gefaßt gewesen, aber diese gelbe Welle war nicht aufzuhalten und schien alle gültigen Gesetze des Spiels außer Kraft zu setzen.
Und trotzdem half es ihm, als er sah, wie Furtner das Trikot aus der Hose zog und die weißen Stutzen hinunterschob bis zu den Knöcheln. Es war sein Partisanen-Look, und in den Augen funkelte die Entschlossenheit, die Übermacht der Brasilianer zu brechen.

Unterschwellig begriff Pall die Zeichen. Wenn wir noch so ein Ding einfangen, ist alles zu spät. Sie wollen uns umrennen, aber wer in einem solchen Rausch spielt, vergißt auch leicht die Vorsicht.
Zurückschlagen kann man aber nur, wenn man Ordnung ins eigene Spiel bringt.
Und Furtner zeigt, wie man Schocks überwindet. Er erkämpft Bälle, die verloren scheinen, und zwei, drei Pässe von ihm laufen, wie an der Schnur gezogen, zum vorne allein lauernden Rumnick. Urbesch, der lange Mittelstürmer, der so viel von Tönes hat, rakkert mit Pall im Mittelfeld herum, aber dieses Aufbäumen Furtners treibt auch ihn nach vorne.
Und plötzlich ist diese zweite Luft da, die das Maracana den Fremden verweigern wollte. Fußball ist nicht nur physischer, sondern auch moralischer Kampf, und wenn ein paar Züge gelingen, werden die Lungen größer und die Beine leichter.
Sogar im Maracana. Sie fangen an, sich aus der Umklammerung zu befreien und die gelben Wellen im Mittelfeld zu brechen.
Und bei den Kaffeebraunen entsteht Irritation. Fußballer spüren das genauso, wie sie Tore riechen, die in der Luft liegen.
Pall schiebt sich vom hinteren ins vordere Mittelfeld und nimmt Fühlung mit Rumnick und Urbesch auf. Aber jetzt merkt er, daß die Brasilianer auch leichtfüßige und geschickte Raumdecker sind. Sie kleben nicht am Mann, sondern passen sich, nachdem die erste Verwirrung vorbei ist, der Entwicklung von Angriffen an. Um keine Zehntelsekunde zu spät darf man sich vom Ball trennen, wenn man eine Gasse aufreißen will.
Zunächst sind es nur Gäßchen oder Sackgassen. Aber Rumnick, zuvor von seinem Mittelfeld amputiert und hoffnungslos allein, steigert die Moral seiner Mannschaft mit Dribblings, die plötzlich gelin-

gen und staunenden, fast ungläubigen Beifall von den hohen Rängen des Maracana prasseln lassen.
Es ist ein Publikum mit mehr Kennerschaft als Chauvinismus. Und Pall wird von dieser Mischung aus Angst und Bewunderung auf der Galerie getragen, als er am linken Flügel zwei Angreifer versetzt und fast bis zur Eckfahne davonwirbelt. Urbesch steigt nach seiner Flanke hoch und wuchtet den Ball mit der Stirn nur um Zentimeter über den Querbalken.
Das Spiel kommt in eine vernünftige Balance, und nach einer halben Stunde ist der Druck der Deutschen sogar unübersehbar. Aber Brasilien geht mit seiner 1:0-Führung in die Pause.

Das ist nicht viel. Aber alle wissen, daß der Rückstand wahrscheinlich unaufholbar wäre, wenn Furtner nach dem überfallartigen brasilianischen Start nicht den Umschwung eingeleitet hätte.
In der Kabine wird wenig geredet. Sie wissen, daß sie die eigene Konfusion überwunden und beim Gegner für einige gesorgt haben. Da sind nicht viele Worte nötig, und der Bundestrainer muß kein beschwörendes Theater abziehen.
Er kann, denkt Pall, froh sein, daß er einen Furtner hat.
Mit sich selbst ist er nicht so zufrieden wie andere, die mit ausgestreckten Beinen um ihn herumsitzen. Er hat mitgespielt, mehr nicht. Hat gewackelt, als die anderen wackelten, und ist dann aus der Talsohle mitgeschwommen, als Furtner die Welle hochpeitschte. Im Mittelfeld hat Furtner die Lichter eingeschaltet und im Angriff Rumnick.
Das ist nicht nur Können, sondern auch Kaltschnäuzigkeit, die internationale Erfahrung mit sich bringt.
Bevor sie wieder hinausgehen, sagt Furtner, der bloß stumm seinen Tee getrunken hat, doch noch etwas:

»Wir können das Ding gewinnen, weil wir an ihrem Selbstvertrauen herumgerüttelt haben. In der Halbzeit machen sie nie eine Macumba. Jetzt kommen sie nicht heiß heraus, sondern vorsichtig. Das ist unsere Chance. Wir müssen was riskieren, aber mit unseren Mitteln und nicht mit den ihren. Wenn sie nervös werden, suchen sie die Einzelleistung, und dann können wir sie mit Kombinationen und ständigen Rhythmuswechseln packen. Aber kein Verzetteln durch Dribblings! Das können die besser, und außer Rumnick macht sowieso keiner einen weiten Weg allein. Meinetwegen noch Pall, wenn er Glück hat.«
Pall ist überrascht. Das mag manchem von denen, die zwanzig und mehr Länderspiele auf dem Buckel haben, nicht gefallen, und er weiß, daß es Aufmunterung und Aufforderung zugleich ist. Die Füße sind leichter, als sie den schilfigen Rasen wieder spüren.

Und Furtner hat recht. Die Gelben kommen aus der Kabine wie nach einer Zähmung. Da ist nichts mehr von dem unwiderstehlichen Elan, mit dem sie den Kampf eröffnet haben, nichts mehr von dieser Zauberei, die dir mit irrem Effet geschlagene Bälle an den Fußspitzen vorbeizwirbeln lassen.
Sie sind heruntergestiegen zu uns, denkt Pall. Oder wir haben sie heruntergezogen.
Egal was. Sicher ist, daß Virtuosität nicht alles schafft. Ein kluges Zusammenfassen der Kräfte sieht nüchterner aus, kann aber effektvoller sein. Und der Ball ist immer noch schneller als der schnellste Virtuose.
Die Gelben wissen es auch. Taktisch spielen sie jetzt disziplinierter, verzichten aufs zweite Dribbling, wenn das erste gelungen ist, und kombinieren nun so geschickt die Deckung von Mann und Raum, daß es fast unmöglich wird, aus dem Mittelfeld heraus Urbesch oder Rumnick anzuspielen.

»Du mußt öfter vorne rein«, keucht Furtner im Vorbeilaufen nach zehn Minuten, »sonst reißen wir nichts auf!«
Pall spürt mit der nachlassenden Hitze neue Kräfte. Und die brodelnde Betonschüssel kommt ihm nicht mehr feindlich vor, sondern sie stimuliert ihn. Ein Doppelpaß mit Rumnick, einer von der Sorte, mit der sie bei der Bavaria schon viele Gassen getrieben haben, bringt ihn am Elfmeterpunkt zum Schuß, aber er wird von hinten gerempelt und verzieht.
Doch dann, als die deutsche Abwehr weit aufrückt, um am Ausgleichstor mitzubasteln, kommt der Konter durch Zizinho. Der Mulatte, von dem sie sagen, er habe die Beine von Garrincha und den Kopf von Pelé, erzielt nach einem phantastischen Solo über das halbe Spielfeld das 2:0, und der Orkan der Begeisterung läßt das Maracana in seinen Grundfesten zittern.
Man hat sie im Griff gehabt, und jetzt das. Pall sieht, wie die Verteidiger die Köpfe hängen lassen, und einen fluchenden Furtner, der Grasbüschel aus dem Boden kickt.
Und der Schock sitzt. Fast eine Viertelstunde lang sind die Gelben wieder entfesselt und zaubern. Aber dann erzielt Rumnick nach einem unwiderstehlichen Solo, das Zigtausende von ungläubigen Augen und Mündern aufreißt, den Anschlußtreffer.
Der Rest ist ein deutscher Kampf ums Unentschieden. Jeder spürt, daß es machbar ist, aber die Brasilianer nehmen sogar Zizinho zum Abschirmen ihres Strafraums zurück, und der gelbe Wall wird undurchdringlich.
Und Palls Laufpensum wird, selbst ihm, unverständlich. Jeden Quadratmeter Rasen beackert er in des Gegners Hälfte, schlägt Flanken von beiden Flügeln und ist auch immer wieder im Angriffszentrum zur Stelle, um dieses verdammte Ausgleichstor ins Netz

zu hämmern. Und nie hat er ein Stadion erlebt, das unter diesem Ansturm so stöhnt wie das Maracana. Noch drei oder vier Minuten. Sie rennen selbst nach den Bällen, die über die Auslinie gehen, weil die brasilianischen Balljungen plötzlich Blei in den Beinen haben und Zeit schinden wollen.
Das Verrückte probieren? Es ist kein klarer Gedanke, der Pall da in den Kopf schießt; ein instinktives Aufbäumen eher, wie jenes, das ihn packte, als die Viktoria in den letzten Minuten ihres Abstiegskampfes stand.
Und es wiederholt sich, zumindest im Ansatz, im größten Stadion der Welt, was damals auf dem Fußballplätzchen der süddeutschen Kleinstadt passierte. Furtner, der auch kaum noch hinter den brasilianischen Strafraum zurückweicht, will ihn mit einem halbhohen Querpaß bedienen, aber Pall hat einen steileren Ball erwartet und bekommt ihn in den Rükken.
Aber er stoppt nicht ab, sondern probiert das Verrückte, das völlig Unvorhersehbare für Brasiliens Abwehr. Er streckt das rechte Bein weit nach hinten, sieht mit dem vorgebeugten Oberkörper für einen Moment aus wie ein Sprinter, der die Brust durchs Ziel wirft – und erwischt den Ball mit dem Hacken.
Er trifft ihn genau in der Mitte, am richtigen Punkt, und es ist ein Wunder, das das Maracana aufschreien läßt.
Und wie damals, auf dem holprigen Platz der Viktoria, wölbt sich die Kurve des Balls über den Körper, der seine Vorwärtsbewegung nicht gebremst hat und eine Abwehrkette überläuft, die keine Abseitsstellung reklamieren kann.
Noch ehe er ihn sehen kann, fühlt Pall den Ball über seinen Kopf segeln. Und schon holt er, aus einer Entfernung von kaum acht Metern, zum Volleyschuß aufs Tor aus. Nicht abtropfen läßt er den Ball,

sondern er nimmt ihn aus der Luft mit einer Wucht, der kein Torhüter der Welt widerstehen kann.
Der weiße Querbalken ist es, der ihr widersteht. Mit einem Krachen, das die Galerie befreit und ihm wie hexenhafter Hohn in den Ohren dröhnt, schleudert er den Ball ins Feld zurück. Drei Zentimeter tiefer angesetzt, hätte er den Ausgleich bedeutet.
Drei Minuten später ist das Spiel aus, und Pall weiß nicht, daß Tausende von weißen Taschentüchern, die im weiten Rund gezogen werden, nicht nur Brasiliens Sieg feiern, sondern auch ihn.

30

Die Brasilianer haben eine naive, aber unerhört ursprüngliche Freude an der Sonderleistung im Spiel, das sie auf viel intensivere Weise als alle anderen Länder zu ihrem Nationalsport gemacht haben.
Es fiel ihnen um so leichter, Walter Pallmanns akrobatische Aktion zu genießen, als sie ihnen den Genuß des Sieges nicht verdorben hatte. Immer wieder zeigten die Fernsehstationen in dieser Nacht den Kernschuß in so akkurater Zeitlupe, daß man das Zittern des Querbalkens sah, das wiederum das Maracana erzittern ließ. Und am Morgen, als sie vor dem frühen Abflug ein hastiges Frühstück nahmen, übersetzte ein Dolmetscher Pall aus einem Stoß von Zeitungen immer das gleiche: Der Mann des Spieles war er – ein Held, wenn auch ein unglücklicher.
Sie woben ihm Girlanden, die fast die Buntheit von denen erreichten, die sie Zizinho, dem Schützen des Siegestores, umhängten.
Aber später, als er in zehntausend Meter Höhe in der wie ein Brett über den Wolken liegenden Maschine einschlief, hatte Pall einen Traum, der ihm Schweiß auf die Stirn trieb. Aus dem Querbalken des brasilianischen Tores, den er getroffen hatte, wurde die weiße Leitplanke einer Autobahn, und er sah Peter Fritsche auf sie zuschießen.
Und er sah unter dem Kopfverband graue Augen, in denen noch Hoffnung geglommen hatte, als er ihn zum erstenmal besuchte.

Er sah kaleidoskopartig in sich zusammenfallende und immer neu entstehende Bilder. Fritsche auf dem Spielfeld, ausgestattet mit Tricks, die besser als seine waren, besser als die der Brasilianer sogar!
Fritsche auf der Flucht. Fritsche im Krankenhaus und Fritsche daheim in der gemeinsamen Wohnung mit Augen, die nichts begreifen konnten.
Und im Hintergrund Kurt Pallmann, sein leiblicher Vater, der mit verglasten Augen schwor, daß er ein Nationalspieler geworden wäre, wenn sie ihm das Knie nicht kaputtgemacht hätten.
Dann wieder die Leitplanke und der weiße Balken des Tores vom Maracana. Rumnick schüttelte ihn über die schmale Lehne des Flugzeugsitzes hinweg an den Schultern.
»Du stöhnst, als ob dich einer an der Gurgel hätte!«
Pall brauchte einige Sekunden, um zu begreifen, wo er war. Er spürte flüchtige Erleichterung und wollte sich wieder zurücklehnen, aber Rumnick drückte seine Lehne nach vorne. Die Stewardessen waren mit dem großen Blechwagen unterwegs.
»Zweites Frühstück ist besser, als Blödsinn zu träumen, Pall! Was ist los mit dir?«
Er rieb sich die Augen und fuhr mit dem Taschentuch über die feuchte Stirn. »Ich habe von Fritsche geträumt.«
»Was Besseres«, brummte Rumnick kopfschüttelnd, »fällt dir nicht ein! Weißt du, was ich manchmal denke? Ich denke, du läufst mit Schuldgefühlen herum, die dir nur ein großes Spiel nehmen kann. Und wenn's vorbei ist, kommen sie wieder, stimmt's?«
Pall nickte. »So ähnlich ist es.«
»Du solltest nicht mehr mit ihm zusammenwohnen.«
»Soll ich ihn rausschmeißen?« Die Frage kam mit aggressiver Schärfe.
»Reg dich nicht gleich auf, Junge! Ich weiß, daß das

hart klingt, aber ich bin länger im Geschäft als du. Mann kann sich nicht wegen kaputten Beinen von anderen kaputtmachen und muß jeden Tag froh sein, wenn die eigenen gesund sind. Das ist Profi-Philosophie, und bei der Bavaria lernt man sie besser als anderswo!«
Die Stewardeß brachte die Frühstückstabletts, aber Pall rührte nichts an. »Wenn du meinst, daß die Hackordnung stimmt, dann hast du recht. Aber manchmal kotzt sie mich an!«
»Hast du dich zu beklagen?«
Pall schüttelte den Kopf. »Ich habe Glück gehabt. Könnte aber auch sein, daß ich Koffer trage, oder?«
Rumnick grinste. »Niemals so viel wie ich, als der Schwanthaler noch Manager war! Ich war so alt wie du, und ich bekam immer einen roten Kopf, wenn ich ihn sah. Er hat mich fertiggemacht wie ein Feldwebel einen Rekruten. Ich habe lange auf das Glück warten müssen, das du gleich gehabt hast!«
Er nahm einen Schluck Kaffee und bestrich ein Butterhörnchen mit Marmelade. Pall schwieg und rührte immer noch nichts an.
Kauend fuhr Rumnick fort: »Drei Dinge brauchst du, wenn du vorwärtskommen willst: Talent, Fleiß und Glück. Nicht jedes davon ist bei jedem, der es schafft, gleich ausgeprägt, aber entbehren kann er keines. Ein absoluter Gleichklang ist übrigens selten, aber bei dir könnte er stimmen.«
»Vielleicht bekomme ich gerade deshalb Fritsche nicht aus dem Kopf. Ich weiß genau, daß er besser war als ich, wahrscheinlich besser als wir alle. Hast du dir schon einmal überlegt, was es für so einen bedeutet, plötzlich alles zu verlieren und nicht einmal nach Hause zu können? Gut, man sagt, der Profi sei überall zu Hause, wo er Geld verdient, aber wenn du zum Krüppel wirst, solltest du wenigstens heim können, oder?«

Rumnick nickte kauend. »Es hätte nicht blödsinniger für ihn kommen können. Und es stimmt natürlich, daß jeder von uns zu sehr mit der eigenen Karriere beschäftigt ist, um über ihn nachzudenken.«
»Nachdenken«, sagte Pall, »hilft auch nichts.«
Der andere machte den Mund leer und legte das Messer weg. »Jetzt will ich dir, bei allem Verständnis für dein Gejammer, noch etwas sagen: Es war sein eigener Entschluß, zu kommen, und daß du mitgeholfen hast, ist deine Sache. Jedem von uns kann, verdammt noch mal, jeden Tag das gleiche passieren, auf dem Spielfeld und außerhalb!«
»Aber wir sind hoch versichert.«
»Gut, aber Krüppel sind wir mit kaputten Beinen auch, und ich gebe sogar zu, daß uns unser Geld und unser Bekanntheitsgrad neue Berufschancen geben. Bei Fritsche hat eben das dritte Ding, das wir brauchen, völlig versagt.«
»Du meinst, das Glück.«
»Eben. Und trotzdem, Pall, hat es eigentlich doch nicht völlig versagt. Stell dir mal vor, seine Sicherheitsbullen hätten ihn bei seinem Absprung im Hotel geschnappt. Was wäre dann? Er säße jetzt drüben im Gefängnis, mit gesunden Knochen zwar, aber noch viel erledigter. Stimmt's nicht?«
»Das«, sagte Pall, »läßt sich nicht bestreiten. Man muß auch darüber mit ihm reden.«
»Siehst du. Er ist immerhin ein freier Mann, und sein Bein wird für viele Berufe tauglich genug sein.«
»Er hat nichts anderes als Sport studiert. Damit ist es auf alle Fälle Essig.«
»Dann soll der Klub für einen anderen Job sorgen. Er hat schließlich genug Gönner mit Einfluß und Geld. Unser Bier ist das nicht.«
Palls Augen wurden schmal unter der gerunzelten Stirn. »Meinst du nicht, daß die Mannschaft etwas für ihn sammeln könnte? Die Ärmsten sind wir nicht,

und es wäre nicht schlecht für seine Moral, wenn sich außer mir auch mal andere um ihn kümmern würden.«
»Stimmt«, sagte Rumnick und schob sein Frühstückstablett von sich. »Ich werde mit Furtner darüber reden.«
Entscheidungen besonderer Art liefen bei der Bavaria nicht nur auf dem Spielfeld über die beiden großen Asse.

Pall kam spät in der Nacht nach Hause. Es hatte in Frankfurt keine Anschlußmaschine mehr für die Bavaria-Spieler der Nationalmannschaft gegeben, aber ein Gönner des Klubs hatte sie mit seinem Privat-Jet abgeholt. Holldorf fand in solchen Fällen immer die richtigen Helfer.
Als er sein Gepäck zum Lift trug, fuhr Pall die Übermüdung wie Blei in die Glieder. Aber als er die Wohnungstür öffnete, wurde er hellwach. Es roch nach kaltem Rauch und Fusel wie zu Hause im nie gelüfteten Ladenstübchen seines Vaters, und im Wohnzimmer, wo er Fritsche schlafend zu finden dachte, stolperte er über Klamotten, die über den ganzen Teppich verstreut waren. Auf der Schlafcouch zerwühltes Bettzeug und auf dem Tisch eine halbvolle Whiskyflasche und zwei trübe Gläser. Überall, wo sie herumgestanden hatten, waren braune Ringe. Von Fritsche keine Spur. Im Bad lagen schmutzige Handtücher neben den Scherben eines Zahnputzglases, und nur Palls eigenes Zimmer war so, wie er es verlassen hatte.
Er klaubte die Scherben von den Fliesen des Badezimmers, holte aus dem Schrank frische Handtücher und schrubbte die Wanne mit der Bürste. Denn er fühlte sich zerschlagen und schmutzig und brauchte vor dem Schlafen ein Bad, ganz gleich, was hier los gewesen war.

Sollte Rumnick doch recht gehabt haben? War es falsch, daß er die Wohnung noch mit einem teilte, der mit seiner Lage nicht fertig wurde?
Die Strahlen der Dusche, die er abwechselnd heiß und kalt auf den nackten Körper peitschen ließ, bündelten fahrige Gedanken zu der Erkenntnis, daß er jetzt nichts anderes als Schlaf nötig hatte. Reden konnte man eh erst morgen. Und wenn nötig, sehr drastisch.
Aber dann fiel ihm ein, daß er Madou gebeten hatte, während der Brasilien-Reise mal nach Fritsche zu sehen. Sie hatte es versprochen, und folglich mußte sie etwas wissen. Doch konnte man sie anrufen, mitten in der Nacht?
Er überlegte nicht lange. War sie nicht ein Nachtmensch und hatte sie ihm nicht oft genug erzählt, daß sie die unmöglichsten Leute zu den unmöglichsten Zeiten aus dem Schlaf trommelte?
Ihre Stimme klang dünn und belegt wie die eines kranken Kindes, aber sofort wurde sie klar. Und was sie sagte, blies ihm alle Müdigkeit aus dem Kopf.
»Man kann ihn nicht mehr allein lassen, Pall. Er hat, kaum daß du weg warst, mit Trinken angefangen. Ich bin am Tag des Länderspiels gekommen und wollte ihn zum Essen mitnehmen, aber er ist schon voll gewesen und hat mich rausgeschmissen. Vielleicht bist du noch der einzige, auf den er hört!«
»Er ist nicht da, und hier sieht's aus wie nach einer Schlacht.«
»Willst du, daß ich morgen vorbeikomme, so gegen Mittag?«
»Ich wäre froh«, sagte Pall. Dann ging er in sein Zimmer, schloß die Tür ab und schlief ein, weil die Müdigkeit von den Gliedern in den überreizten Kopf stieg.

Als Madou kam, hatte er in der Küche ein Frühstück für drei Personen gerichtet. Aus dem Wohnzimmer drangen Fritsches Schnarchtöne, und sie war dagegen, ihn zu wecken.
»Wann ist er heimgekommen?«
»Keine Ahnung«, brummte Pall und goß heißes Wasser in die Teekanne. »Mich hätte wahrscheinlich keine Bombe geweckt.« Und nach einer Pause: »Sag mal, Madou, meinst du, ich habe etwas falsch gemacht bei ihm?«
»Unsinn, Pall! Red dir jetzt bloß keinen Schuldkomplex ein! Ich habe über ihn nachgedacht. Schau, er ist mit unheimlich großen Hoffnungen gekommen und hat alles verloren, was er hatte. Das kann einen Mann leicht umschmeißen, gerade so einen.«
»Was heißt, gerade so einen?«
»Einen, bei dem das Talent viel ausgeprägter als alles andere ist. Ganz große Spieler sind, denke ich, auch Spielernaturen.«
Sie blickte in die großen Kinderaugen und fuhr mit dem Anflug eines Lächeln fort: »Ich bin auch eine Spielernatur, Pall, und ich spüre die Wellenlänge. Und es hat eine Zeit gegeben, wo ich nicht nur getrunken, sondern auch gefixt habe. Wenn ich da meine Stimme verloren hätte, wäre ich nicht mehr rausgekommen, und es ist dir doch klar, daß er alles verloren hat, womit er sich verwirklichen konnte.«
Er nickte. »Das habe ich gestern Rumnick im Flugzeug gesagt. Er will dafür sorgen, daß die Mannschaft eine Sammlung für ihn macht.«
»Nun ja. Besser als nichts, aber das löst das Problem nicht. Hört sich an wie Pakete nach Polen schicken, findest du nicht?«
»Was sollen wir sonst machen?«
»Zuerst einmal begreifen, Pall! Zum Beispiel, daß Begabung und Spielernatur zusammenhängen. Sein Absprung war unheimlich riskant, aber er hat ihn

ebenso unheimlich gereizt. Er wäre nie ein ganz großer Spieler geworden, wenn er auf Nummer Sicher ginge. Rückversicherer bleiben immer in der Herde. Aber der Bursche, der da drinnen seine Verzweiflung ausschnarcht, hat tun müssen, was er getan hat. Das war nicht blanker Leichtsinn, sondern sein Naturell. Jetzt ist es zerstört, und der ganze Bursche dazu. Nur so kann man den Fall Fritsche begreifen, an dem wir beide beteiligt sind.«
»Du meinst«, fragte Pall, »daß man ihm nicht helfen kann?«
Madou nickte und preßte die Lippen zusammen, wie um etwas Endgültiges auszuschmücken. »Es hätte nicht einmal mehr viel Sinn, wenn man ihn zu seiner Mutter zurückschicken könnte.«
»Talent, Fleiß und Glück«, sagte Pall, als ob er nicht hingehört hätte.
»Wie meinst du das?«
»Man braucht alle drei. Das hat Rumnick im Flugzeug gesagt.«
»Stimmt, Pall. Bei dir und bei mir auf jeden Fall. Aber dem da drinnen ist nur noch der Fleiß geblieben. Die beiden anderen Dinge, die man ihm genommen hat, sind die Luft zum Atmen und der Boden unter den Füßen.«

31

Walter Pallmann stand im Aufwind, und sein Fußwerk hatte goldenen Boden. Der Frühling brachte dem FC Bavaria den erneuten Gewinn der deutschen Meisterschaft und des Europapokals im Pariser Endspiel gegen Juventus Turin. Das Maximum war erreicht, die neue Saison war schon abgesichert mit der automatischen Qualifikation für den Europapokal, und Peter Fritsches Pech stahl sich um so leichter aus euphorischen Köpfen, als der lange Tönes zum erstenmal Schützenkönig der Bundesliga geworden war.

Seine Ablösung war kein Thema mehr, nicht einmal für Furtner. Einen Vorstopper aus Island kaufte man ein, und der auf Rumnick und Tönes zugespitzte Angriff bedurfte neuen Blutes um so weniger, als Palls offensive Qualitäten sich zu zuverlässig stechenden Trümpfen entwickelt hatten. Eine einzige Saison hatte ihn in die internationale Spitzenklasse katapultiert.

Es machte sich nicht nur bei Gehalt und Prämien bemerkbar.

Die Werbung kam auf ihn zu, ohne daß er einen Finger rühren mußte wie bei den Autogrammstunden des Anfangs, für die er mit seiner alten Mühle viele Kilometer hinuntergekurbelt hatte.

Jetzt kamen sie zu ihm. Keine Buben mit heißen Augen und liebevoll gepflegten Alben, sondern smarte PR-Chefs, die das Scheckheft auf den Tisch legten,

begierig, schwerwiegende eigene Autogramme loszuwerden.
Holldorf hatte ihn vorbereitet. »Wenn sie dich erst einmal als Werbeträger entdeckt haben, kannst du ruhig pokern. Treib sie hoch und laß das Kleinvieh anderen. Ein kleiner Fruchtsaftfritze ist nicht so gut wie ein japanischer Autokonzern!«
Pall war das zu snobistisch vorgekommen, aber nachdem ihn die Nationalmannschaft und der Europapokal ins internationale Rampenlicht gestellt hatten, bekam er das Interesse des Marktes zu spüren. Für Aufsteiger kann er sich erwärmen, für Senkrechtstarter kann er glühen.
Holldorf beriet ihn. Er kam zu allen Verhandlungen und sorgte dafür, daß die Verträge stimmten und nicht verbunden waren mit Reisen, die das Training störten. Geld wurde sehr groß geschrieben bei der Bavaria, aber Extrawürste bekam sogar Furtner gestrichen, weil der Klub, immer darauf bedacht, lukrative Freundschaftsspiele abzuschließen, ein größeres Programm als die anderen hatte. Und Höchstsummen waren nur herauszuholen, wenn man mit allen Assen antrat.
Auch Pall gehörte jetzt zu ihnen. Seine Fanpost wuchs so an, daß ihm Holldorf einen jener Stempel empfahl, die Unterschriften echt aussehen lassen und von Hilfskräften bedient werden können. Einer Freundin, beispielsweise. Popularität bringt nicht nur Werbeverträge, sie verlangt auch ein persönliches Engagement, das der Kluge in erträglichen Grenzen hält. Furtner gab da taugliche Beispiele, und den Rest lernte Pall von Holldorf.
Der Tag, an dem er den Manager so richtig kennenlernte, war einer der letzten der auslaufenden Saison, in der Pall sich auf die Plattform derer geschwungen hatte, die nicht nur flüchtige Bekanntschaft mit dem Rampenlicht machen.

Holldorf hatte ihn in sein Büro bestellt, dessen Ausstattung durchaus mit dem eines Konzernmanagers Schritt halten konnte. Und Pall, der im ledernen Besuchersessel noch vor einem knappen Jahr provinzielle Hemmungen gehabt hatte, ließ sich mit der Selbstverständlichkeit, die im Kielwasser guter Werbeverträge schwimmt, hineinfallen.
Er ist, dachte Holldorf, nicht nur auf dem Spielfeld anpassungsfähig.
Laut aber sagte er: »Schönes Gefühl, Pall, was? Die volle Ernte ist eingebracht, und du hast deinen Anteil daran. Hättest du das gedacht, als ich dich aus deinem Provinznest geholt habe?«
Pall grinste, blickte aber nicht über den massigen Schreibtisch, sondern auf den Socken des linken Fußes, der vom rechten Knie baumelte.
»Ehrlich gesagt, nein. Es ist alles wahnsinnig schnell gegangen.«
»Und nur, weil du zur Bavaria bist! Erinnerst du dich noch, wie dein Alter wegen ein paar Mark Anfangsgehalt herumfeilschen wollte? Die hättest du überall kriegen können, aber jetzt hast du das zehnfach reingeholt, hast Meisterschaft und Europapokal dazu und bist Nationalspieler. Alles in einer Saison!«
»Und Werbeverträge«, sagte Pall und lachte. »Wissen Sie, daß mir das, wenn ich darüber nachdenke, manchmal wie ein Witz vorkommt? Wenn wir die Meisterschaft holen, weiß ich, daß ich eine Leistung gebracht habe, und wenn mich der Bundestrainer holt, muß es wohl auch so sein. Aber sind die Leute nicht ein bißchen bescheuert, die mir Geld in den Rachen schmeißen, damit ich vor einem Fotografen in einen Riegel Schokolade beiße und die Augen verdrehe, als ob es nichts Besseres auf der Welt gäbe? Dabei mag ich überhaupt keine Schokolade.«
»Du bist«, sagte Holldorf und lachte auch, »noch ein halber Amateur, Pall. Der Profi muß Heu machen,

solange die Sonne scheint, und wie schnell sie sich verdunkeln kann, hast du bei Fritsche gesehen.«
Pall runzelte die Stirn, und sein Lächeln fror ein. Seit Wochen hatte er nichts mehr von Fritsche gehört. Genauer gesagt, von dem Tag an, als er, vom Training heimkommend, einen Zettel auf dem Wohnzimmertisch gefunden hatte. Fritsche bedankte sich für alles, auch für die Sammlung, die die Mannschaft für ihn gemacht hatte. Jeder hatte eine Siegprämie gespendet, und das gab einen Batzen, der die Taschen eines einzelnen hübsch füllte. Aber Fritsches Schrank war leer, und er blieb verschwunden.
Auch Holldorfs Lächeln verschwand, als er sich eine Zigarette anzündete. Zweimal blies er Rauch über den Schreibtisch, ehe er fortfuhr.
»Ich muß sowieso mit dir über ihn reden, Pall.«
»Ist er . . . ist er wieder nach drüben abgehauen?«
»Das nicht, obwohl ich so ein Gefühl hatte, als er nicht mehr auftauchte. Er hat auch kein Geld mehr verlangt, aber wir hätten schon noch weitergezahlt, bis er irgendwo untergebracht gewesen wäre.«
»Aber jetzt wissen Sie was?«
Der Manager nickte und suchte nicht Palls Augen, sondern schaute den blauen Rauchkringeln nach.
»Er ist nicht nach drüben abgehauen, aber er sitzt da, wo er drüben auch säße.«
»Im Knast?«
Wieder nickte Holldorf und hob die Hände mit einer hilflosen Geste. »Vor einer Stunde hat die Polizei angerufen, und morgen früh kannst du's in allen Zeitungen lesen. Aber ich habe gewollt, daß du's früher weißt als die anderen. Allerdings will ich auch, daß es dich nicht umschmeißt. Was ihm jetzt noch helfen kann, ist nicht Mitleid, sondern ein guter Anwalt, und den werde ich besorgen. Mehr können wir nicht tun. Das muß dir klar sein, und das will ich auch hier und heute in deinen Kopf hämmern.

Du bist lange genug mit einem dicken Kopf herumgelaufen!«
»Und was hat er verbrochen?«
»Leider kein Einbruch oder eine andere Bagatelle. Rauschgift. Sie haben ihn bei einer Razzia mit ziemlich harten Gesellen erwischt, und er muß schon einige Zeit im Milieu gesteckt haben. Außer mildernden Umständen wegen seiner verflixten Situation wird die Verteidigung da nicht viel hervorzaubern können.«
»Beschissen«, zischte Pall.
»Einverstanden. Sehr beschissen sogar. Aber fang mir bloß deswegen nicht mit Selbstvorwürfen an! Du hast ihn nicht überwachen können, weil du einen Job hast.«
»Der Job, den er verloren hat.«
»Auch einverstanden. Aber es ist kein Sentimentalitäts-Job. Beim einen scheint die Sonne, beim anderen ist's dunkel.«
»Kuhnacht ist besser.«
»Einverstanden auch da, Pall. Aber von Madou weiß ich, daß sie es dir prophezeit hat. Die Frau hat eine herrliche Stimme, aber wenn sie sie nicht benützen könnte, wäre sie eine Null. Deshalb weiß sie, was Fußballer ohne Beine sind.«
»Und haben wir«, fragte Pall trotzig, »nicht alle versagt?«
Holldorf angelte nach einer neuen Zigarette und holte eine Whiskyflasche aus dem Schrank. »Nehmen wir einen Schluck, Pall. Du weißt, daß ich hier keine Spieler zu bewirten pflege, aber wir haben nur noch ein Spiel in dieser Saison, und das kannst du auf einem Fuß machen. Und nun merk dir mal eines: Versagt haben nicht wir, versagt hat Fritsche. Das kannst du drehen, wie du willst.«
»Machen Sie sich das nicht ein bißchen zu einfach?«
»Jetzt hör aber auf, Mann!« Holldorfs Faust sauste

so wuchtig auf den Schreibtisch, daß die breiten Whiskygläser zwar nicht wackelten, aber ins Rutschen gerieten. »Wenn du von einer unabänderlichen Sache nicht loskommst, hättest du Samariter oder Pfarrer werden sollen, aber nicht Profi! Wir sind beide von diesem Klub angestellt, um ihm Erfolg zu bringen, und wir werden beide gut dafür bezahlt. Punkte und Geld haben wir einzuspielen, und wer versagt, ist weg vom Fenster. Meinst du vielleicht, Fritsche wäre der erste, dem eine Karriere zerschlagen wurde? Was du aus seinem Fall lernen kannst, ist, daß du Heu machen mußt, solange die Sonne scheint. Morgen kannst du in seiner Lage sein, und niemand trifft Schuld daran, daß er damit nicht fertig geworden ist. Wenn du mir mit moralischen Anschuldigungen kommen willst, bist du auf dem falschen Dampfer!«
»Ich habe noch keinen erlebt, den es so gebeutelt hat.«
»Akzeptiert. Und ich habe dir ja auch gesagt, daß wir für ihn tun, was wir können. Aber sein kaputtes Bein kann niemand heilen, und deine Karriere geht weiter. Zu lernen hast du aus der Sache, daß dein Job eine Kehrseite hat wie die Münze, die der Schiedsrichter bei der Platzwahl hochwirft. Bring Leistung, solange es geht, und nimm mit, was du kriegen kannst. Es ist die einzige Philosophie, die was taugt, und vorhin, noch bevor wir über Fritsche geredet haben, hast du gezeigt, daß du noch viel lernen mußt.«
»Weil ich die Reklamefritzen für Spinner halte?«
»Genau das. Sieh mal, ihr Job ist knallhart, und ihre Firmen sind alles andere als Wohltätigkeitsvereine. Sie verstehen bloß ihr Geschäft, und deshalb wissen sie, daß Senkrechtstarter glänzende Werbeträger sind, aus dem höchst einfachen Grund, weil der Durchschnittsbürger auch vom Senkrechtstart träumt, den er natürlich nie schafft. Und noch etwas

zählt: Abenteuer und Heldentum sterben aus. Der erfolgreiche Fußballer verkörpert beides noch am besten, und du darfst ja nicht glauben, daß die geschäftlich Erfolgreichsten nicht begreifen würden, daß im Sport nur die Leistung zählt, die immer wieder erbracht werden muß. Betrügen geht nicht, und zumindest unterschwellig erfassen auch die, die sich hohe Positionen mit List, Tücke oder Opportunismus erschlichen haben, daß sich der Star nichts erschleichen kann. Folglich erobert er sich seine Position sowohl mit außergewöhnlichen als auch mit ehrlichen Mitteln. Das macht ihn bewundernswert, und wer bewundert wird, ist ein Werbeträger. So einfach ist das.«

Pall hatte mit wachsendem Interesse zugehört, und in seinen großen Kinderaugen stand Respekt.

»Wenn man Ihnen so zuhört, begreift man das Geschäft besser. Sie haben viel darüber nachgedacht.«

»Mußte ich ja wohl, oder? Als ich mit dem Fußball aufgehört habe, hatte ich gute Beziehungen zu bedeutenden Firmen, die mich alle ins Management genommen hätten, obwohl ich mein Betriebswirtschaftsstudium nicht abgeschlossen habe. Doch der Fußball hat mich mehr gereizt. Er ist ein Abenteuer, von dem ich aber behaupte, daß es steuerbarer ist, als viele Leute glauben.«

»Werden Sie immer dabeibleiben?«

»Das kann ich dir nicht sagen, Pall. Bis jetzt bin ich immer nur oben geschwommen, als Spieler und als Manager. Wie's im Keller aussieht, weiß ich nicht, aber ich weiß, daß ich nie eine graue Maus in diesem Job sein will.«

»Ich auch nicht«, sagte Pall, und er mußte wieder an Fritsche denken. Aber er behielt es für sich.

»Künftig werde ich keine Hemmungen mehr vor dem Geld der Werbefritzen haben.«

»Recht so, Junge.« Holldorf schenkte einen Schluck

Whisky nach. »Trinken wir darauf, daß deine nächste Saison bei der Bavaria nicht schlechter wird als die erste, dann gibt es für dich und den Klub keine Probleme!«
»Ist es wahr, daß die Finanzlage trotz unserer Erfolge angespannt ist?«
In Holldorfs Mundwinkeln zuckte die Andeutung eines Lächelns. »Sie ist es, Pall, und sie wird es wohl immer sein. Wenn unsere Mannschaft gut sein soll, wird sie auch immer teuer sein, und die Zeiten, in denen sich alles aus den Einnahmen begleichen ließ, kommen nie wieder. Wollen wir wetten, daß wir am Ende der nächsten Saison nicht so vergnügt zusammensitzen werden wie jetzt?«
»Warum das?«
»Du bist wirklich ein Kindskopf, Pall. Dein Zweijahresvertrag läuft dann aus, und wir müssen einen neuen aushandeln. Dieses Geschäft könnte ein bißchen schwieriger werden als unser erstes. Schließlich hast du jetzt schon Angebote von Barcelona und Inter Mailand.«
»Aber sie reizen mich nicht.«
»Sagen wir, noch nicht. Wenn du erst eine gute Weltmeisterschaft mit der Nationalelf gemacht hast – und ich zweifle nicht daran, daß es so kommt –, dann werden die Senores und Signori die Klinken bei dir putzen, und du wirst staunen, was sie dir anbieten. Meinst du, wir hätten einen Rumnick halten können, ohne die dicken Brocken, die die Werbung beisteuert? Von den Summen, die die Spanier und Italiener einnehmen, können wir bei unserem launischen Publikum nur träumen, und wenn man genau hinschaut, geht es nicht viel anders als Neunzehnhundertdreiundsechzig zu.«
»Was war da?«
Der Manager zündete sich eine neue Zigarette an, und seine Antwort war nicht ohne Ironie: »Nicht nur

Training sollte Pflicht für euch sein, sondern auch Unterricht in moderner Fußballgeschichte. Neunzehnhundertdreiundsechzig wurden die Bundesliga und der Vollprofi mit begrenzten Ablösesummen und Gehältern bei uns eingeführt. Aber die Begrenzungen mußten schnell fallen, weil die Italiener mit Fabelsummen lockten. Jeder Klub kann heute zahlen, was er will, und folglich zahlen die meisten mehr, als sie können. Aber das weißt du ja selbst. Wenn wir für unsere Asse, zu denen du jetzt auch aufgestiegen bist, nichts aus industrieller Werbung zuschießen, können wir sie nicht halten. So hat sich die Geschichte entwickelt, und Räder, die vom Geld getrieben werden, kannst du nicht zurückdrehen. Flaschen kannst du meinetwegen Bezüge kürzen, aber im Lexikon der Stars ist das Wort Kürzung gestrichen. Sie kennen nur Erhöhung, oder weißt du ein Gegenbeispiel?«
Pall zuckte die Schultern, und Verlegenheit mischte sich in sein Lächeln. »Ich glaube schon, daß Sie recht haben. Aber Forderungen habe ich noch nie gestellt, oder?«
»Der Appetit kommt mit dem Essen, Junge. Was glaubst du, wie schon gepokert worden ist auf diesem Stuhl! Und es hat genug Fälle gegeben, wo ich gepaßt habe, aber es würde mir leid tun, es eines Tages bei dir tun zu müssen.«
»Nicht alle Wechsel«, sagte Pall, »bringen Glück«, und schon wieder mußte er an Fritsche denken.
»Du wirst eingesehen haben«, fuhr Holldorf fort, »daß du in Deutschland bei keinem Klub besser aufgehoben bist als bei der Bavaria, und das Ausland hat seine Ecken und Kanten. Weißt du übrigens, warum Engländer in die Bundesliga kommen?«
»Hm. Wegen des Geldes, schätze ich.«
»Richtig. Aber es sind schwierige Gesellen, die gar nicht gerne ihr Milieu verlassen. Sie verdienen hier

leicht das Doppelte, weil in England bloß die Transfersummen hoch sind. Die Gehälter sind wesentlich niedriger als bei uns, und in den Transferbestimmungen stecken immer noch Reste von der alten Sklavenhalterei. Und warum die Ablösen so hoch sind, kann ich dir auch sagen: Der Manager verdient seine Prozente daran. Wenn das bei uns so wäre, könnte ich mich zur Ruhe setzen.«

»Miese Sache«, sagte Pall.

»Und ob! Diese Burschen waschen sich in jedem Transfer die Hände, und weißt du, was ich in der Zeit mache, in der sie Golf spielen? Ich rase in der Gegend herum, um unser Budget aufzubessern. Sieh dir das Handtuch dort am Waschbecken an. Fällt dir was auf?«

»Das Bavaria-Wappen.«

»Damit habe ich in der letzten Woche eine halbe Million hereingeholt. Ein Textilfabrikant hat die Lizenz für Handtücher und Bettwäsche gekauft. Du glaubst gar nicht, wie viele Leute sich in ein Bavaria-Bett legen oder sich die Finger an unseren Handtüchern trocknen wollen! Da ist noch ein weites Feld zu beackern, und ich bin dabei, Claims abzustecken, an die noch kein anderer Klub denkt.«

»Mannomann«, staunte Pall. »Da wird ja unsere Kickerei fast zur Nebensache!«

»Eben nicht, Junge! Nur Erfolg bringt uns solche Geschäfte, und ich denke, es kann nichts schaden, wenn du auch mal über diese Seiten des Jobs nachdenkst. Übrigens rede ich nicht mit jedem über diese Dinge.«

»Und warum nicht?«

»Weil es keinen Zweck hat. Sie wollen nichts damit zu tun haben. Wenn du ihnen den Ball wegnimmst, ziehen sie die Spielkarten raus.«

»Es gibt«, sagte Pall, »viel tote Zeit.«

»Bei mir längst nicht mehr. Manchmal komme ich

mir vor wie ein Heizer, der den ganzen Tag Kohlen schippt, daß der Ofen raucht. Zusätzliche Einnahmen sind nötig, und meine Einstellung will ich dir auch sagen: Ich bin dagegen, daß kommerzielle Schlaumeier den Sport ausbeuten, aber ich bin dafür, daß der Sport nützliche kommerzielle Verbindungen eingeht. Für die nächsten fünf Jahre sind wir abgesichert, vorausgesetzt, ihr tut etwas für euer Geld und schaut euch die Tabelle nicht von unten an. Und noch eines: Für Sentimentalitäten ist kein Platz. Das darfst du nie vergessen!«

32

Pall wußte, als er die Geschäftsstelle verließ, daß er Fritsche abzuhaken hatte wie der Manager. Es war trainingsfrei und vergleichsweise noch früh an einem dieser Frühlingstage, die mit dem Duft der letzten Blüten schon den Sommer ankündigen.
Auch die Mädchen kündigten ihn an. Federnder wurden ihre Schritte, bunter und leichter die Blusen und herausfordernder die Blicke. Pall kreuzte einige von ihnen, und einmal hatte er das sichere Gefühl, erkannt worden zu sein, aber der Lust auf den Flirt fehlte in der entscheidenden Sekunde der Mut. Und weg war sie wie ein scharf geschossener Ball, der dir an der Fußspitze vorbeischwirrt.
Ehe er ins Auto stieg, kam ihm der Gedanke, Madou anzurufen. Aber es wäre nur ein Gespräch über die Verhaftung des Mannes geworden, den zu vergessen man ihm befohlen hatte.
Holldorf hatte wohl recht. Profi-Fußball besteht in den oberen Etagen aus Geld machen, Ruhm machen und Abhaken. Und bei allem mußt du cool bleiben. Auch beim Ruhm. Sie winden ihn dir mit bunten Girlanden, aber es sind Blumen, die wie alle Blumen welken. Anders ist die Natur des Geldes, das nicht nur bleiben, sondern sich vermehren kann.
Er fuhr über den Mittleren Ring und überlegte, ob er in einen der Biergärten sollte, in denen wieder Hochbetrieb herrschte. Aber die Leute würden ihn erkennen und ihn mit Fragen über die Weltmeisterschaft

löchern. In zehn Tagen begann der letzte Vorbereitungslehrgang des Bundestrainers.
Dieser Gedanke verdrängte Schuldgefühle gegenüber einem Mann, der sich selbst aus der Bahn geworfen hatte. Er nahm am Olympiapark die Straßen der nördlichen Vorstädte, und als der Verkehr dünner wurde, gab er dem Motor hochtourige Arbeit. In einem Dorf fand er eine kleine Gastwirtschaft, in der drei alte Bauern saßen, die schon vom Felddienst befreit waren und nichts vom Fußball wußten.
Und auch nichts von ihm, der mit der Nation auf dem Buckel ausziehen würde, um ihr die Weltmeisterschaft zurückzuholen.
Er nahm wie sie ein Bier und einen Rettich, der wie eine Ziehharmonika hergerichtet war. Der alte Kastanienbaum, dessen letzte Blüten der Abendwind auf den grünen Rundtisch flockte, kam ihm wie ein knorriger Schild vor.
Und die alten Männer des Dorfes gaben ihm ein Gleichgewicht zurück, das ihm die Stadt verweigert hatte. Sie sprachen nicht von Toren, die im Namen des Landes fallen mußten, sondern vom Regen, den es brauchte, um nicht zu verdorren.